Mapeando o Edital

MAGISTRATURA ESTADUAL

Coordenadores
Mila Gouveia
William Akerman

Mapeando o Edital

MAGISTRATURA ESTADUAL

Com base nos últimos Editais da Magistratura Estadual

3ª edição
revista, atualizada e ampliada

2023

EDITORA JusPODIVM
www.editorajuspodivm.com.br

EDITORA *Jus*PODIVM
www.editorajuspodivm.com.br

Rua Canuto Saraiva, 131 – Mooca – CEP: 03113-010 – São Paulo – São Paulo
Tel: (11) 3582.5757
• Contato: https://www.editorajuspodivm.com.br/central-de-relacionamento

Diagramação: Equipe *Jus*PODIVM

Capa: Ana Caquetti

G719m Gouveia, Mila
Mapeando o Edital - Magistratura Estadual / Mila Gouveia e William Akerman – 3.ed., rev., atual. e ampl. - São Paulo: Editora JusPodivm, 2023.

336 p.
(Coleção Mapeando o Edital)

Inclui Bibliografia
ISBN: 978-85-442-4518-7

1. Magistratura Estadual I. Gouveia, Mila. II. Akerman, William. III. Título.

CDD 341.412

BIBLIOTECÁRIA RESPONSÁVEL

Ana Carolina Ribeiro Mois – CRB7 – RJ 007348/0

Como usar ESTE LIVRO?

A presente obra procurou mapear as questões cobradas nas provas objetivas dos últimos concursos da Magistratura Estadual no país, tendo como referência o conteúdo programático dos respectivos editais.

A proposta não é ensinar ao leitor o conteúdo de cada uma das disciplinas do programa, mas, sim, apontar alguns aspectos estatísticos acerca da incidência de cada tópico do edital nos últimos certames de Juiz Estadual.

Nesse sentido, serão apresentadas várias tabelas que permitirão ao leitor observar que existem, em cada tópico do programa, temas mais recorrentes nos últimos concursos.

Em seguida, serão feitos alguns apontamentos específicos sobre a forma como o conteúdo tem sido cobrado pela banca examinadora, com especial atenção para a legislação ("legislação seca"), jurisprudência e doutrina.

Tudo isso permitirá que o candidato possa se preparar melhor para a prova objetiva. Afinal, é necessária muita estratégia para conseguir estudar o que há de mais importante em cada uma das disciplinas que compõem os editais.

A carreira da Magistratura Estadual tem sido cada vez mais prestigiada e, consequentemente, mais exigente com a preparação de seus futuros membros. Com você, querido(a) leitor(a), isso não será diferente. O propósito desta obra é contribuir para que você possa chegar até a prova objetiva no auge de sua preparação.

Está preparado? Então vamos iniciar, juntos, a nossa longa jornada rumo à vitória.

Sobre
OS AUTORES

GUSTAVO AMERICANO FREIRE

Juiz de Direito do Estado da Bahia. Professor de Direito Constitucional e Tutela Coletiva. Pós-graduado em Ciências Penais, Justica Criminal e Criminologia pela Escola Superior do Ministério Público de Minas Gerais. Pós-graduado em Direito Processual Civil pela Universidade Anhanguera-SP.

MARCEL FERREIRA DOS SANTOS

Juiz de Direito no Estado do Paraná (TJPR). Doutorando em Ciências Jurídicas pelo Centro Universitário de Maringá (UNICESUMAR). Mestre em Ciências Jurídicas pelo Centro Universitário de Maringá (UNICESUMAR). Pós-graduado em Direito Civil e Processo Civil pela Escola Paulista de Direito – EPD. Pós-graduado em Direito Público pela Faculdade de Direito Professor Damásio de Jesus. Graduado em Direito pela Universidade Paulista. Ex-diretor da Escola da Magistratura do Estado do Paraná – EMAP (Núcleo de Maringá). Professor da Escola da Magistratura do Paraná. Coordenador e Professor do Curso de Direito da Pontifícia Universidade Católica do Paraná - Campus de Maringá. Professor dos cursos de Pós-graduação da Pontifícia Universidade Católica do Paraná. Professor de cursos preparatórios para concursos.

RODRIGO DE CARVALHO ASSUMPÇÃO

Juiz de Direito no Estado de Minas Gerais. Ex-Defensor Público no Estado de Minas Gerais. Professor de cursos jurídicos. Mestre em Direito pela Universidade de Salamanca (Espanha). Especialista em Gestão Judiciária pela Universidade de Brasília (UnB). Especialista em Direito Penal pela Universidade Anhanguera-Uniderp. Especialista em Direito Processual Civil pela Faculdade CERS.

ROGERIO DE VIDAL CUNHA

Juiz de Direito (TJPR), professor da Escola da Magistratura do Paraná e de cursos preparatórios, Ex-Analista Judiciário: Oficial de Justiça Avaliador Federal da Justiça Militar da União.

VICTOR VASCONCELLOS DE MATTOS

Juiz de Direito no Estado do Rio de Janeiro (TJRJ). Ex-Delegado de Polícia no Estado de Minas Gerais. Professor na Escola da Magistratura do Estado do Rio de Janeiro. Professor de cursos preparatórios para concursos.

Sumário

Introdução

Muito se diz que o êxito nos concursos da magistratura resulta de uma inegociável disciplina do candidato, o que não é um argumento falso. Entretanto, o sucesso surge, antes, com a construção de um plano de estudos, que deve conter metas e objetivos alcançáveis a curto, médio e longo prazo.

Este planejamento prévio, que o candidato não pode negligenciar, é crucial para o desempenho esperado em todas as etapas dos concursos da magistratura estadual, sobretudo porque estudar às cegas torna o caminho mais árduo, dificultoso e muitas vezes intransponível, razão pela qual muitos candidatos tecnicamente preparados não alcançam o objetivo.

O planejamento envolve a imposição de metas palpáveis e prazos razoáveis para cumprimento. Mas destrinchar o longo edital dos certames da magistratura estadual demanda tempo, sempre limitado para o candidato, que muitas vezes tem que conciliar o trabalho, as relações sociais e os afazeres domésticos com os estudos.

Esta obra é coordenada pelos autores Mila Gouveia e William Akerman, já conhecidos pelos "concurseiros", em razão de suas obras que constituem verdadeira ponte de acesso a tão almejada aprovação nos mais variados cargos públicos, integrado por autores que são membros da magistratura e já passaram por todos os percalços inerentes aos concursos para ingresso na carreira.

O presente trabalho disseca as disciplinas contidas nos editais dos concursos da magistratura, a fim de possibilitar ao candidato o estudo profícuo e direcionado das matérias mais cobradas nos últimos certames. É cediço ser praticamente impossível percorrer profundamente todos os itens do edital. E este é o grande "segredo" da aprovação: dedicar-se com mais acuidade aos temas de maior predileção dos certames da magistratura estadual.

Na esteira da Resolução nº 75 do Conselho Nacional de Justiça, os concursos da magistratura estadual são divididos em cinco etapas: primeira etapa: prova objetiva, de caráter eliminatório e classificatório;

segunda etapa composta por duas provas escritas, de cariz eliminatório e classificatório; terceira etapa, constituída de sindicância da vida pregressa e exames de sanidades física e mental e psicotécnico; quarta etapa, na qual se realiza a prova oral, de caráter eliminatório e classificatório; e a quinta etapa, de avaliação de títulos, com caráter classificatório.

Malgrado o dificultoso certame seja constituído de várias etapas, o "funil" responsável pela eliminação da maior parte dos candidatos inscritos é a prova objetiva, haja vista que os milhares de inscritos são reduzidos a apenas algumas centenas, que realizarão as provas dissertativas e orais, cujos temas, não raro, coincidem com aqueles que já foram abordados na primeira fase.

O Anexo I da indigitada Resolução estabelece que os blocos de disciplinas para as questões da prova objetiva para a magistratura de carreira da Justiça Estadual e do Distrito Federal e Territórios compõem-se do Bloco 1, formado por Direito Civil, Direito Processual Civil, Direito do Consumidor e Direito da Criança e do Adolescente; Bloco 2, formado por Direito Penal, Direito Processual Penal, Direito Constitucional e Direito Eleitoral; e Bloco 3, formado por Direito Empresarial, Direito Tributário, Direito Ambiental e Direito Administrativo.

Em atenção à disposição do aludido ato normativo, a obra contém indicação de bibliografia para cada disciplina, discorre sobre o conteúdo programático de cada matéria, analisa as provas objetivas aplicadas no concursos da magistratura estadual referentes aos últimos cinco anos, comenta pontos específicos de questões selecionadas pelos autores, faz análise estatística do estudo de "lei seca" e "doutrina" e, por último, traz valiosas dicas para estudo das disciplinas, elaboradas por quem já venceu esta batalha.

Aqueles que procuram enfrentar o concurso público de ingresso na carreira da magistratura estadual têm à disposição formidável ferramenta para orientar a diuturna preparação. Com ela, o concursando poderá poupar tempo e concentrar esforços naquelas disciplinas mais importantes, encurtando o período que separa os estudos da sonhada aprovação.

Planejamento e disciplina são os ingredientes de uma receita infalível. Como disse Ayrton Senna, "no que diz respeito ao empenho, ao compromisso, ao esforço, à dedicação, não existe meio termo. Ou você faz uma coisa bem feita ou não faz".

Bons estudos.

Rodrigo de Carvalho Assumpção

Direito ELEITORAL

Rodrigo de Carvalho Assumpção

1 BIBLIOGRAFIA INDICADA

Considerando que a disciplina indicada possui peso mediano nas provas objetivas de concursos públicos da magistratura estadual, sugerimos ao candidato a leitura de obras mais resumidas, salvo se não houver nenhuma base anterior que possa sedimentar um estudo menos aprofundado.

Neste diapasão, considero a coleção "Sinopses para Concursos Públicos" (v. 40 – Direito Eleitoral, do Prof. Jaime Barreiros Neto) um excelente material, haja vista que embora se trate de um resumo, é absolutamente completo e direcionado para a preparação para as provas objetivas.

Com efeito, esta indicação leva em consideração a proporcionalidade na cobrança desta disciplina em relação às demais, sendo forçoso reconhecer que a escassez de tempo e o volume de matérias a serem estudadas impõem ao candidato a escolha pelos temas de maior relevância.

Entrementes, se o candidato desejar um estudo mais aprofundado, indico a leitura da obra Direito Eleitoral, do Prof. José Jairo Gomes, sendo ele um dos mais notáveis nesta seara, cuja obra discorre de maneira densa e profunda sobre a disciplina em tela.

2 CONTEÚDO PROGRAMÁTICO NOS EDITAIS

Analisando os conteúdos programáticos relacionados ao Direito Eleitoral das provas objetivas da magistratura estadual aplicadas entre 2015 e 2022, verifica-se a previsão das seguintes disciplinas.

DIREITO ELEITORAL

1. Estado Democrático de Direito. Cidadania. Sistema representativo. Soberania Popular. Pluralismo Político. Reforma Política. Direito Eleitoral. Conceito. Fundamentos. Fontes e princípios. Interpretação. Aplicação subsidiária do Código de Processo Civil ao processo eleitoral. Representação. Sufrágio. Natureza. Extensão. Valor do sufrágio. Tipos de sufrágio. Sistemas Eleitorais. Sistema Majoritário. Sistema Proporcional. Democracia participativa. Institutos de participação popular. Plebiscito. Referendo.

2. Direitos políticos. Conceito. Perda. Suspensão. Sufrágio universal. Voto. Características do voto. Capacidade eleitoral: requisitos. Limitações derivadas do não cumprimento do dever eleitoral. Alistamento eleitoral. Fases do alistamento. Efeitos do alistamento. Cancelamento. Exclusão. Revisão do eleitorado. Elegibilidade. Inelegibilidades constitucionais e infraconstitucionais ou legais. Arguição judicial de inelegibilidade. Domicílio eleitoral. Filiação partidária. Capacidade eleitoral passiva.

3. Partidos políticos. Conceito. História. Representação Político-partidária. Sistemas partidários. Criação, fusão e extinção dos partidos políticos. Órgãos Partidários. Registros dos Partidos Políticos. Fundo Partidário. Fidelidade partidária. Aspectos constitucionais, legais e éticos.

4. Justiça Eleitoral. Organização. Competência. Classificações. Modelo brasileiro. Outros modelos. A ética do Juiz Eleitoral. Justiça Eleitoral no Brasil. Evolução histórica. Diversificação funcional das atividades da Justiça Eleitoral e controle de legalidade. A atividade consultiva da Justiça Eleitoral. As Resoluções normativas da Justiça Eleitoral e seus limites. Ministério Público Eleitoral. Organizações. Atribuições.

5. Processo Eleitoral. Convenções partidárias. Registro de candidatos. Impugnação ao registro de candidatura. Ações judiciais eleitorais. Recursos Eleitorais. Ação rescisória eleitoral.

6. Campanha eleitoral. Financiamento dos Partidos Políticos. Controle de arrecadação e prestação de contas. Captação ilícita de recursos. Abuso de poder político e econômico. Propaganda política. Propaganda eleitoral. Normas legais e regulamentares. Jornalismo, propaganda e mídia no Direito Eleitoral. Pesquisas e testes pré-eleitorais. Propaganda eleitoral no rádio e na televisão e direito de resposta. Propaganda eleitoral na internet.
7. Garantias Eleitorais: liberdade de escolha. Proteção jurisdicional contra atentado à liberdade de voto. Captação ilícita de sufrágio. Contenção ao poder econômico e ao desvio e abuso do poder político.
8. Eleição. Atos preparatórios. Fiscalização. Apuração e diplomação dos eleitos. Recurso contra a expedição de diploma.
9. Crimes eleitorais. Tipos penais e sanções. Processo penal eleitoral: prisão e período eleitoral. Competência, conexão e continência em matéria eleitoral. Ação penal eleitoral e recursos.

3 ANÁLISE GERAL DAS ÚLTIMAS PROVAS OBJETIVAS

Cotejando-se as provas realizadas no período, constatou-se a presença de uma média de 05 questões de Direito Eleitoral nas provas objetivas, as quais foram categorizadas de acordo com o item do conteúdo programático cobrado e a banca examinadora, tendo sido analisadas as 04 instituições com o maior número de provas nos últimos anos, quais sejam: Fundação Carlos Chagas – FCC, Vunesp, Cespe/Cebraspe e FGV – Fundação Getulio Vargas. Vejamos:

PROVAS REALIZADAS ENTRE 2015 E 2022		
Tópico do conteúdo programático	**Quantidade de questões**	
1. Estado Democrático de Direito. Cidadania. Sistema representativo. Soberania Popular. Pluralismo Político. Reforma Política. Direito Eleitoral. Conceito. Fundamentos. Fontes e princípios. Interpretação. Aplicação subsidiária do Código de Processo Civil ao processo eleitoral. Representação. Sufrágio. Natureza. Extensão. Valor do sufrágio. Tipos de sufrágio. Sistemas Eleitorais. Sistema Majoritário. Sistema Proporcional. Democracia participativa. Institutos de participação popular. Plebiscito. Referendo.	Cespe	02
	Fcc	04
	Fgv	01
	Vunesp	04
	Total	**11**

<table>
<tr><th colspan="3">PROVAS REALIZADAS ENTRE 2015 E 2022</th></tr>
<tr><th>Tópico do conteúdo programático</th><th colspan="2">Quantidade de questões</th></tr>
<tr><td rowspan="5">2. Direitos políticos. Conceito. Perda. Suspensão. Sufrágio universal. Voto. Características do voto. Capacidade eleitoral: requisitos. Limitações derivadas do não cumprimento do dever eleitoral. Alistamento eleitoral. Fases do alistamento. Efeitos do alistamento. Cancelamento. Exclusão. Revisão do eleitorado. Elegibilidade. Inelegibilidades constitucionais e infraconstitucionais ou legais. Arguição judicial de inelegibilidade. Domicílio eleitoral. Filiação partidária. Capacidade eleitoral passiva.</td><td>Cespe</td><td>08</td></tr>
<tr><td>Fcc</td><td>08</td></tr>
<tr><td>Fgv</td><td>04</td></tr>
<tr><td>Vunesp</td><td>07</td></tr>
<tr><td>Total</td><td>27</td></tr>
<tr><td rowspan="5">3. Partidos políticos. Conceito. História. Representação Político-partidária. Sistemas partidários. Criação, fusão e extinção dos partidos políticos. Órgãos Partidários. Registros dos Partidos Políticos. Fundo Partidário. Fidelidade partidária. Aspectos constitucionais, legais e éticos.</td><td>Cespe</td><td>05</td></tr>
<tr><td>Fcc</td><td>06</td></tr>
<tr><td>Fgv</td><td>01</td></tr>
<tr><td>Vunesp</td><td>04</td></tr>
<tr><td>Total</td><td>16</td></tr>
<tr><td rowspan="5">4. Justiça Eleitoral. Organização. Competência. Classificações. Modelo brasileiro. Outros modelos. A ética do Juiz Eleitoral. Justiça Eleitoral no Brasil. Evolução histórica. Diversificação funcional das atividades da Justiça Eleitoral e controle de legalidade. A atividade consultiva da Justiça Eleitoral. As Resoluções normativas da Justiça Eleitoral e seus limites. Ministério Público Eleitoral. Organizações. Atribuições.</td><td>Cespe</td><td>04</td></tr>
<tr><td>Fcc</td><td>07</td></tr>
<tr><td>Fgv</td><td>04</td></tr>
<tr><td>Vunesp</td><td>04</td></tr>
<tr><td>Total</td><td>19</td></tr>
<tr><td rowspan="5">5. Processo Eleitoral. Convenções partidárias. Registro de candidatos. Impugnação ao registro de candidatura. Ações judiciais eleitorais. Recursos Eleitorais. Ação rescisória eleitoral.</td><td>Cespe</td><td>07</td></tr>
<tr><td>Fcc</td><td>05</td></tr>
<tr><td>Fgv</td><td>04</td></tr>
<tr><td>Vunesp</td><td>05</td></tr>
<tr><td>Total</td><td>21</td></tr>
</table>

PROVAS REALIZADAS ENTRE 2015 E 2022		
Tópico do conteúdo programático	**Quantidade de questões**	
6. Campanha eleitoral. Financiamento dos Partidos Políticos. Controle de arrecadação e prestação de contas. Captação ilícita de recursos. Abuso de poder político e econômico. Propaganda política. Propaganda eleitoral. Normas legais e regulamentares. Jornalismo, propaganda e mídia no Direito Eleitoral. Pesquisas e testes pré-eleitorais. Propaganda eleitoral no rádio e na televisão e direito de resposta. Propaganda eleitoral na internet.	Cespe	08
	Fcc	05
	Fgv	03
	Vunesp	10
	Total	**26**
7. Garantias Eleitorais: liberdade de escolha. Proteção jurisdicional contra atentado à liberdade de voto. Captação ilícita de sufrágio. Contenção ao poder econômico e ao desvio e abuso do poder político.	Cespe	02
	Fcc	00
	Fgv	01
	Vunesp	00
	Total	**03**
8. Eleição. Atos preparatórios. Fiscalização. Apuração e diplomação dos eleitos. Recurso contra a expedição de diploma.	Cespe	03
	Fcc	04
	Fgv	01
	Vunesp	01
	Total	**09**
9. Crimes eleitorais. Tipos penais e sanções. Processo penal eleitoral: prisão e período eleitoral. Competência, conexão e continência em matéria eleitoral. Ação penal eleitoral e recursos.	Cespe	02
	Fcc	03
	Fgv	01
	Vunesp	04
	Total	**10**

O que se observa é a cobrança com maior frequência de alguns conteúdos específicos, como campanha eleitoral, capacidade eleitoral e processo eleitoral. Há ainda uma distribuição da cobrança do texto literal da lei, doutrina e jurisprudência, a qual é analisada nos gráficos abaixo.

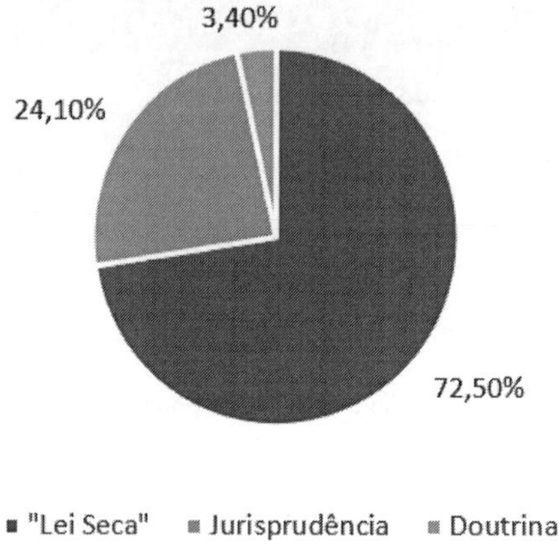

Analisando a quantidade total de questões, conclui-se que, malgrado a jurisprudência tenha uma incidência significante, o conhecimento da lei seca é suficiente para a resolução da maioria das questões das provas objetivas, e que a doutrina possui um peso menor.

Entre 2015 e 2022 houve um aumento considerável do número de questões que demandam conhecimento jurisprudencial, mas o destaque se encontra na doutrina, cuja incidência em provas objetivas quase triplicou nos últimos anos.

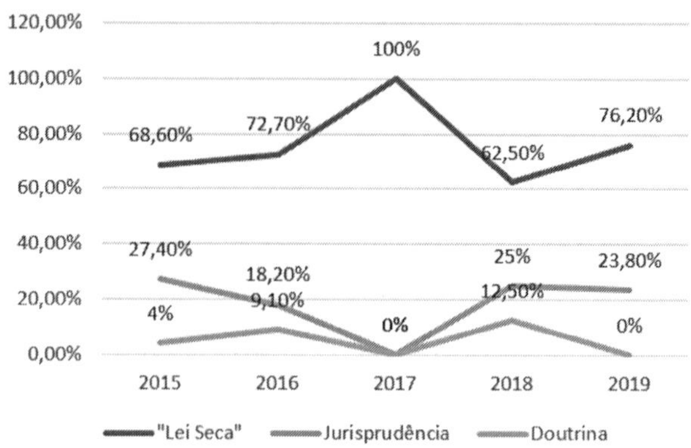

Em relação às bancas examinadoras, a FCC, FGV e Vunesp permanecem com um número maior de questões relacionadas à legislação propriamente dita, enquanto a Cespe/Cebraspe apresenta uma distribuição maior de legislação e jurisprudência nas suas questões.

Quanto à doutrina, a FCC não apresenta nenhuma questão nesse sentido, e a Vunesp e a Cespe/Cebraspe têm cobrado uma quantidade mínima de conteúdo doutrinário em suas questões.

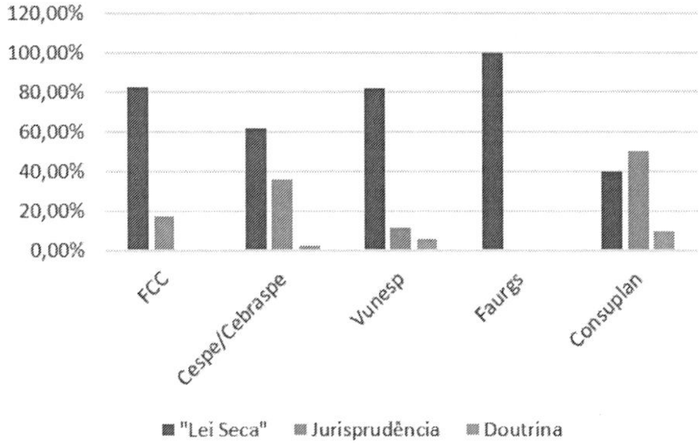

4 ALGUNS PONTOS ESPECÍFICOS MAIS RELEVANTES NAS PROVAS OBJETIVAS

A tabela acima colacionada demonstra que alguns tópicos do conteúdo programático têm maior incidência nas provas objetivas. Ademais, outros temas demandam, além do texto da legislação, conhecimento da doutrina e da jurisprudência a seu respeito.

A fim de elucidar as características principais de cada um dos itens constantes no edital, foi realizada uma análise específica para cada disciplina:

- **Tópico 1.** Estado Democrático de Direito. Cidadania. Sistema representativo. Soberania Popular. Pluralismo Político. Reforma Política. Direito Eleitoral. Conceito. Fundamentos. Fontes e princípios. Interpretação. Aplicação subsidiária do Código de Processo Civil ao processo eleitoral. Representação. Sufrágio. Natureza. Extensão. Valor do sufrágio. Tipos de sufrágio. Sistemas Eleitorais. Sistema Majoritário. Sistema Proporcional. Democracia participativa. Institutos de participação popular. Plebiscito. Referendo.

Trata-se de um tema com incidência mediana nas provas objetivas. É uma matéria que pode requerer um nível de conhecimento doutrinário do candidato. O tópico com maior número de questões refere-se aos Sistemas Eleitorais, questionando-se as características e as diferenças entre eles.

- **Tópico 2.** Direitos políticos. Conceito. Perda. Suspensão. Sufrágio universal. Voto. Características do voto. Capacidade eleitoral: requisitos. Limitações derivadas do não cumprimento do dever eleitoral. Alistamento eleitoral. Fases do alistamento. Efeitos do alistamento. Cancelamento. Exclusão. Revisão do eleitorado. Elegibilidade. Inelegibilidades constitucionais e infraconstitucionais ou legais. Arguição judicial de inelegibilidade. Domicílio eleitoral. Filiação partidária. Capacidade eleitoral passiva.

É uma das matérias com o maior número de questões identificadas, devendo receber uma atenção especial do candidato. As questões, em sua maioria, têm como objeto as hipóteses de inelegibilidade e a capacidade eleitoral passiva. Geralmente, o conhecimento da legislação, principalmente da Constituição Federal, é suficiente para a resolução das questões, mas há casos de cobrança de conhecimento jurisprudencial.

- **Tópico 3.** Partidos políticos. Conceito. História. Representação Político-partidária. Sistemas partidários. Criação, fusão e extinção dos partidos políticos. Órgãos Partidários. Registros dos Partidos Políticos. Fundo Partidário. Fidelidade partidária. Aspectos constitucionais, legais e éticos.

Esse tópico tem uma incidência considerável no número de questões das provas de primeira fase da magistratura estadual, questionando, na maioria das vezes, a legislação propriamente dita a seu respeito. As proposições geralmente tratam da criação e do registro dos Partidos Políticos, assim como do Fundo Partidário.

- **Tópico 4.** Justiça Eleitoral. Organização. Competência. Classificações. Modelo brasileiro. Outros modelos. A ética do Juiz Eleitoral. Justiça Eleitoral no Brasil. Evolução histórica. Diversificação funcional das atividades da Justiça Eleitoral e controle de legalidade. A atividade consultiva da Justiça Eleitoral. As Resoluções normativas da Justiça Eleitoral e seus limites. Ministério Público Eleitoral. Organizações. Atribuições.

Também possui incidência significativa nas questões de Direito Eleitoral, geralmente a respeito do texto da lei sobre a competência da Justiça Eleitoral e da sua atividade consultiva.

- **Tópico 5.** Processo Eleitoral. Convenções partidárias. Registro de candidatos. Impugnação ao registro de candidatura. Ações judiciais eleitorais. Recursos Eleitorais. Ação rescisória eleitoral.

Dentro dessa disciplina, a impugnação ao registro de candidatura e as ações judiciais eleitorais são as matérias mais cobradas nas questões, requerendo-se, em alguns casos, conhecimento da jurisprudência. Foi cobrada em cerca de 15% das questões de Direito Eleitoral das provas objetivas.

Tópico 6. Campanha eleitoral. Financiamento dos Partidos Políticos. Controle de arrecadação e prestação de contas. Captação ilícita de recursos. Abuso de poder político e econômico. Propaganda política. Propaganda eleitoral. Normas legais e regulamentares. Jornalismo, propaganda e mídia no Direito Eleitoral. Pesquisas e testes pré-eleitorais. Propaganda eleitoral no rádio e na televisão e direito de resposta. Propaganda eleitoral na internet.

É o tópico com o maior número de questões identificadas nas provas objetivas, principalmente no que se refere à propaganda política e sua regulamentação. Por muitas vezes também são questionados os entendimentos jurisprudenciais acerca da propaganda política.

O financiamento dos Partidos Políticos também é cobrado em um número significante de questões, requerendo, geralmente, o conhecimento da lei propriamente dita.

Tópico 7. Garantias Eleitorais: liberdade de escolha. Proteção jurisdicional contra atentado à liberdade de voto. Captação ilícita de sufrágio. Contenção ao poder econômico e ao desvio e abuso do poder político.

É uma matéria raramente cobrada nas provas objetivas, tendo sido identificada em menos de 5% das questões. As poucas vezes em que seu conteúdo foi objeto de questionamento, referia-se à legislação sobre a captação ilícita de sufrágio.

Tópico 8. Eleição. Atos preparatórios. Fiscalização. Apuração e diplomação dos eleitos. Recurso contra a expedição de diploma.

Tal tópico é objeto de poucas questões de Direito Eleitoral, e geralmente trata das Resoluções Normativas da Justiça Eleitoral sobre os atos preparatórios das eleições ou sobre a apuração de votos.

Tópico 9. Crimes eleitorais. Tipos penais e sanções. Processo penal eleitoral: prisão e período eleitoral. Competência, conexão e continência em matéria eleitoral. Ação penal eleitoral e recursos.

Também possui menor incidência nas provas objetivas, se comparado com outros tópicos como inelegibilidades e campanha eleitoral. Foi observado que as questões a respeito desta matéria geralmente requerem o conhecimento acerca dos tipos penais eleitorais e a jurisprudência a seu respeito.

5 DOUTRINA, JURISPRUDÊNCIA E "LEI SECA" NOS CONCURSOS DA MAGISTRATURA ESTADUAL

Foi constatado que as provas de Direito Eleitoral da magistratura estadual demandam, em sua maioria, o conhecimento da legislação seca, em comparação com a jurisprudência e a doutrina.

Todavia, também foi verificado um crescimento progressivo das questões que demandam conhecimento doutrinário, fato este a que deve se atentar o candidato. Desta forma, vejamos exemplos de questões que requerem a doutrina para sua resolução:

QUESTÃO 66

(TJ-MG/2018/VUNESP)

Avalie as seguintes asserções e a relação proposta entre elas.

I. "É absoluta, plena ou de eficácia total, e de aplicabilidade imediata, sem quaisquer exceções, o princípio da anualidade ou anterioridade da lei eleitoral."

PORQUE

II. "O princípio foi pensado pelo constituinte com o propósito de impedir mudanças repentinas, de última hora, no processo de escolha dos agentes políticos que emergem das eleições."

A respeito dessas asserções, assinale a alternativa correta.

A A segunda afirmativa é falsa e a primeira verdadeira.

B A primeira afirmativa é falsa e a segunda é verdadeira.

C As duas afirmativas são verdadeiras e a segunda justifica a primeira.

D As duas afirmativas são verdadeiras, mas a segunda não justifica a primeira.

É uma questão de grande dificuldade, eis que além de requerer conhecimento doutrinário acerca dos princípios do Direito Eleitoral, ainda apresenta um questionamento lógico.

Segundo o gabarito oficial, a alternativa correta é a "B". A assertiva I é incorreta, vez que a aplicação do princípio da anualidade eleitoral não possui eficácia absoluta e sua aplicabilidade apresenta exceções. A assertiva II, por sua vez, é correta, haja vista que apresenta a exata finalidade do princípio tratado na questão.

QUESTÃO 70

(TJ-DFT/2016/Cespe)

Com relação a princípios e garantias do direito eleitoral, dos sistemas eleitorais, dos partidos políticos e dos direitos políticos, assinale a opção correta.

A) O princípio da anualidade não é uma cláusula pétrea e pode ser suprimido por EC.

B) A Cidadania e o Pluralismo Político são objetivos fundamentais da República Federativa do Brasil.

C) O pluralismo político é expressão sinônima de diversidade partidária.

D) São garantias que regem a disciplina dos partidos políticos: a liberdade partidária externa, a liberdade partidária interna, a subvenção pública e a intervenção estatal mínima.

E) O sistema majoritário brasileiro é unívoco.

Esta questão demanda conhecimento doutrinário acerca de variadas matérias do Direito Eleitoral, como partidos políticos, sistemas eleitorais e pluralismo político. Para a resolução da questão, cuja resposta correta é a "D", é necessário saber as garantias relacionadas aos partidos políticos.

A jurisprudência também tem sido objeto de um número considerável de questões de Direito Eleitoral, principalmente nas provas dos últimos anos. Assim, devem ser analisadas as questões que requerem tal conhecimento:

QUESTÃO 68

(TJ-PB/2015/Cespe)

Acerca da ação de impugnação de mandato eletivo, assinale a opção correta conforme entendimento pacificado do TSE.

A) A reprovação das contas de campanha de um candidato a cargo majoritário implica a sua cassação, cabendo ao MPE propor, dentro do prazo legal, a ação de impugnação de mandato eleitoral.

B) É incabível agravo contra decisões interlocutórias em uma ação de impugnação de mandato eletivo, pois não há previsão desse recurso no Código Eleitoral. Contudo, será cabível a impetração de mandado de segurança caso a parte prejudicada queira revisão da decisão judicial pelo TRE.

C) Julgado procedente o pedido na ação de impugnação de mandato eletivo em uma eleição majoritária cuja nulidade atinja mais da metade dos votos, deve o magistrado, observando o mesmo regime procedimental estabelecido para a ação de investigação judicial eleitoral, convocar os demais candidatos, de acordo com a votação.

D O provimento judicial na ação de impugnação de mandato eletivo lastreia-se em fatos e provas robustas, fato que impossibilita a aplicação, pelo juízo eleitoral, do instituto do julgamento antecipado da lide.

E Haverá litisconsórcio passivo necessário entre o prefeito e seu vice na ação de impugnação de mandato eletivo, cabendo ao juiz eleitoral extinguir o processo sem resolução do mérito na hipótese de o vice-prefeito, transcorrido o prazo para a sua propositura, não estar incluso no polo passivo.

O próprio enunciado da questão já revela a necessidade de conhecimento da jurisprudência do TSE. A jurisprudência referente à ação de impugnação de mandato eletivo é objeto de um número significativo de questões. A resposta desta pergunta se encontra no Enunciado da Súmula 38, do TSE, que estabelece o litisconsórcio passivo necessário entre o Chefe do Poder Executivo e seu vice nas ações de impugnação de mandato eletivo.

QUESTÃO 53

(TJ-RJ/2016/Vunesp)

Assinale a alternativa que corretamente discorre sobre aspectos da propaganda eleitoral.

A A exaltação das realizações pessoais de determinada pessoa que já foi candidata a mandato eletivo, que se confunde com a ação política a ser desenvolvida e que traduz a ideia de que seja ela a pessoa mais apta para o exercício da função pública, é circunstância que não configura a prática de propaganda eleitoral, nem desvirtuamento do instituto.

B O candidato que exerce a profissão de cantor não pode permanecer exercendo-a em período eleitoral, mesmo que essa atividade não tenha como finalidade a animação de comício ou reunião eleitoral e que não haja nenhuma alusão à candidatura ou à campanha eleitoral, ainda que em caráter subliminar.

C A participação de filiados a partidos políticos ou de pré-candidatos em entrevistas, programas, encontros ou debates no rádio, na televisão e na internet, inclusive com a exposição de plataformas e projetos políticos, ainda que sem pedido explícito de voto, caracteriza propaganda eleitoral antecipada vedada.

D A realização de prévias partidárias e sua transmissão ao vivo por emissoras de rádio e de televisão, a divulgação dos nomes dos filiados que participarão da disputa e a realização de debates entre os pré-candidatos, não configuram propaganda eleitoral antecipada.

E Entende-se como ato de propaganda eleitoral aquele que leva ao conhecimento geral, ainda que de forma dissimulada, a candidatura, mesmo que apenas postulada, a ação política que se pretende desenvolver ou razões que induzam a concluir que o beneficiário é o mais apto ao exercício de função pública.

Um exemplo de questão muito comum nas questões de Direito Eleitoral é a jurisprudência sobre a propaganda eleitoral, que se faz presente na maioria das provas objetivas. Neste caso, a assertiva correta é a "E", que reproduz o entendimento pacificado do TSE acerca do tema.

QUESTÃO 56

(TJ-RJ/2016/Vunesp)

Considere a seguinte situação hipotética. Candidato a Deputado Estadual do Rio de Janeiro, Joaquim está fazendo sua campanha nas ruas da Capital e para diante de uma casa em obras, para abordar a pessoa que está lá trabalhando, para falar de suas propostas e pedir seu voto. Antônio, o proprietário do imóvel, que lá está trabalhando, diz para Joaquim que votaria nele, caso ele lhe fornecesse 5 (cinco) sacos de cimento. No dia seguinte, preposto de Joaquim entrega os sacos de cimento solicitados, sendo os fatos presenciados por vizinho de Antônio, que comunica o ocorrido ao juízo eleitoral, o que acarreta a instauração de inquérito. No curso do inquérito, apura-se que Antônio possui condenação criminal transitada em julgado e atualmente encontra-se em período de prova de sursis. A respeito de tais fatos, é correto afirmar que

A o fato não pode ser considerado crime, pois a entrega foi realizada por pessoa outra que não Joaquim, o candidato, sendo que a corrupção ativa eleitoral não pode ser praticada por qualquer pessoa, ou seja, a conduta de entrega da vantagem não pode ser praticada por uma pessoa que possui interesses em ver um candidato ser eleito.

B se exige, para a configuração do ilícito penal, que o corruptor eleitoral passivo seja pessoa apta a votar e como Antônio está com os direitos políticos suspensos, em razão de condenação criminal transitada em julgado, não havendo que se falar em violação à liberdade do voto, motivo pelo qual a conduta de Joaquim é atípica.

C o tipo penal previsto no Código Eleitoral, conhecido como corrupção eleitoral, prevê como condutas típicas prometer ou oferecer, para outrem, dinheiro ou qualquer outra vantagem para obter voto, sendo, portanto, atípica a conduta de Joaquim, que apenas entregou o que foi solicitado por Antônio.

D Joaquim e Antônio cometeram o crime de corrupção eleitoral, que para sua tipificação necessita que estejam presentes as modalidades ativa e passiva, ou seja, de que haja oferta e a correspondente aceitação de vantagem econômica, com bilateralidade.

E a conduta de Joaquim configura ilícito penal, pois a corrupção eleitoral ativa independe da corrupção eleitoral passiva, bastando para a caracterização do crime a conduta típica de dar vantagem, independentemente até mesmo da aceitação da vantagem pelo sujeito passivo, no caso, Antônio.

A resposta dessa questão é a assertiva "B", em razão do entendimento do TSE que, para que seja tipificada a conduta de corrupção eleitoral, é imprescindível a aptidão do corruptor passivo para votar. Embora os crimes eleitorais não sejam tão recorrentes nas questões objetivas, quando tal matéria é cobrada geralmente é associada ao entendimento jurisprudencial sobre a tipicidade de determinada conduta.

QUESTÃO 70

(TJ-CE/2018/Cespe)

É correto afirmar que a inelegibilidade

A alcança aqueles que não estejam filiados a partido político há, pelo menos, um ano antes da eleição.

B de candidato a presidente da República se estende ao candidato a vice-presidente da República.

C pode ser reconhecida de ofício pela justiça eleitoral nos processos de registro de candidatura.

D obsta temporariamente a capacidade eleitoral ativa dos candidatos.

E abrange, por força constitucional, os analfabetos, os semianalfabetos, os conscritos e os estrangeiros.

De maneira geral, as questões que tenham como objeto as hipóteses de inelegibilidade requerem o conhecimento apenas da lei seca. Contudo, nesta questão, a reposta correta, assertiva "C", se encontra na Súmula 45 do TSE.

O texto da lei é exigido no maior número de questões das provas objetivas, sendo requerido por muitas vezes o conhecimento das Resoluções Normativas do TSE. Desta forma, vejamos algumas destas questões:

QUESTÃO 61

(TJ-SP/2018/Vunesp)

Sobre a eleição para Presidente da República ou para Governador, é INCORRETO afirmar que

- **A** quando for caso de 2 (dois) turnos, se ocorrer morte, desistência ou impedimento legal de candidato, não poderá o partido promover a respectiva substituição.
- **B** quando for caso de 2 (dois) turnos, se ocorrer morte, desistência ou impedimento legal de candidato, será convocado, dentre os remanescentes, o de maior votação.
- **C** será considerado eleito o que obtiver maioria absoluta de votos, excluídos somente os nulos.
- **D** será considerado eleito o que obtiver a maioria absoluta de votos, excluídos os brancos e nulos.

Trata-se de uma questão de nível fácil, eis que as assertivas corretas são praticamente reproduções do texto legal, e a alternativa incorreta, "C", é o texto do art. 77, §2º, da Constituição Federal, tendo sido apenas retirada a menção aos votos em branco.

QUESTÃO 66

(TJ-AC/2019/Vunesp)

No que se refere às condições de elegibilidade, bem como à ação de impugnação de mandato eletivo, assinale a alternativa correta.

- **A** Para concorrerem a outros cargos, o Presidente da República, os Governadores de Estado e do Distrito Federal e os Prefeitos devem renunciar aos respectivos mandatos até noventa dias antes do pleito.
- **B** O militar alistável com mais de dez anos de serviço, se eleito, passará automaticamente, no ato da diplomação, à inatividade.
- **C** A ação de impugnação de mandato não tramita em segredo de justiça por força do princípio da publicidade.
- **D** Exige-se a idade mínima de 21 anos de idade para Prefeito, mas não para Vice-Prefeito.

As disposições da Constituição Federal são muito cobradas nas provas de Direito Eleitoral, como é o caso desta questão, cuja resolução demanda exclusivamente o conhecimento do art. 14 da Constituição Federal e seus parágrafos. A resposta correta, letra "B", encontra-se no §8º, inciso II do referido artigo.

QUESTÃO 67

(TJ-AL/2015/FCC)

NÃO cabe ao Tribunal Superior Eleitoral

- **A** promover, mesmo em ano eleitoral, propaganda institucional, em rádio e televisão, destinada a incentivar a igualdade de gênero e a participação feminina na política

B requisitar força federal necessária ao cumprimento de decisão proferida por Tribunal Regional Eleitoral.

C apresentar projeto de lei ao Congresso Nacional que aumente o número dos membros de Tribunal Regional Eleitoral.

D exercer, em caráter privativo, a competência para regulamentar as disposições da legislação eleitoral.

E colocar à disposição dos eleitores urnas eletrônicas destinadas a treinamento.

Questões sobre a competência do TSE aparecem em uma quantidade considerável de questões, e na maioria das vezes reproduzem o texto seco da lei. Neste caso, a resposta encontra-se no art. 23, VI, do Código Eleitoral, vez que o TSE pode apenas propor ao Poder Legislativo o aumento do número de juízes dos Tribunais Eleitorais.

QUESTÃO 70

(TJ-SC/2017/FCC)

No ano em que se realizar eleição, fica proibida a distribuição gratuita de bens, valores ou benefícios por parte da Administração pública, EXCETO em casos de

A estado de emergência, de intervenção federal ou de programas sociais autorizados em lei e já em execução orçamentária desde o primeiro semestre do ano eleitoral, mesmo que executados por entidade nominalmente vinculada a candidato ou por esse mantida.

B calamidade pública, de intervenção federal ou de programas sociais autorizados em lei e já em execução orçamentária desde o primeiro mês do ano eleitoral, vedada, no entanto, a execução de tais programas por entidade nominalmente vinculada a candidato ou por esse mantida.

C calamidade pública, de estado de emergência ou de programas sociais autorizados em lei e já em execução orçamentária no exercício anterior, vedada, no entanto, a execução de tais programas por entidade nominalmente vinculada a candidato ou por esse mantida.

D estado de emergência, de calamidade pública ou de programas sociais autorizados em lei e já em execução orçamentária desde o primeiro semestre do ano eleitoral, vedada, no entanto, a execução de tais programas por entidade nominalmente vinculada a candidato ou por esse mantida.

E calamidade pública, de intervenção federal ou de programas sociais autorizados em lei e já em execução orçamentária no exercício anterior, mesmo que executados por entidade nominalmente vinculada a candidato ou por esse mantida.

Malgrado seja uma questão que apenas reproduz o texto da lei, pode ser objeto de confusão pelos candidatos, eis que exige a memorização de todas as hipóteses de exceção. Nesta questão a resposta correta é a letra "C", conforme disposto no art. 73, §10, da Lei 9.504/97.

Com menor índice de incidência - mas não menos importante - vez ou outra são cobradas questões que tratam dos crimes eleitorais, as quais, em sua maior parte, exigem do candidato o conhecimento do texto legal, doutrinário e jurisprudencial dos crimes eleitorais previstos no Código Eleitoral.

QUESTÃO 70

(TJ-MS/2020/FCC)

Em relação aos crimes de falsidade ideológica eleitoral, definido no Código Eleitoral,

A a desaprovação das contas pela Justiça Eleitoral tipifica, por si só, o crime em questão, eis que, nesse caso, é possível presumir que determinadas despesas foram omitidas na prestação de contas.

B trata-se de crime material, que depende, para a sua consumação, de resultado danoso naturalístico.

C eventual falsidade cometida em processo de prestação de contas, por ser posterior à data das eleições, impossibilita a configuração desse crime, eis que tal elemento cronológico não se compatibiliza com a finalidade eleitoral da conduta.

D de acordo com o entendimento do Tribunal Superior Eleitoral, não é meio necessário, tampouco fase normal de preparação, para a prática do crime de induzimento à inscrição fraudulenta de eleitor, igualmente tipificado no Código Eleitoral.

E a demonstração da potencialidade lesiva da conduta não é necessária para a caracterização do crime, mas, se tal potencialidade estiver presente, incidirá causa de aumento de pena.

É possível inferir que a questão acima exige do candidato um conhecimento mais aprofundado dos crimes de falsidade ideológica eleitoral, sobretudo no que concerne à tipificação, momento de consumação do crime e entendimento do Tribunal Superior Eleitoral sobre sua incidência, estando correta a assertiva "d", que não considera o crime de falsidade ideológica ambiental como meio necessário para a prática do crime de induzimento á inscrição fraudulenta de eleitor.

6 DICAS FINAIS

Conforme sobredito, o estudo de direito eleitoral para concursos públicos da magistratura estadual não exige do candidato um estudo muito aprofundado, bastando, para as provas objetivas, o clássico trinômio lei seca, doutrina e jurisprudência, enfatizando-se o primeiro e o último.

Considerando que o conhecimento mnemônico tem se destacado nesta disciplina, torna-se fundamental a utilização das ferramentas aqui propostas, quais sejam, marca-textos e mapas mentais. Os *flashcards* também podem ser empregados para a memorização de conceitos mais complexos.

Em direito eleitoral uma particularidade assume relevo: as resoluções do Tribunal Superior Eleitoral e dos Tribunais Regionais Eleitorais, cuja força normativa é relevante nesta seara. Desta feita, o candidato deve observar quais resoluções vigoram à época do certame, a fim de examinar suas principais disposições.

Em provas dissertativas, não se vislumbra um número acentuado de questões envolvendo o tema em apreço. Em minha trajetória de concursando (foram nove provas dissertativas), não me recordo de ter sido cobrada nenhuma questão desta disciplina.

É importante que o candidato avalie a banca examinadora, a fim de averiguar se algum examinador possui predileção por algum tema de Direito Eleitoral, a fim de evitar surpresas no exame dissertativo e oral.

Em arremate, não se pode olvidar que o Código Eleitoral não é o diploma mais importante dentro da seara eleitoral, merecendo maior atenção o estudo da Constituição da República; a Lei das Inelegibilidades (Lei Complementar nº 64/90); a Lei dos Partidos Políticos (Lei nº 9.096/95) e a Lei das Eleições (Lei nº 9.504/97).

Direito PENAL

Rodrigo de Carvalho Assumpção

Penal

1 BIBLIOGRAFIA INDICADA

Direito Penal é uma disciplina que possui grande peso nos editais de concurso da magistratura, sobretudo porque seu conhecimento também é necessário para vencer uma das etapas deste concurso, qual seja, a prova de sentença criminal.

Há três obras que recomendo ao candidato: Direito Penal, do Prof. Cleber Masson, doutrina completíssima e que possui esquemas e quadros que facilitam a compreensão; Manual de Direito Penal, do Prof. Rogério Sanches Cunha, que reúne um denso conteúdo em apenas dois volumes e o Curso de Direito Penal do Prof. Rogério Greco, de fácil compreensão, principalmente para aqueles que possuem maior dificuldade com a disciplina.

Não se pode olvidar que a compreensão da parte geral do Direito Penal é de extrema importância, razão pela qual o candidato deve reservar maior tempo para o estudo desta matéria. Dessa feita, a seleção das principais figuras delitivas e estudo por intermédio da Sinopse de Direito Penal, parte especial da Editora Juspodivm pode ser suficiente para um bom desempenho na prova objetiva.

Outrossim, como é recomendável a resolução de exercícios, notadamente naqueles temas em que o candidato apresenta maior dificuldade – e menor número de acertos – será de valiosa ajuda a aquisição do Revisaço de Direito Penal e/ou para o Concurso da Magistratura, ambos da Editora Juspodivm.

2 CONTEÚDO PROGRAMÁTICO NOS EDITAIS

Com base em editais dos últimos cinco anos depreende-se que as provas para o ingresso na magistratura exigem o conhecimento dos seguintes temas concernentes ao Direito Penal:

DIREITO PENAL

➔ **I –** Conceito de Direito Penal. Princípios Constitucionais Penais. História do Direito Penal. História do Direito Penal Brasileiro, Doutrinas e Escolas Penais. Fontes do Direito Penal. Sistemas Penitenciários.

➔ II – CÓDIGO PENAL (Decreto-lei nº 2.848, de 7 de dezembro de 1940).

1 – Parte Geral

a) Da aplicação da lei penal (arts. 1º a 12).
b) Do crime (arts. 13 a 25).
c) Da imputabilidade penal (arts. 26 a 28).
d) Do concurso de pessoas (arts. 29 a 31).
e) Das penas (arts. 32 a 95).
f) Das medidas de segurança (arts. 96 a 99).
g) Da ação penal (arts. 100 a 106).
h) Da extinção da punibilidade (arts. 107 a 120).

2 – Parte Especial

a) Dos crimes contra a pessoa (arts. 121 a 154-B).
b) Dos crimes contra o patrimônio (arts. 155 a 183).
c) Dos crimes contra a propriedade imaterial (arts. 184 a 196).
d) Dos crimes contra a dignidade sexual (arts. 213 a 234-B).
e) Dos crimes contra a família (arts. 235 a 249).
f) Dos crimes contra a incolumidade pública (arts. 250 a 285).
g) Dos crimes contra a paz pública (arts. 286 a 288-A).
h) Dos crimes contra a fé pública (arts. 289 a 311-A).
i) Dos crimes contra a administração pública (arts. 312 a 359).
j) Dos crimes contra o Estado Democrático de Direito (arts. 359-I a 359-T).

III – LEI DAS CONTRAVENÇÕES PENAIS (Decreto-lei nº 3.688, de 3 de outubro de 1941).

IV – LEIS PENAIS ESPECIAIS

a) Crimes definidos na Lei nº 11.343, de 23 de agosto de 2006.
b) Crimes definidos na Lei 10.826, de 22 de dezembro de 2003.
c) Crimes eleitorais (Lei nº 4.737, de 15 de julho de 1965, e Lei nº 9.504, de 30 de setembro de 1997).
d) Crimes de abuso de autoridade (Lei nº 13.869 de 5 de setembro de 2019).
e) Crimes contra as relações de consumo (Lei nº 8.078, de 11 de setembro de 1990), a ordem tributária (Lei nº 8.137, de 27 de dezembro de 1990) e a ordem econômica (Lei nº 8.176, de 8 de fevereiro de 1991).
f) Crimes contra a economia popular (Lei nº 1.521, de 26 de dezembro de 1951).
g) Crimes de trânsito (Lei nº 9.503, de 23 de setembro de 1997).
h) Crimes de tortura (Lei nº 9.455, de 7 de abril de 1997).
i) Crimes contra o meio ambiente (Lei nº 9.605, de 12 de fevereiro de 1998).
j) Crimes contra a criança e o adolescente (Lei nº 8.069, de 13 de julho de 1990).
k) Crimes falimentares (Lei nº 11.101, de 9 de fevereiro de 2005).
l) Crimes contra a violência doméstica e familiar (Lei nº 11.340, de 7 de agosto de 2006).
m) Crimes contra os idosos (Lei nº 10.741, de 1º de outubro de 2003).
n) Crimes de preconceito de raça ou cor (Lei nº 7.716, de 5 de janeiro de 1989).
o) Crimes hediondos (Lei nº 8.072, de 25 de julho de 1990).
p) Crimes de Licitações e Contratos da Administração Pública (Lei 14.133/2021).
q) Crimes de Menor Potencial Ofensivo (Lei 9.099/95).
r) Crime Organizado (Lei 12.850/13).
s) Crimes de Lavagem ou Ocultação de Bens, Direitos e Valores (Lei 9.613/98).
t) Execução Penal (Lei 7.210/84).

3 ANÁLISE GERAL DAS ÚLTIMAS PROVAS OBJETIVAS

Analisando as últimas provas objetivas aplicadas (2015 a 2022) constata-se uma média de 10 questões da disciplina direito penal em cada certame, executadas por 03 principais instituições, sendo elas: Fundação Carlos Chagas – FCC, Vunesp, Cespe/Cebraspe e FGV, conquanto a última foi a instituição que mais executou provas objetivas no ano de 2022.

A título de esclarecimento, apenas 02 concursos durante o lapso temporal supracitado não foram organizados pelas bancas supracitadas: TJMG 2018 (Consulpan) e TJRS 2016 e 2022 (FAURGS).

Dessa forma, considerando a baixa incidência prática, para fins de otimização ao estudo do candidato, restringiremos nossa análise de questões que mais frequentaram as provas objetivas nos últimos anos.

Ainda quanto a análise abaixo colacionada, insta salientar que recorrentemente as questões apresentam conteúdo misto, exigindo conhecimento de diversas matérias para a resolução.

Em função disso, o candidato deve despender análise conglobante, não se restringindo apenas aos tópicos classificados como mais recorrentes, pois, frise-se, há uma tendência de concomitância, sendo que, poucas são as questões que demandam o conhecimento de único conteúdo programático.

Para efeitos didáticos, as questões abaixo foram alocadas em tópicos mostrados preponderantes para a resolução.

Dividindo-se a quantidade de questões pelo conteúdo programático, temos o seguinte quadro:

PROVAS REALIZADAS ENTRE 2015 E 2022		
Tópico do conteúdo programático	**Quantidade de questões**	
1. Conceito de Direito Penal. Princípios Constitucionais Penais. História do Direito Penal. História do Direito Penal Brasileiro, Doutrinas e Escolas Penais. Fontes do Direito Penal. Sistemas Penitenciários.	Cespe	03
	Fcc	03
	Fgv	01
	Vunesp	04
	Total	**11**
2. Parte Geral. Da aplicação da lei penal. Do crime. Da imputabilidade penal.	Cespe	12
	Fcc	15
	Fgv	08
	Vunesp	13
	Total	**48**

PROVAS REALIZADAS ENTRE 2015 E 2022		
Tópico do conteúdo programático	**Quantidade de questões**	
3. Do concurso de pessoas. Das penas. Das medidas de segurança.	Cespe	17
	Fcc	23
	Fcc	06
	Fgv	05
	Vunesp	17
	Total	**68**
4. Da ação penal. Da extinção da punibilidade.	Cespe	03
	Fcc	07
	Fgv	03
	Vunesp	04
	Total	**17**
5. Parte Especial. Dos crimes contra a pessoa.	Cespe	08
	Fcc	11
	Fgv	02
	Vunesp	06
	Total	**27**
6. Dos crimes contra o patrimônio.	Cespe	11
	Fcc	09
	Fgv	12
	Vunesp	11
	Total	**43**
7. Dos crimes contra a propriedade imaterial.	Cespe	01
	Fcc	0
	Fgv	0
	Vunesp	0
	Total	**01**
8. Dos crimes contra a dignidade sexual.	Cespe	06
	Fcc	05
	Fgv	00
	Vunesp	05
	Total	**16**

PROVAS REALIZADAS ENTRE 2015 E 2022		
Tópico do conteúdo programático	**Quantidade de questões**	
9. Dos crimes contra a família.	Cespe	0
	Fcc	0
	Fgv	0
	Vunesp	0
	Total	**0**
10. Dos crimes contra a incolumidade pública. Dos crimes contra a paz pública. Dos crimes contra a fé pública. Dos crimes contra a administração pública.	Cespe	04
	Fcc	05
	Fgv	04
	Vunesp	02
	Total	**15**
11. Lei das contravenções penais (Decreto-lei nº 3.688, de 3 de outubro de 1941).	Cespe	01
	Fcc	00
	Fgv	00
	Vunesp	01
	Total	**02**
12. Leis penais especiais. Crimes definidos na Lei nº 11.343, de 23 de agosto de 2006. Crimes definidos na Lei 10.826, de 22 de dezembro de 2003.	Cespe	06
	Fcc	10
	Fgv	07
	Vunesp	05
	Total	**28**
13. Crimes eleitorais (Lei nº 4.737, de 15 de julho de 1965, e Lei nº 9.504, de 30 de setembro de 1997). Crimes de abuso de autoridade (Lei nº 4.898, de 9 de dezembro de 1965).	Cespe	02
	Fcc	01
	Fgv	00
	Vunesp	02
	Total	**05**
14. Crimes contra as relações de consumo (Lei nº 8.078, de 11 de setembro de 1990), a ordem tributária (Lei nº 8.137, de 27 de dezembro de 1990) e a ordem econômica (Lei nº 8.176, de 8 de fevereiro de 1991). Crimes contra a economia popular (Lei nº 1.521, de 26 de dezembro de 1951).	Cespe	03
	Fcc	01
	Fgv	01
	Vunesp	01
	Total	**06**

PROVAS REALIZADAS ENTRE 2015 E 2022		
Tópico do conteúdo programático	**Quantidade de questões**	
15. Crimes de trânsito (Lei nº 9.503, de 23 de setembro de 1997). Crimes de tortura (Lei nº 9.455, de 7 de abril de 1997). Crimes contra o meio ambiente (Lei nº 9.605, de 12 de fevereiro de 1998). Crimes contra a criança e o adolescente (Lei nº 8.069, de 13 de julho de 1990). Crimes falimentares (Lei nº 11.101, de 9 de fevereiro de 2005).	Cespe	05
	Fcc	05
	Fgv	01
	Vunesp	02
	Total	**13**
16. Crimes contra a violência doméstica e familiar (Lei nº 11.340, de 7 de agosto de 2006). Crimes contra os idosos (Lei nº 10.741, de 1º de outubro de 2003). Crimes de preconceito de raça ou cor (Lei nº 7.716, de 5 de janeiro de 1989).	Cespe	03
	Fcc	05
	Fgv	01
	Vunesp	01
	Total	**10**
17. Crimes hediondos (Lei nº 8.072, de 25 de julho de 1990).	Cespe	01
	Fcc	02
	Fgv	01
	Vunesp	01
	Total	**05**
18. Crimes de Licitações e Contratos da Administração Pública (Lei 8.666/93).[1]	Cespe	02
	Fcc	01
	Vunesp	01
	Total	**04**
19. Crimes de Menor Potencial Ofensivo (Lei 9.099/95).	Cespe	01
	Fcc	01
	Vunesp	02
	Total	**04**

1. As questões foram realizadas sob a égide da Lei nº 8.666/93, cujos dispositivos de natureza penal foram revogados pela Lei nº 14.133/2021.

PROVAS REALIZADAS ENTRE 2015 E 2022		
Tópico do conteúdo programático	**Quantidade de questões**	
20. Crime Organizado (Lei 12.850/13). Crimes de Lavagem ou Ocultação de Bens, Direitos e Valores (Lei 9.613/98).	Cespe	02
	Fcc	03
	Fgv	01
	Vunesp	01
	Total	**07**
21. Execução Penal (Lei 7.210/84).	Cespe	11
	Fcc	11
	Fgv	05
	Vunesp	09
	Total	**36**

Observa-se que alguns dos itens do edital abarcam variados temas correlatos, quando feita a análise comparativa em relação aos títulos do código penal. A exemplo, comento o item "das penas", que em seu teor contém: espécies de penas, cominação das penas, aplicação das penas (aqui incluído o concurso de crimes, item de suma importância ao estudo), suspensão condicional da pena, livramento condicional e reabilitação

Outrossim, infere-se que alguns temas possuem maior predileção das bancas, destacando-se os seguintes conteúdos: aplicação da lei penal, crime, concurso de pessoas, das penas, crimes contra a pessoa, crimes contra o patrimônio, lei de drogas, e lei de execução penal.

Referidos itens apresentam-se repetidamente nos certames, razão pela qual demandam especial atenção do candidato.

Sobreleva ressaltar que alguns temas que pouco foram cobrados em matéria de direito penal se apresentaram contumazes em sede de legislação processual, como será comentado em momento pertinente nesta obra.

Quanto ao tipo de conhecimento demandado predominante para a resolução das questões, restou evidenciado que a lei e a jurisprudência foram cobradas de forma prevalecente, incidindo de forma expressivamente superior as questões de cunho doutrinário.

Ademais, notou-se que poucas as questões demandam o domínio de apenas um desses elementos, sendo mais comum a cobrança simultânea de legislação, aspectos jurisprudenciais e doutrina.

O conhecimento da lei seca é necessário para a resolução de 49% das questões, ao passo que 35% das perguntas demandam o conhecimento da jurisprudência para sua resolução. A doutrina é essencial para a resolução de apenas 16% das questões.

Com efeito, constatou-se que durante o lapso temporal analisado houve considerável oscilação dos elementos cobrados, com alternância de preponderância entre a lei e jurisprudência. A incidência de questões doutrinárias demonstra tendência crescente, embora ainda seja a forma de exame menos habitual.

O candidato não poderá olvidar das modificações introduzidas pela Lei nº 13.964/2019, que promoveu alterações nos artigos 25, 51, 75, 83, 116, 157, 171 e 316, além de acrescentar o artigo 91-A ao Código Penal, temas que certamente frequentarão as provas objetivas vindouras.

O candidato deve estudar com afinco os artigos 337-E a 337-P do Código Penal, já que a Lei nº 14.133/2021 introduziu estes dispositivos no indigitado estatuto repressivo, circunstância que certamente instigará o examinador a cobrá-los nos próximos certames, embora os crimes em licitações e contratos administrativos não sejam de grande incidência em provas da magistratura. Outrossim, não se olvidar, ainda, que os artigos 89 a 108 da Lei nº 8.666/93 foram revogados na data de publicação da nova lei de licitações.

Outrossim, as inclusões promovidas pela Lei nº 10.197/2021, que trata dos crimes contra o funcionamento dos serviços essenciais, merecem especial atenção. Estes crimes tenderão a ser cobrados nas provas objetivas, notadamente em razão dos atos praticados em Brasília no dia 8 de janeiro de 2023.

No que se refere ao perfil das principais bancas, é necessário apontar que, enquanto a lei seca possui predileção pelas bancas FCC e Vunesp, constituindo-se enfoque principal da maioria das questões, a banca Cespe/Cebraspe apresenta favoritismo na cobrança de jurisprudência. É importante realçar o protagonismo da FGV nas provas realizadas no ano de 2022, que tendem a aliar questões práticas com legislação e jurisprudência.

4 ALGUNS PONTOS ESPECÍFICOS MAIS RELEVANTES NAS PROVAS OBJETIVAS

Ainda que nenhum ponto do edital deva ser negligenciado, alguns tópicos inegavelmente demandam especial atenção do candidato, pois incidem de forma frequente nos certames, caracterizando maioria das questões. Para melhor compreensão, façamos alguns apontamentos com base no edital transcrito alhures:

- **Tópico 1.** Conceito de Direito Penal. Princípios Constitucionais Penais. História do Direito Penal. História do Direito Penal Brasileiro, Doutrinas e Escolas Penais. Fontes do Direito Penal. Sistemas Penitenciários.

Neste ponto tem-se a maior concentração de questões de cunho doutrinário de todo o edital, requerendo a adaptação no estudo do concursando.

- **Tópico 2.** Parte Geral. Da aplicação da lei penal. Do crime. Da imputabilidade penal.

Este item deve ser exaustivamente estudado pelo candidato, haja vista a crucial relevância para resolução de grande quantidade de questões, bem como para a formação da base na disciplina direito penal, notadamente quanto ao item "do crime", que, dentre eles, foi cobrado direta ou indiretamente em todas as provas analisadas. Nesse particular, demanda do candidato conhecimento doutrinário.

- **Tópico 3.** Do concurso de pessoas. Das penas. Das medidas de segurança.

Quanto ao concurso de pessoas, interessante observar que as questões não abordam o tema de forma direta, havendo tendência de sua inserção em anunciados de situações hipotéticas (casos), de onde é possível extrair o tema, relacionando a matéria com conteúdo programático de demais itens do edital.

De todo o conteúdo programático, o tema "das penas" foi o mais cobrado em uma perspectiva geral, sendo de suma importância o seu estudo pré-edital.

- **Tópico 4.** Da ação penal. Da extinção da punibilidade.

Aqui, destaca-se a cobrança de assuntos como ação pública e privada, bem como extinção da punibilidade por prescrição.

- **Tópico 5.** Parte Especial. Dos crimes contra a pessoa.

Os crimes contra a pessoa, somado aos crimes contra o patrimônio (tópico a seguir comentado) constituem-se entre aqueles de maior peso em provas objetivas. Importante que o candidato tenha domínio sobre aspectos legais, doutrinários e jurisprudenciais, além de qualificadoras e todas as circunstâncias que possam se relacionar. Conteúdo cobrado com maior profundidade.

Tópico 6. Dos crimes contra o patrimônio.

Conforme já adiantado, os crimes contra o patrimônio estão assiduamente presentes nas questões, dentre eles, especialmente, o roubo e o furto. Também exige estudo aprofundado.

Tópico 7. Dos crimes contra a propriedade imaterial.

Tópico de baixo peso nas provas analisadas.

Tópico 8. Dos crimes contra a dignidade sexual.

Item de especial reflexo nos certames. As questões em comento são elaboradas das mais variadas formas: lei seca, situações hipotéticas, entendimento de tribunais superiores etc. Requer atenção do candidato.

Tópico 9. Dos crimes contra a família.

No período analisado não se constatou a existência de questões específicas, entendendo assim como aquelas que demandam significativo saber jurídico quanto ao tema.

Tópico 10. Dos crimes contra a incolumidade pública. Dos crimes contra a paz pública. Dos crimes contra a fé pública. Dos crimes contra a administração pública.

Costumeiramente, o conhecimento da lei mostra-se suficiente a resolução das questões.

Tópico 11. Lei das contravenções penais (Decreto-lei nº 3.688, de 3 de outubro de 1941).

Não se constitui matéria de peso. Entrementes, frise-se que o candidato jamais deve negligenciar seu estudo, devendo conhecer aspectos gerais sobre a legislação pertinente.

Tópico 12. Leis penais especiais. Crimes definidos na Lei nº 11.343, de 23 de agosto de 2006. Crimes definidos na Lei 10.826, de 22 de dezembro de 2003.

Impende registrar que, em que pese a reduzida cobrança do tema em comento no conteúdo de Direito Penal, ele possui alta incidência em sede de legislação processual. O estudo da lei é imprescindível, especialmente quanto ao diferenciado procedimento aplicado. Dentre os artigos mais cobrados, estão o 28 (com todos os seus contornos jurisprudenciais) e 33.

⊖ **Tópico 13.** Crimes eleitorais (Lei nº 4.737, de 15 de julho de 1965, e Lei nº 9.504, de 30 de setembro de 1997). Crimes de abuso de autoridade (Lei nº 4.898, de 9 de dezembro de 1965).

Aplicam-se as mesmas considerações feitas no tópico imediatamente anterior.

⊖ **Tópico 14.** Crimes contra as relações de consumo (Lei nº 8.078, de 11 de setembro de 1990), a ordem tributária (Lei nº 8.137, de 27 de dezembro de 1990) e a ordem econômica (Lei nº 8.176, de 8 de fevereiro de 1991). Crimes contra a economia popular (Lei nº 1.521, de 26 de dezembro de 1951).

Incidência mínima em certames. Entretanto, tem-se por mediana a complexidade do conteúdo.

⊖ **Tópico 15.** Crimes de trânsito (Lei nº 9.503, de 23 de setembro de 1997). Crimes de tortura (Lei nº 9.455, de 7 de abril de 1997). Crimes contra o meio ambiente (Lei nº 9.605, de 12 de fevereiro de 1998). Crimes contra a criança e o adolescente (Lei nº 8.069, de 13 de julho de 1990). Crimes falimentares (Lei nº 11.101, de 9 de fevereiro de 2005).

Item de pouca incidência. Em regra, o conhecimento da lei e da jurisprudência mostra-se suficiente a resolução de questões.

⊖ **Tópico 16.** Crimes contra a violência doméstica e familiar (Lei nº 11.340, de 7 de agosto de 2006). Crimes contra os idosos (Lei nº 10.741, de 1º de outubro de 2003). Crimes de preconceito de raça ou cor (Lei nº 7.716, de 5 de janeiro de 1989).

Quanto ao primeiro, comumente demanda o conhecimento das vedações estabelecidas na legislação especial, como, por exemplo, inaplicabilidade de benefícios estabelecidos na lei 9.099/95, bem como demais disposições pontuais. Em relação ao último (Crimes de preconceito de raça ou cor (Lei nº 7.716, de 5 de janeiro de 1989) alerto quanto a probabilidade de incidência em próximos concursos da magistratura, notadamente em função de repercutido e recente julgamento do STF decidindo pela configuração de racismo social em decorrência de atos homofóbicos ou transfóbicos. O candidato deve estar antenado quanto ao tema.

⊖ **Tópico 17.** Crimes hediondos (Lei nº 8.072, de 25 de julho de 1990).

Assim como o "concurso de pessoas", tal tópico costuma ser cobrado em questões de conteúdo misto, com inserção de informações em casos hipotéticos. Por se relacionar com diversos outros temas e influir diretamente em aspectos processuais e penais relevantes, o candidato deve dominar o tema. O candidato deverá se ater às modificações promovidas pela Lei nº 13.964/2019, nas disposições de natureza material.

➔ **Tópico 18.** Crimes de Licitações e Contratos da Administração Pública (Lei 14.133/2021).

Tema não frequente em provas da magistratura estadual. No entanto, o candidato deve saber aspectos básicos.

➔ **Tópico 19.** Crimes de Menor Potencial Ofensivo (Lei 9.099/95).

Assunto frequentemente abordado pelos concursos em legislação processual, embora pouco cobrado na disciplina do direito penal.

➔ **Tópico 20.** Crime Organizado (Lei 12.850/13). Crimes de Lavagem ou Ocultação de Bens, Direitos e Valores (Lei 9.613/98).

Tema que exige o conhecimento da legislação, bem como jurisprudência pertinente. Possui mediana aplicação em certames da magistratura. Há de se ressaltar, ainda, que o tema também recai sobre a legislação processual.

➔ **Tópico 21.** Execução Penal (Lei 7.210/84).

Alta incidência de questões nas provas analisadas, demandando atencioso estudo do candidato. Trata-se de conteúdo dotado de certa complexidade, exigindo domínio quanto a lei, doutrina e jurisprudência. O candidato deverá se ater às modificações promovidas pela Lei nº 13.964/2019, nas disposições de natureza material.

5 DOUTRINA, JURISPRUDÊNCIA E "LEI SECA" NOS CONCURSOS DA MAGISTRATURA ESTADUAL

Não obstante a costumeira e tendente cobrança de legislação e jurisprudência na primeira fase objetiva /seletiva, neste tópico, analisaremos generalidades observadas em algumas questões.

Primeiramente, quanto a doutrina, é imperioso ressaltar sua não habitualidade nas provas objetivas. Entretanto, alguns itens dos editais demonstram maior adesividade ao método, como é o exemplo dos princípios, bem como a vertente histórica do processo penal.

Não é objeto desta obra a análise doutrinária dos conteúdos aplicados nas provas objetivas. Contudo, a título de ilustração, vejamos aqui algumas questões que demandaram conhecimento doutrinário do candidato:

TJPB- 2015

Relativamente à classificação doutrinária de crimes, assinale a opção correta.

Ⓐ O crime falho, também chamado de tentativa imperfeita, ocorre quando o agente voluntariamente desiste de prosseguir na execução ou impede que o resultado se produza.

Ⓑ Para que se verifique o exaurimento do crime, é necessário que, depois de sua consumação, o delito atinja suas últimas consequências.

Ⓒ O crime de cárcere privado é tipicamente instantâneo, haja vista que já se consuma com a efetiva restrição ou privação da liberdade de locomoção por tempo juridicamente relevante.

Ⓓ As penas privativas de liberdade aplicáveis a indivíduos condenados por contravenções penais são de detenção, não se admitindo a reclusão.

Ⓔ Crime próprio é aquele que só pode ser praticado pelo agente pessoalmente, não podendo este utilizar-se de interposta pessoa (a exemplo do que ocorre no falso testemunho).

Gabarito: C

A questão teve como gabarito a letra "b". Na confluência da alternativa, um exemplo muito adotado para fins didáticos diz respeito ao recebimento do valor de resgate na extorsão mediante sequestro, em que o crime se consuma com o cerceamento da liberdade, sendo o recebimento da vantagem mero exaurimento do feito (crime formal).

TJSC- 2019

O estudo das teorias relaciona-se intimamente com as finalidades da pena. Nesse sentido, a teoria que sustenta que a única função efetivamente desempenhada pela pena seria a neutralização do condenado, especialmente quando a prisão acarreta seu afastamento da sociedade, é a teoria

Ⓐ das janelas quebradas.

Ⓑ relativa.

Ⓒ unificadora.

Ⓓ absoluta.

Ⓔ agnóstica.

A alternativa correta é a letra "e", exigindo conhecimento sobre a teoria agnóstica de Eugenio Raul Zaffaroni. De acordo com tal teoria, a pena não possui nenhuma função ressocializadora, tendo como objetivo único a neutralização do indivíduo.

TJRJ-2016

Assinale a alternativa que indica a teoria do Direito Penal que está intimamente ligada à seguinte ideia: "a estruturação do Direito Penal não deve se basear em uma realidade ontológica, devendo ser mitigada a função do bem jurídico como pressuposto e critério norteador para a intervenção penal".

Ⓐ Constitucionalista.

Ⓑ Clássica.

Ⓒ Finalista.

Ⓓ Funcionalista.

Ⓔ Garantista.

Gabarito alternativa "d". Questão de conteúdo puramente doutrinário, sendo necessário para a sua resolução que o candidato conheça sobre a teoria funcionalista, com consequente entendimento sobre a política criminal (finalidade da pena).

TJSC- 2019

Em cada uma das opções a seguir, é apresentada uma situação hipotética seguida de uma assertiva a ser julgada, a respeito da substituição das penas privativas de liberdade por penas restritivas de direitos.

Ⓐ Antônio, com anterior condenação transitada em julgado pelo delito de dano ao patrimônio público, foi processado e condenado à pena privativa de liberdade de um ano e dois meses de reclusão pelo cometimento do delito de receptação. Nessa situação, em razão da reincidência criminal em crime doloso, não é cabível a substituição da pena corporal imposta a Antônio por pena restritiva de direitos.

Ⓑ Manoel foi processado e condenado pela prática de violência física, de ameaça e de lesão corporal em contexto de violência doméstica contra a mulher, tendo-lhe sido impostas as penas privativas de liberdade de quinze dias de prisão simples e de três meses e um mês de detenção, em regime aberto. Nessa situação, somente é possível a substituição da pena privativa de liberdade por restritiva de direitos em relação à contravenção de violência física.

Ⓒ Pedro, réu primário, foi processado e condenado pela prática de delito de roubo simples na modalidade tentada, tendo-lhe sido imposta pena privativa de liberdade de dois anos e oito meses de reclusão, em regime aberto. Nessa situação, a pena privativa de liberdade imposta a Pedro poderá ser substituída por uma pena restritiva de direitos e multa ou por duas penas restritivas de direitos.

D) Alberto, réu primário e em circunstâncias judiciais favoráveis, praticou crime de homicídio culposo qualificado ao conduzir embriagado veículo automotor. Em razão dessa conduta, ele foi processado e condenado ao cumprimento de pena privativa de liberdade de cinco anos de reclusão, inicialmente em regime semiaberto. Nessa hipótese, o quantum de pena fixado não impede a substituição da pena privativa de liberdade por restritiva de direitos.

E) João foi processado e condenado à pena privativa de liberdade de um ano e oito meses de reclusão, em regime aberto, pela prática de delito de tráfico de drogas na forma privilegiada. Nessa hipótese, haja vista a condenação por delito equiparável a hediondo, não é admitida a substituição da pena privativa de liberdade por restritiva de direitos.

Alternativa correta letra "d". Nos termos do artigo 44 do CP "as penas restritivas de direitos são autônomas e substituem as privativas de liberdade, quando, qualquer que seja a pena aplicada, se o crime for culposo".

TJRR- 2015.

Se o agente, em virtude de perturbação de saúde mental ou por desenvolvimento mental incompleto ou retardado, não era inteiramente incapaz de entender o caráter criminoso do fato ou de determinar-se de acordo com esse entendimento, a

A) circunstância atuará como atenuante, a ser considerada na segunda etapa do cálculo da pena.

B) pena poderá ser substituída por tratamento ambulatorial, mas não por internação.

C) pena será reduzida de um a dois terços, podendo-se considerar, na escolha do redutor, o grau de perturbação da saúde mental.

D) hipótese será de absolvição imprópria, com imposição necessária de medida de segurança.

E) pena será reduzida de um a dois terços, não se admitindo, porém, a substituição por medida de segurança.

Alternativa correta letra "c". Trata-se da questão do semi-imputável. Nesse sentido, dispõe o CP no artigo 26, parágrafo único, que "a pena pode ser reduzida de um a dois terços, se o agente, em virtude de perturbação de saúde mental ou por desenvolvimento mental incompleto ou retardado não era inteiramente capaz de entender o caráter ilícito do fato ou de determinar-se de acordo com esse entendimento.

TJSC-2015.

A lei nº 11.340/06 cria mecanismos para coibir e prevenir a violência doméstica e familiar contra a mulher, nos termos do § 8º do art. 226 da Constituição Federal, da Convenção sobre a Eliminação de Todas as Formas de Violência contra a Mulher, da Convenção Interamericana para Prevenir, Punir e Erradicar a Violência contra a Mulher e de outros tratados internacionais ratificados pela República Federativa do Brasil. Neste sentido, possui dispositivos que excepcionam regras processuais previstas no Código de Processo Penal e nas leis extravagantes, penais e processuais. Portanto, nos termos da lei, é correto afirmar que

(A) Nos casos em que o agressor ingressar ou deixar a prisão, ou o advogado constituído ou a própria ofendida deverão ser notificados.

(B) É vedada a aplicação, nos casos de violência doméstica e familiar contra a mulher, de penas de cesta básica.

(C) Nos casos em que for realizada a transação penal, o juiz poderá aplicar a pena restritiva de direitos sempre cumulada com o pagamento de multa reparatória.

(D) Mesmo que a pena aplicada na sentença pelo magistrado seja inferior a dois anos de prisão, não poderá ser concedida a suspensão da execução da pena (sursis).

(E) O juiz poderá decretar várias medidas protetivas de urgência, dentre elas a suspensão da posse ou restrição do porte de armas, com comunicação ao órgão competente, exigindo-se sempre para a decretação de tais medidas a manifestação prévia do Ministério Público.

Alternativa correta letra "b". Conforme artigo 17 da lei número 11.340, é vedada a aplicação, nos casos de violência doméstica e familiar contra a mulher, de penas de cesta básica ou outras de prestação pecuniária, bem como a substituição de pena que implique o pagamento isolado de multa.

Referida questão foi alvo de questionamentos, em razão do entendimento de que a vedação seria na aplicação isolada, exclusiva, da pena de multa ou de cesta básica. No entanto, nesta análise, ficaremos adstritos a alternativa apontada no gabarito pela banca organizadora.

TJDF-2015.

Constitui homicídio qualificado o crime

(A) cometido contra deficiente físico.

B) praticado com emprego de arma de fogo.
C) concretizado com o concurso de duas ou mais pessoas.
D) praticado com o emprego de asfixia.
E) praticado contra menor de idade.

Gabarito alternativa "d", nos termos do artigo 121, §2º inciso III do CP. A lei seca é suficiente a resolução de tal questão.

Acerca das questões jurisprudenciais, embora sua maioria constitua conteúdo híbrido, com cumulação de dispositivos da lei seca, existem questões que demandam o entendimento dos tribunais superiores em todas as alternativas, conforme exemplifica-se:

TJDF-2016.

Acerca da jurisprudência sumulada do STJ em matéria penal, assinale a opção correta.

A) O delito de corromper menor de dezoito anos, com ele praticando infração penal ou induzindo-o a praticá-la, é crime formal, cuja configuração independe da prova de efetiva corrupção do menor.
B) O reconhecimento do privilégio previsto para o furto simples nos casos de crime de furto qualificado é inadmissível, mesmo que o criminoso seja primário, a coisa furtada seja de pequeno valor e a qualificadora seja de ordem objetiva.
C) É admissível a fixação de pena substitutiva prevista no art. 44 do CP, como condição especial ao regime aberto, nos termos da súmula 493.
D) Por adequação social, nos termos da súmula 502, ainda que presentes a materialidade e a autoria, nos termos da súmula 502, a conduta de expor à venda CDs e DVDs piratas, não tipifica o crime em relação ao direito autoral previsto no art. 184, § 2.º, do CP.
E) A causa de aumento de pena pelo concurso de agentes, prevista para o crime de roubo, é aplicável para o crime de furto qualificado.

Gabarito letra "a". Aduz a súmula 500, STJ: "A configuração do crime previsto no art. 244-B, ECA independe da prova da efetiva corrupção do menor, por se tratar de delito formal.". Nas demais alternativas, foram previstas, respectivamente, súmulas 511, 493, 502 e 442, todas do STJ.

TJRJ- 2016.

A anencefalia, de acordo com entendimento jurisprudencial do Supremo Tribunal Federal, no julgamento da ADPF (arguição de descumprimento de preceito fundamental), ajuizada pela Confederação dos Trabalhadores na Saúde – CNTS, sob relatoria do Ministro Marco Aurélio de Mello:

A não qualifica direito da gestante de submeter-se à antecipação terapêutica de parto sob pena de o contrário implicar pronunciamento da inconstitucionalidade abstrata dos artigos 124, 126 e 128, I e II, do Código Penal, e, via de consequência, a descriminalização do aborto.

B permite a antecipação terapêutica do parto, com proteção à vida da mãe, a exemplo do aborto sentimental, que tem por finalidade preservar a higidez física e psíquica da mulher, conclusão que configura interpretação do Código Penal de acordo com a Constituição Federal, orientada pelos preceitos que garantem o Estado laico, a dignidade da pessoa humana, o direito à vida e a proteção à autonomia, da liberdade, da privacidade e da saúde.

C não dispensa autorização judicial prévia ou qualquer forma de autorização do Estado para a antecipação terapêutica do parto, implicando ajustamento dos envolvidos nas condutas típicas descritas pelos artigos 124, 126 e 128, I e II, do Código Penal, com vistas à proteção do direito à vida.

D estendeu a desnecessidade de autorização judicial prévia ou qualquer forma de autorização do Estado para a antecipação terapêutica do parto, no aborto sentimental ou humanitário, decorrente da gravidez em caso de estupro, em respeito aos princípios da moral razoável e da dignidade da pessoa humana.

E porque há vida a ser protegida, implica a subsunção da conduta dos envolvidos no procedimento de antecipação terapêutica do parto aos tipos de aborto previstos no Estatuto Repressivo, dependendo da qualidade do agente que o praticou ou permitiu a sua prática.

Gabarito letra "b". Trata-se de crimes contra a vida, de altíssima exigência nas provas. As bancas não se limitam aos tipos legais mais recorrentes, como é o artigo 121 da parte especial do CP. Demanda estudo aprofundado do candidato.

TJSP-2018.

Quanto aos crimes contra o patrimônio, é correto afirmar que

A conforme entendimento sedimentado do Superior Tribunal de Justiça, aplicam-se às qualificadoras objetivas e subjetivas do furto a causa de aumento de pena do repouso noturno e a forma privilegiada.

B qualifica a extorsão mediante sequestro se o sequestrado é menor de 18 (dezoito) anos ou maior de 60 (sessenta) anos, de sorte que se restituído à liberdade depois de completar 18 (dezoito) anos, ou sequestrado antes de completar 60 (sessenta) anos, embora libertado a partir dessa idade, não incide a qualificadora.

C na Apropriação Indébita Previdenciária, é facultado ao juiz deixar de aplicar a pena ou aplicar somente a de multa se o agente for primário e de bons antecedentes, desde que tenha promovido, após o início da ação fiscal e antes de ser oferecida a denúncia, o pagamento da contribuição social previdenciária, inclusive acessórios.

D a absolvição pelo crime pressuposto da receptação impede a condenação do receptador quando não existir prova de ele ter concorrido para a infração penal, ficar provada a inexistência do fato, não houver prova da existência do fato, não constituir o fato infração penal ou existir circunstância que exclua o crime. Exigência nas provas. As bancas não se limitam aos tipos legais mais recorrentes, como é o artigo 121 da parte especial do CP. Demanda estudo aprofundado do candidato.

Gabarito letra "c". Os crimes contra o patrimônio, conjuntamente com os crimes contra a pessoa, mostram-se como de maior peso na parte especial do código. A questão em apreço exige o entendimento concomitante de jurisprudência (alternativa "a") e lei seca, nas demais.

6 DICAS FINAIS

Em conformidade com o que foi exposto, é possível inferir que o estudo do direito penal exige um conhecimento profundo de legislação, doutrina e jurisprudência dos tribunais superiores.

Como se trata de disciplina de alta complexidade, é fundamental a utilização de algumas ferramentas para memorização desse conteúdo. Há algumas que acelerarão o conhecimento mnemônico, destacando-se a utilização de *flashcards*, mapas mentais e o destaque de legislação com o emprego de marca-textos.

Os *flashcards* são utilizados para a memorização de diversas teorias que em muitas ocasiões confundem os examinandos. Neste sentido, o candidato utilizará as fichas pautadas, colocando no anverso o nome da teoria e no verso a sua explicação sucinta. Em seguida, pegará o *card* e tentará lembrar qual é o seu conceito, repetindo esta prática até que consiga recordar do tema com facilidade.

Os mapas mentais colaboram com a apreensão do conteúdo que envolve um tema abrangente, geralmente subdividido em várias ramificações.

Caso o concursando não possua tempo para elaborá-los, há alguns sites que já comercializam este tipo de ferramenta.

Com relação aos marca-textos, sua utilização parcimoniosa auxilia a memorização de legislações. Entrementes, o candidato não deve destacar tudo que vê à sua frente, devendo priorizar as palavras-chave e as exceções de cada dispositivo legal, os prazos e, quando houver, as frações de pena, empregando uma cor para cada um desses tópicos.

No que concerne à jurisprudência dos tribunais superiores, o candidato pode se valer da ajuda de alguns sítios de internet que dissecam estes informativos, dentre eles: Dizer o Direito, ESINF e EBEJI.

Como é cediço, a resolução de questões é de importância crucial, pois permitirá ao candidato um diagnóstico mais acurado dos temas que merecerão maior reforço e repetição, o que será possível após a elaboração de dados estatísticos sobre cada tema, o que pode ser facilmente construído com o simples registro do número de acertos e erros.

Em provas dissertativas, geralmente a cobrança da disciplina ocorre apenas na prova prática de sentença penal. Todavia, em algumas hipóteses há também questões que devem ser respondidas na prova dissertativa, que antecede essas avaliações práticas.

Finalizando, recomendo ao candidato que antecipe seus estudos para a prova oral, considerando que nesta etapa o examinador não avalia apenas o conhecimento jurídico do examinando, mas também a sua postura diante da banca, compreendidas a forma com responde às indagações e a maneira que gesticula durante o exame. Neste particular, sugiro que seja buscado um curso preparatório com ênfase específica neste exame.

Direito
PROCESSUAL PENAL

Rodrigo de Carvalho Assumpção

1 BIBLIOGRAFIA INDICADA

O escorreito estudo da disciplina demanda conhecimento doutrinário, legislativo e jurisprudencial, malgrado tenham predominado questões que cobrem lei seca e jurisprudência. Neste sentido, é importante que o candidato possua uma boa base para ser exitoso nas avaliações relacionadas a esta disciplina.

Sendo assim, indico ao candidato a leitura de três obras: Curso de Processo Penal, do Prof. Eugênio Pacelli, respeitado doutrinador, cujas ideias influenciam muitas obras de escol; Manual de Processo Penal, do Prof. Renato Brasileiro de Lima, obra completa e direcionada para os mais diversos certames jurídicos e o Curso de Direito Processual Penal do Prof. Nestor Távora, em parceria com o Prof. Rosmar Rodrigues Alencar.

Não se pode olvidar que a Sinopse de Direito Processual Penal da Editora Juspodivm também pode ajudar o candidato no estudo da disciplina, desde que já possua alguma base na matéria. Sendo imprescindível a resolução de exercícios para o aprendizado, sugiro ainda o Revisaço de Processo Penal, também da Editora Juspodivm.

2 CONTEÚDO PROGRAMÁTICO NOS EDITAIS

As provas da magistratura aplicadas nos últimos cinco anos contiveram as seguintes disciplinas concernentes ao Direito Processual Penal:

PROCESSO PENAL

➔ **I** – Do processo penal em geral. Princípios Constitucionais e fontes do processo penal.

➔ **II** – Código de Processo Penal (Decreto-lei nº 3.689, de 3 de outubro de 1.941).

a) Disposições preliminares (arts. 1º a 3º).
b) Juiz das Garantias (arts. 3º-A a 3º-F).
c) Do inquérito policial (arts. 4º a 23).
d) Da ação penal (arts. 24 a 62).
e) Da ação civil (arts. 63 a 68).
f) Da competência (arts. 69 a 91).
g) Das questões e processos incidentes (arts. 92 a 154).
h) Da prova (arts. 155 a 250).
i) Do Juiz, do Ministério Público, do Acusado e Defensor, dos Assistentes e Auxiliares da Justiça (arts. 251 a 281).
j) Da prisão, das Medidas cautelares e da liberdade provisória (arts. 282 a 350).
k) Das citações e intimações (arts. 351 a 372).
l) Da sentença (381 a 393).
m) Dos processos em espécie (arts. 394 a 497 e 513 a 555).
n) Das nulidades e dos recursos em geral (arts. 563 a 667).
o) Disposições gerais (arts. 791 a 811).

➔ **III** – Mandado de segurança em matéria criminal (Lei nº 12.016, de 7 de agosto de 2009).

➔ **IV** – Disposições processuais penais especiais.

a) Execução penal (Lei nº 7.210, de 11 de julho de 1984).
b) Entorpecentes (Lei nº 11.343, de 23 de agosto de 2006).
c) Violência doméstica (Lei nº 11.340, de 7 de agosto de 2006).
d) Prisão temporária (Lei nº 7.960, de 21 de dezembro de 1.989).

e) Juizados Especiais Criminais (Lei nº 9.099, de 26 de setembro de 1995).

f) Interceptação telefônica (Lei nº 9.296, de 24 de julho de 1996).

g) Código Eleitoral (Lei nº 4.737, de 15 de julho de 1965).

h) Falências (Lei nº 11.101, de 9 de fevereiro de 2005).

i) Organizações criminosas (Lei nº 12.850/2013, de 02 de agosto de 2013).

j) Proteção a testemunhas (Lei nº 9.807, de 13 de julho de 1999).

k) Lavagem ou Ocultação de Bens, Direitos e Valores (Lei 9.613, de 03 de março de 1998).

3 ANÁLISE GERAL DAS ÚLTIMAS PROVAS OBJETIVAS

As principais bancas organizadoras do concurso da magistratura estadual nos últimos cinco anos foram: Fundação Carlos Chagas - FCC, Fundação Getulio Vargas - FGV, Vunesp e Cespe/Cebraspe.

Assim como já destacado nesta obra em tópico destinado a análise da disciplina do Direito Penal, importante que o candidato se atente que as questões comumente são cobradas de forma mista, ou seja, de forma a abranger mais de um tema do conteúdo programático.

A classificação no gráfico adiante leva em conta a predominância da matéria exigida para a certeira resolução das questões, embora, por vezes, pudesse ser enquadrada em diversos itens do edital.

Foi identificada uma média de 10 questões de Direito Processual Penal nas provas realizadas entre 2015 e 2022, as quais podem ser divididas da seguinte forma:

PROVAS REALIZADAS ENTRE 2015 E 2022		
Tópico do conteúdo programático	**Quantidade de questões**	
1. Do processo penal em geral. Princípios Constitucionais e fontes do processo penal. Código de Processo Penal (Decreto-lei nº 3.689, de 3 de outubro de 1.941). Disposições preliminares.	Cespe	05
	Fcc	04
	Fgv	05
	Vunesp	02
	Total	**16**

<table>
<tr><th colspan="3">PROVAS REALIZADAS ENTRE 2015 E 2022</th></tr>
<tr><th>Tópico do conteúdo programático</th><th colspan="2">Quantidade de questões</th></tr>
<tr><td rowspan="5">2. Do inquérito policial. Da ação penal. Da ação civil.</td><td>Cespe</td><td>08</td></tr>
<tr><td>Fcc</td><td>05</td></tr>
<tr><td>Fgv</td><td>04</td></tr>
<tr><td>Vunesp</td><td>05</td></tr>
<tr><td>Total</td><td>22</td></tr>
<tr><td rowspan="5">3. Da competência. Das questões e processos incidentes.</td><td>Cespe</td><td>03</td></tr>
<tr><td>Fcc</td><td>07</td></tr>
<tr><td>Fgv</td><td>05</td></tr>
<tr><td>Vunesp</td><td>04</td></tr>
<tr><td>Total</td><td>19</td></tr>
<tr><td rowspan="5">4. Da prova.</td><td>Cespe</td><td>12</td></tr>
<tr><td>Fcc</td><td>06</td></tr>
<tr><td>Fgv</td><td>02</td></tr>
<tr><td>Vunesp</td><td>09</td></tr>
<tr><td>Total</td><td>29</td></tr>
<tr><td rowspan="5">5. Do Juiz, do Ministério Público, do Acusado e Defensor, dos Assistentes e Auxiliares da Justiça.</td><td>Cespe</td><td>02</td></tr>
<tr><td>Fcc</td><td>01</td></tr>
<tr><td>Fgv</td><td>01</td></tr>
<tr><td>Vunesp</td><td>01</td></tr>
<tr><td>Total</td><td>05</td></tr>
<tr><td rowspan="5">6. Da prisão, das Medidas cautelares e da liberdade provisória.</td><td>Cespe</td><td>10</td></tr>
<tr><td>Fcc</td><td>09</td></tr>
<tr><td>Fgv</td><td>01</td></tr>
<tr><td>Vunesp</td><td>09</td></tr>
<tr><td>Total</td><td>29</td></tr>
</table>

PROVAS REALIZADAS ENTRE 2015 E 2022		
Tópico do conteúdo programático	**Quantidade de questões**	
7. Das citações e intimações. Da sentença.	Cespe	03
	Fcc	05
	Fgv	01
	Vunesp	01
	Total	**10**
8. Dos processos em espécie.	Cespe	14
	Fcc	08
	Fgv	12
	Vunesp	11
	Total	**45**
9. Das nulidades e dos recursos em geral.	Cespe	15
	Fcc	11
	Fgv	07
	Vunesp	15
	Total	**48**
10. Disposições gerais. Mandado de segurança em matéria criminal (Lei nº 12.016, de 7 de agosto de 2009).	Cespe	02
	Fcc	02
	Fgv	00
	Vunesp	03
	Total	**07**
11. Disposições processuais penais especiais. Execução penal (Lei nº 7.210, de 11 de julho de 1984).	Cespe	02
	Fcc	01
	Fgv	00
	Vunesp	02
	Total	**05**

PROVAS REALIZADAS ENTRE 2015 E 2022		
Tópico do conteúdo programático	**Quantidade de questões**	
12. Entorpecentes (Lei nº 11.343, de 23 de agosto de 2006).	Cespe	01
	Fcc	03
	Fgv	01
	Vunesp	01
	Total	**06**
13. Violência doméstica (Lei nº 11.340, de 7 de agosto de 2006).	Cespe	04
	Fcc	03
	Fgv	01
	Vunesp	02
	Total	**10**
14. Prisão temporária (Lei nº 7.960, de 21 de dezembro de 1.989).	Cespe	03
	Fcc	01
	Fgv	01
	Vunesp	01
	Total	**06**
15. Juizados Especiais Criminais (Lei nº 9.099, de 26 de setembro de 1995).	Cespe	06
	Fcc	02
	Fgv	00
	Vunesp	04
	Total	**12**
16. Interceptação telefônica (Lei nº 9.296, de 24 de julho de 1996). Código Eleitoral (Lei nº 4.737, de 15 de julho de 1965). Falências (Lei nº 11.101, de 9 de fevereiro de 2005).	Cespe	03
	Fcc	03
	Fgv	01
	Vunesp	04
	Total	**11**

PROVAS REALIZADAS ENTRE 2015 E 2022		
Tópico do conteúdo programático	**Quantidade de questões**	
17. Organizações criminosas (Lei nº 12.850/2013, de 02 de agosto de 2013).	Cespe	06
	Fcc	08
	Fgv	02
	Vunesp	02
	Total	**18**
18. Proteção a testemunhas (Lei nº 9.807, de 13 de julho de 1999). Lavagem ou Ocultação de Bens, Direitos e Valores (Lei 9.613, de 03 de março de 1998).	Cespe	08
	Fcc	03
	Fgv	01
	Vunesp	02
	Total	**14**

Após detida análise da tabela, nota-se que as disciplinas mais cobradas nas provas objetivas foram: Prisão, Medidas cautelares e Liberdade provisória; Processos em Espécie; Nulidades e Recursos em geral, e, por fim, Organizações Criminosas. O candidato deve buscar dominar tais tópicos, já que representam grande parte do acervo total de questões.

No que se refere à lei seca, tal elemento perfaz cerca de 54% do conteúdo preponderantemente necessário à resolução das questões. De modo distinto, 41% das perguntas demandam o conhecimento da jurisprudência. Por fim, a doutrina possui uma menor incidência nas provas objetivas, sendo crucial para a resolução de apenas 4% das questões.

Ainda em análise gráfica é possível observar que nos últimos cinco anos a cobrança de lei e jurisprudência alternaram-se, mantendo, no entanto, certa estabilidade em seu percentual total. Por outro lado, embora em nível crescente, o percentual de cobrança de doutrina manteve-se baixa.

Não se pode olvidar das profundas modificações inseridas pela Lei nº 13.964/2019, sobretudo no que concerne ao realce conferido ao sistema acusatório, com a criação do Juiz das Garantias. Também merecem destaque as figuras do Acordo de Não Persecução Penal e as alterações inerentes ao sistema probatório, com a cadeia de custódia da prova.

Na legislação extraprocessual, o candidato deve se ater às modificações estruturais sofridas pelos institutos da colaboração premiada, merecendo destaque o estudo da Lei das Organizações Criminosas (Lei nº 12.850/2013) e a Lei de Execuções Penais (Lei nº 7.210/84).

O candidato também deverá se recordar que o "Pacote Anticrime" teve alguns dispositivos vetados, vetos estes posteriormente derrubados pelo Congresso Nacional, com a inclusão do inciso VIII do §2º do artigo 121; do §2º do artigo 141; estes do Código Penal; do §7º no artigo 112 da Lei de Execuções Penais; alteração do artigo 9º-A da Lei º 12.654/12; e, por derradeiro, com a inclusão do §1º ao artigo 3º-B e do art. 14-A ao Código de Processo Penal.

No que toca às bancas examinadoras, nas questões elaboradas pela FCC, FGV e Vunesp preponderam a de cobrança de lei seca, enquanto a Cespe/Cebraspe apresentam um percentual maior de jurisprudência. É importante registrar o protagonismo da FGV na realização de provas no ano de 2022, e que as questões costumam mesclar a prática com o conhecimento de legislação e jurisprudência.

4 ALGUNS PONTOS ESPECÍFICOS MAIS RELEVANTES NAS PROVAS OBJETIVAS

Em consonância aos dados acima coletados, façamos um pertinente estudo pormenorizado das disciplinas constantes no conteúdo programático:

- **Tópico 1.** Do processo penal em geral. Princípios Constitucionais e fontes do processo penal. Código de Processo Penal (Decreto-lei nº 3.689, de 3 de outubro de 1.941). Disposições preliminares.

A principal fonte das questões de tal tópico é a doutrina. O estudo mostra-se importante para formação de base indispensável a todo o conteúdo processual.

- **Tópico 2.** Do inquérito policial. Da ação penal. Da ação civil.

Prepondera a cobrança de lei, principalmente no que se refere ao conteúdo de inquérito policial.

- **Tópico 3.** Da competência. Das questões e processos incidentes.

Conteúdo de considerável complexidade, especialmente "Da Competência". É importante que o candidato domine este tema, pois ele pode ser objeto de cobrança na prova dissertativa. Há um bom livro de autoria do insigne Renato Brasileiro de Lima unicamente sobre este tema, o qual sugiro para quem tiver um pouco mais de tempo disponível.

Tópico 4. Da prova.

Um dos temas mais cobrados nos certames. Destarte, merece estudo pormenorizado da lei, doutrina e jurisprudência.

Tópico 5. Do Juiz, do Ministério Público, do Acusado e Defensor, dos Assistentes e Auxiliares da Justiça.

Não está dentro dos itens considerados como de maior reflexo. Preponderante incidência de lei seca.

Tópico 6. Da prisão, das Medidas cautelares e da liberdade provisória.

Alta incidência de questões, as quais abordam aspectos formais e materiais das prisões, medidas cautelares e liberdade provisória. A memorização dos principais dispositivos parece ser assaz para o estudo do tema.

Tópico 7. Das citações e intimações. Da sentença.

Embora não se encontre dentre os temas de predileção das bancas, o estudo mostra-se importante, uma vez que o tópico se relaciona intimamente com itens cobrados de forma recorrente, como é o caso das nulidades processuais. A cobrança ocorre comumente de forma mista, ou seja, em questões com mais variados assuntos.

Tópico 8. Dos processos em espécie.

Imperioso destacar, aqui, altíssimo percentual na cobrança de questões relacionadas especificamente ao procedimento do tribunal do júri, sendo o referido assunto predominante na grande maioria das questões afetas. Exige conhecimento aprofundado por parte do candidato.

Tópico 9. Das nulidades e dos recursos em geral.

Tópico de grande relevância, recorrentemente exigido nos certames. O estudo pré-edital é indispensável, haja vista a extensão programática.

Tópico 10. Disposições gerais. Mandado de segurança em matéria criminal (Lei nº 12.016, de 7 de agosto de 2009).

Assunto de baixo peso nos certames.

Tópico 11. Disposições processuais penais especiais. Execução penal (Lei nº 7.210, de 11 de julho de 1984).

As questões correlatas ao tema foram cobradas em sua generalidade na disciplina de direito penal, havendo baixa observância quando relacionado ao direito processual penal.

⊖ **Tópico 12.** Entorpecentes (Lei nº 11.343, de 23 de agosto de 2006).

Embora não haja significativa complexidade, requer conhecimento de aspectos gerais da lei, doutrina e jurisprudência.

⊖ **Tópico 13.** Violência doméstica (Lei nº 11.340, de 7 de agosto de 2006).

Referido tópico embora não esteja enquadrado como aqueles de preponderante incidência, tem sido cobrado de forma gradual, merecendo atenção do candidato.

⊖ **Tópico 14.** Prisão temporária (Lei nº 7.960, de 21 de dezembro de 1989).

Algumas questões afetas ao tema encontram-se ligadas ao tópico de número 06, já comentado, estando, assim, enquadradas na ocasião da presente análise. Predomina a demanda por lei seca.

⊖ **Tópico 15.** Juizados Especiais Criminais (Lei nº 9.099, de 26 de setembro de 1995).

Os benefícios cabíveis como transação penal, suspensão do processo, e possibilidade de composição civil são os temas preferidos dos examinadores.

⊖ **Tópico 16.** Interceptação telefônica (Lei nº 9.296, de 24 de julho de 1996). Código Eleitoral (Lei nº 4.737, de 15 de julho de 1965). Falências (Lei nº 11.101, de 9 de fevereiro de 2005).

Complexidade intermediária, com cobrança de lei seca e aspectos jurisprudenciais, especialmente no que se refere a lei 9.296/96.

⊖ **Tópico 17.** Organizações criminosas (Lei nº 12.850/2013, de 02 de agosto de 2013).

Presente em significativa quantidade de questões nas provas para ingresso na magistratura estadual, o que demanda conhecimento dos principais aspectos legais pelo candidato.

⊖ **Tópico 18.** Proteção a testemunhas (Lei nº 9.807, de 13 de julho de 1999). Lavagem ou Ocultação de Bens, Direitos e Valores (Lei 9.613, de 03 de março de 1998)

Tema de pouca relevância.

5 DOUTRINA, JURISPRUDÊNCIA E "LEI SECA" NOS CONCURSOS DA MAGISTRATURA ESTADUAL

Consoante já analisado em momento anterior, o estudo da lei seca e jurisprudência mostra-se determinante para a resolução de questões objetivas. A doutrina, por sua vez, ainda que importante, possui baixa aplicabilidade na primeira fase do concurso da magistratura.

Corroborando a importância do estudo da legislação, cito o concurso do TJRS /2018 organizado pela Vunesp, onde cerca de 60% das questões requeriam do candidato conhecimento direto da letra da lei, além das remanescentes, que, não obstante terem sido classificadas em outros elementos em razão de conteúdo dominante, ainda que indiretamente, demandavam certo conhecimento da legislação.

Façamos sucinta análise de algumas questões:

TJMS-2015.

VERUCA, presa cautelarmente, desde o dia 2 de julho de 2014, pela prática de delito de roubo simples (artigo 157, caput, do Código Penal), foi condenada, por sentença publicada em audiência, no dia 25 de maio de 2015, porque primária e menor de 21 (vinte um) anos à época do crime, às penas de 4 (quatro) anos de reclusão e pagamento de 10 (dez) dias-multa, no mínimo legal. Adequado o regime inicial semiaberto, foi

(A) determinada a expedição de guia de recolhimento provisória e ofício de recomendação da ré ao estabelecimento prisional em que se encontra recolhida, com lançamento de seu nome no rol de culpados(as), e liquidação da pena pecuniária imposta.

(B) mantido o regime inicial semiaberto e, a pedido do Defensor, reconhecido o erro material e retificado o cálculo, com abatimento de 1/6 da pena imposta, por força do disposto no artigo 387, parágrafo 2º, do Código de Processo Penal, com recomendação da ré ao estabelecimento prisional em que se encontra recolhida, sem pronunciamento do direito ao recurso em liberdade.

(C) reconhecido o direito à detração provisória, pelo disposto no artigo 387, parágrafo 2º, do Código de Processo Penal, por cumprimento de 1/6 da pena privativa de liberdade aplicada e estabelecido o regime inicial aberto, com pronunciamento do direito ao recurso em liberdade e expedição de alvará de soltura clausulado.

(D) expedido o ofício de recomendação da ré ao estabelecimento prisional em que se encontra recolhida, porque o artigo 387, §2º, do Código de Processo Penal, deve ser aplicado pelo Juízo da Execução.

E determinada a averbação na guia de recolhimento provisória para cômputo, em caso de nova prisão cautelar, do período cumprido nesse processo, que não influencia no quantum de pena imposta na condenação

Gabarito opção "c". A complexidade da questão reside em sua extensão, despendendo valioso tempo do candidato. Para sua resolução, necessário ter domínio acerca de detração.

TJSP-2017.

Cabe a substituição da prisão preventiva pela domiciliar quando o agente for

A gestante ou mulher com filho de até 14 (quatorze) anos incompletos.

B homem com filho de até 12 (doze) anos de idade incompletos, caso seja o único responsável por seus cuidados.

C portador de doença grave, ainda que não se apresente debilitado

D maior de sessenta anos.

Gabarito letra "b". Questão breve, e de baixa complexidade. Exige unicamente lei seca para seu acerto. O tópico é recorrente, havendo significativas questões a respeito.

TJMS- 2015

Em relação aos crimes contra a vida, é correto afirmar que

A a genitora que mata o neonato, sob o estado puerperal e logo após o parto, responderá por homicídio duplamente qualificado pelo recurso que dificultou a defesa da vítima e por meio insidioso.

B para configuração do homicídio privilegiado, previsto no art. 121, §1º, do Código Penal, basta que o agente cometa o crime sob o domínio de violenta emoção.

C nas lesões culposas verificadas entre os mesmos agentes, é possível aplicar a compensação de culpas.

D o feminicídio, previsto no art. 121, §2º, inciso VI, do Código Penal, exige que o crime seja praticado contra a mulher por razões da condição de sexo feminino envolvendo violência doméstica ou familiar ou menosprezo ou discriminação à condição de mulher.

E o agente que pratica autolesão responderá pelo crime de lesões corporais com atenuação da pena de 1/3 a 2/3, a depender da natureza da lesão.

Gabarito letra "d". Contrariamente a questão anteriormente comentada, nesta, a cobrança da legislação foi feita de forma indireta, não havendo transcrição literal de artigos.

TJAM-2016.

Relativamente aos sistemas e princípios fundamentais do processo penal, assinale a opção correta.

A A proibição de revisão *pro societate* foi expressamente integrada ao ordenamento jurídico brasileiro pela CF, sendo fruto da necessidade de segurança jurídica a vedação que impede que alguém possa ser julgado mais de uma vez por fato do qual já tenha sido absolvido por decisão passada em julgado, exceto se por juiz absolutamente incompetente.

B O direito ao silêncio ou garantia contra a autoincriminação derrubou um dos pilares do processo penal tradicional: o dogma da verdade real, permitindo que o acusado permaneça em silêncio durante a investigação ou em juízo, bem como impedindo de forma absoluta que ele seja compelido a produzir ou contribuir com a formação da prova ou identificação pessoal contrária ao seu interesse, revogando as previsões legais nesse sentido.

C A elaboração tradicional do princípio do contraditório garantia a paridade de armas como forma de igualdade processual. A doutrina moderna propõe a reforma do instituto, priorizando a participação do acusado no processo como meio de permitir a contribuição das partes para a formação do convencimento do juiz, sendo requisito de eficácia do processo.

D O princípio do juiz natural tem origem no direito anglo-saxão, construído inicialmente com base na ideia da vedação do tribunal de exceção. Posteriormente, por obra do direito norte-americano, acrescentou-se a exigência da regra de competência previamente estabelecida ao fato, fruto, provavelmente, do federalismo adotado por aquele país. O direito brasileiro adota tal princípio nessas duas vertentes fundamentais.

E A defesa técnica é o corolário do princípio da ampla defesa, exigindo a participação de um advogado em todos os atos da persecução penal. Segundo o STF, atende integralmente a esse princípio o pedido de condenação ao mínimo legal, ainda que seja a única manifestação jurídica da defesa, patrocinada por DP ou dativo.

Embora esteja presente aspecto jurisprudencial, trata-se de questão eminentemente doutrinária, não fugindo do padrão do tópico, que, opostamente aos demais itens do edital, possuem cunho doutrinário.

TJAM-2016.

Carla fez um seguro de vida que previa o pagamento de vultosa indenização a seu marido, José, caso ela viesse a falecer. O contrato previa que o beneficiário não teria direito à indenização se causasse a morte da segurada. Alguns meses depois, Carla foi encontrada morta, tendo o perito oficial que assinou o laudo cadavérico concluído que a causa provável fora envenenamento. Em que pese o delegado não ter indiciado José, o MP concluiu que havia indícios de autoria, razão pela qual ele foi denunciado por homicídio doloso. O juiz recebeu a denúncia e determinou a citação do réu. José negou a autoria do delito, tendo solicitado a admissão de assistente técnico e apresentado defesa em que requereu sua absolvição sumária. O parecer do assistente técnico foi no sentido de que a morte de Carla tivera causas naturais. Acerca dessa situação hipotética, assinale a opção correta.

- **A** Caso o juiz absolva José por estar provado não ser ele autor do fato, essa decisão não impedirá que os genitores de Carla ingressem com ação civil indenizatória e obtenham o reconhecimento de sua responsabilidade civil.
- **B** O MP não poderia ter oferecido denúncia sem que o delegado tivesse indiciado José e procedido à sua oitiva na fase extrajudicial, razão pela qual o juiz deveria ter remetido os autos à delegacia para a referida providência.
- **C** O juiz poderá fundamentar uma sentença absolutória acatando o parecer elaborado pelo assistente técnico contratado por José, rejeitando as conclusões do perito oficial.
- **D** O laudo de exame cadavérico de Carla é nulo porque a legislação processual penal determina que ele seja elaborado e assinado por dois peritos oficiais.
- **E** A seguradora poderá intervir no processo criminal como assistente da acusação no intuito de demonstrar que José foi o autor do crime.

Gabarito letra "c". Questão mista, abrangendo diversos aspectos processuais, bem como concomitância de lei, doutrina e jurisprudência.

TJGO-2015

Conforme a orientação deste Superior Tribunal de Justiça, a inquirição das testemunhas pelo juiz antes que seja oportunizada a formulação das perguntas às partes, com a inversão da ordem prevista no art. 212 do Código de Processo Penal, constitui nulidade relativa (STJ, HC n. 237.782, Rel. Min. Laurita Vaz, DJe de 21/08/2014).

Diante deste entendimento do Superior Tribunal de Justiça, a nulidade, neste caso,

- **A** será declarada mesmo que não tenha influído na decisão da causa.

B deve ser reconhecida de ofício.

C independe de comprovação do prejuízo.

D deve ser arguida pela parte interessada em tempo oportuno.

E não se sujeita à preclusão.

Alternativa correta letra "d". Questão que, embora exija conhecimento pontual acerca de entendimento do STJ, mostra-se de baixa complexidade.

TJPR-2017.

No juizado especial criminal, a suspensão do processo

A proposta antes da resposta do acusado acarreta a nulidade do processo.

B poderá ocorrer no caso de infração cometida em concurso formal e material, se a pena mínima cominada for igual ou inferior a um ano.

C é incabível em caso de procedência parcial da pretensão punitiva.

D aplica-se aos delitos sem violência física sujeitos ao rito da Lei Maria da Penha.

Alternativa correta letra "b". Presença de lei seca (artigo 89 da Lei nº 9.099/95) e jurisprudência do STJ, quanto as súmulas 243, 337, e 536. Para galgar acerto, o candidato deve saber o conteúdo da súmula 243, a qual dispõe que "O benefício da suspensão do processo não é aplicável em relação às infrações penais cometidas em concurso material, concurso formal ou continuidade delitiva, quando a pena mínima cominada, seja pelo somatório, seja pela incidência da majorante, ultrapassar o limite de um (1) ano."

TJPR-2017

Tendo em vista que a nulidade no processo penal pode ser definida como um defeito jurídico que torna inválido ou destituído de valor jurídico um ato ou o processo, assinale a opção correta de acordo com a legislação processual penal brasileira e com o entendimento dos tribunais superiores acerca dos efeitos e extensão dos atos praticados em desconformidade com o modelo legal.

A O tribunal poderá reconhecer, de ofício, nulidade em prejuízo do réu, ainda que ela não tenha sido arguida no recurso da acusação.

B O STF e o STJ orientam-se no sentido de que não se conhece de recurso sem a assinatura do advogado, por se tratar de ato juridicamente inexistente.

C De acordo com entendimento do STF, serão nulas as provas obtidas por meio de interceptação telefônica, quando não for demonstrado o esgotamento de outros meios de investigação.

D De acordo com o STF, devido ao princípio da não convalidação de atos nulos, irregularidades do inquérito repercutem na ação penal, podendo ser proclamada a nulidade do processo.

Gabarito letra "b". Requer conhecimento jurisprudencial dos tribunais superiores, notadamente quanto as nulidades, tema presente em grande quantidade de questões da magistratura. Por vezes, correlacionado com demais temas do conteúdo programático.

TJAC-2019.

Acerca dos procedimentos relativos aos processos de competência do tribunal do júri, assinale a opção correta.

A Em decorrência do princípio do *in dubio pro societate,* o testemunho por ouvir dizer produzido na fase inquisitorial é suficiente para a decisão de pronúncia.

B É possível a exclusão, na decisão de pronúncia, de qualificadoras descritas na denúncia, quando elas forem manifestamente incabíveis.

C Em caso de inimputabilidade do réu, ainda que a tese da defesa seja de negativa da autoria, deve o juiz absolvê-lo sumariamente.

D É cabível recurso em sentido estrito contra decisão que tenha absolvido sumariamente o réu.

E Não é cabível excluir da lista geral de jurados o jurado que tiver integrado o conselho de sentença nos doze meses que antecederam a publicação da referida lista.

Gabarito letra "b". O procedimento do tribunal do júri é de altíssima incidência nos certames, sendo constatado na quase totalidade das últimas provas analisadas.

TJAC- 2019

Reconheceu o artigo 5°, inciso XXXVIII, da Constituição Federal, a instituição do júri. Quanto a ela, é correto afirmar que

A o efeito devolutivo da Apelação contra decisões do júri é adstrito aos fundamentos da interposição.

B constatando o Juiz Presidente haver dúvidas sobre a imparcialidade do júri ou a segurança pessoal do acusado, de ofício ou a requerimento do Ministério Público, do assistente, do querelante ou do acusado, procederá de ofício o desaforamento, encaminhando os autos para julgamento em outra comarca da mesma região, comunicando imediatamente ao Presidente do Tribunal de Justiça.

C são relativas as nulidades do julgamento pelo júri, quando os quesitos da defesa não precedem aos das circunstâncias agravantes, bem como a falta de quesito obrigatório.

D não torna nulo o julgamento ulterior pelo júri a participação de jurado que funcionou em julgamento anterior do mesmo processo, embora cindido.

Gabarito letra "a". Em razão da suma importância do tema, dedico mais uma questão ao seu estudo. Correlaciona temas recursais com procedimentais, exigindo duplo saber do candidato.

6 DICAS FINAIS

Conforme sobredito, o estudo de lei seca e jurisprudência, de certo modo, é suficiente para a resolução de aproximadamente 60% das questões de provas objetivas relacionadas à disciplina em exame. Contudo, a compreensão de alguns temas como Competência e Nulidades exige um profundo estudo doutrinário, sendo necessária essa mesclagem pelo candidato.

Há disciplinas que a utilização de mapas mentais pode contribuir de forma relevante para sua memorização, dentre elas os procedimentos ordinário, sumário e sumariíssimo e o procedimento do júri, ocasião na qual o candidato pode organizar um mapa mental para cada um deles.

Em relação ao tema Competência, embora pouco abordado em provas objetivas, pode ser objeto de exame em provas dissertativas. Neste diapasão, a organização ou aquisição de um bom mapa mental conjugado com o emprego de *flashcards* certamente auxiliará o candidato a memorizar este tema.

Em se tratando de prova subjetiva, é importante que o candidato organize previamente suas ideias em um esboço, elencando os temas ou palavras-chave que deverá utilizar em sua resposta, que compreenderá a necessária introdução, desenvolvimento e conclusão sobre o conteúdo trabalhado.

Os conteúdos que predominantemente exigem o estudo de legislação podem ser memorizados por intermédio da escorreita utilização de marca-textos, conforme abordado alhures.

Em arremate, sugerimos que o concursando estude os temas de menor complexidade por intermédio de lei seca e jurisprudência, aprofundando o estudo naquelas matérias que desafiam conhecimento mais robusto e qualificado. Não há necessidade, aqui, de esgotar a leitura de um livro desta matéria, circunstância que tomaria muito tempo do examinando.

Direito
CONSTITUCIONAL

Rodrigo de Carvalho Assumpção

1 BIBLIOGRAFIA INDICADA

Como é cediço, a disciplina em questão é uma das mais importantes da seara jurídica, sobretudo porque a Constituição da República, além de se encontrar no ápice da pirâmide normativa, é a fonte de validade das demais normas jurídicas em nosso ordenamento.

Nesta senda, o candidato deve buscar um conhecimento mais profundo nesta disciplina, escudando-se em obras com conteúdo mais denso e atualizado, notadamente porque sua incidência em provas subjetivas é muito alta, ocasião em que se exige que o candidato demonstre bom raciocínio sobre os temas propostos naquela ocasião.

Sendo assim, indico para estudo o Curso de Direito Constitucional, do Prof. Bernardo Gonçalves Fernandes, obra espetacular, que esgota os temas mais importantes da disciplina e aborda conteúdos atualíssimos do Direito Constitucional. O candidato, ao se deleitar dessa magnífica doutrina – que é extensa – deve priorizar o estudo das matérias de maior incidência nos concursos públicos.

Há também o Direito Constitucional Esquematizado, do Prof. Pedro Lenza. Esta obra é extremamente didática e oferece ao candidato o estudo de temas fundamentais para um bom desempenho nos concursos públicos. Em suas atualizações, o eminente autor acresce discussões atuais e que certamente serão cobradas nos concursos vindouros.

Em arremate, indico também a leitura do Curso de Direito Constitucional de autoria do Ministro Gilmar Mendes e do Procurador da República Paulo Branco. Trata-se de uma obra espetacular, que só deixa um pouco a desejar em relação à didática, já que seu escopo, talvez, não seja os concursos públicos.

2 CONTEÚDO PROGRAMÁTICO NOS EDITAIS

Os editais das provas da magistratura aplicadas nos últimos cinco anos continham as seguintes disciplinas relacionadas ao Direito Constitucional em seu conteúdo programático:

DIREITO CONSTITUCIONAL

1. Constitucionalismo e teoria da constituição. Constituição e Neoconstitucionalismo. Poder Constituinte. Evolução político-constitucional brasileira. As Constituições Brasileiras.

2. Normas Constitucionais: Hermenêutica e Filosofia Constitucional. Métodos de Interpretação. Aplicabilidade e Eficácia.

3. Organização do Estado. Estado de Direito Democrático. Federação. Origens. A Federação Brasileira. Competências legislativas dos entes federados – Autonomia financeira, administrativa e política dos entes federados.

4. Emendas Constitucionais. Mutação Constitucional. Reforma e Revisão Constitucional. Normas Constitucionais.

5. Direitos Fundamentais. Direitos Fundamentais Coletivos. Tratados e convenções internacionais. Direitos sociais e coletivos. Direitos de cidadania. Direito de sufrágio. Plebiscito, Referendo e Iniciativa Popular. Garantias Fundamentais.

6. Ações constitucionais.

7. Intervenção Federal e Estadual. Defesa do Estado e das Instituições Democráticas. Princípios de Defesa na Constituição Federal.

8. A Organização dos Poderes: Legislativo, Executivo e Judiciário. Poder Legislativo. Poder Executivo. Poder Judiciário. Princípios Constitucionais da Administração Pública.

- **9.** Processo Legislativo. Processo Legislativo e reforma constitucional.

- **10.** Funções essenciais da Justiça. Ministério Público, Advocacia e Defensoria Pública.

- **11.** A Emenda Constitucional nº 45. Poder Judiciário. Direitos, garantias e deveres da Magistratura. O Estatuto da Magistratura. Atividade correicional. Supremo Tribunal Federal. Conselho Nacional de Justiça. Superior Tribunal de Justiça. Tribunal Superior Eleitoral. Tribunais Regionais e Juízes Federais. Tribunais e Juízes Estaduais.

- **12.** Controle da constitucionalidade. Controle da constitucionalidade Difuso. Controle da Constitucionalidade Abstrato. Controle da constitucionalidade em âmbito estadual. Ação Direta de Inconstitucionalidade. Arguição de Descumprimento de Preceito Fundamental. O controle difuso de constitucionalidade. Mandado de Injunção. Ação Direta de Inconstitucionalidade por Omissão. Ação Direta de Inconstitucionalidade Interventiva.

- **13.** Ordem Econômica e Financeira.

- **14.** Tributação e Orçamento. Sistema Tributário Nacional e Finanças Públicas.

- **15.** Ordem Social. Educação e Cultura. Ciência e Tecnologia. Comunicação Social. Meio Ambiente. Família, Criança, Adolescente e Idoso. Direito à Proteção Especial. Índios.

3 ANÁLISE GERAL DAS ÚLTIMAS PROVAS OBJETIVAS

As provas objetivas dos concursos realizados nos últimos anos foram executadas por 03 principais instituições, são elas: Fundação Carlos Chagas – FCC, Vunesp e Cespe/Cebraspe, sendo esta última a instituição que mais executou provas objetivas no ano de 2019. No ano de 2020 somente a FCC realizou concurso público da magistratura.

Foi identificada uma média de 08 questões de Direito Constitucional nas provas realizadas entre 2015 e 2022, as quais podem ser divididas de acordo com a disciplina do conteúdo programático cobrada por cada banca examinadora:

<table>
<tr><th colspan="3">PROVAS REALIZADAS ENTRE 2015 E 2020</th></tr>
<tr><th>Tópico do conteúdo programático</th><th colspan="2">Quantidade de questões</th></tr>
<tr><td rowspan="4">1. Constitucionalismo e teoria da constituição. Constituição e Neoconstitucionalismo. Poder Constituinte. Evolução político-constitucional brasileira. As Constituições Brasileiras.</td><td>Cespe</td><td>08</td></tr>
<tr><td>Fcc</td><td>03</td></tr>
<tr><td>Vunesp</td><td>06</td></tr>
<tr><td>Total</td><td>17</td></tr>
<tr><td rowspan="4">2. Normas Constitucionais: Hermenêutica e Filosofia Constitucional. Métodos de Interpretação. Aplicabilidade e Eficácia.</td><td>Cespe</td><td>07</td></tr>
<tr><td>Fcc</td><td>03</td></tr>
<tr><td>Vunesp</td><td>08</td></tr>
<tr><td>Total</td><td>18</td></tr>
<tr><td rowspan="4">3. Organização do Estado. Estado de Direito Democrático. Federação. Origens. A Federação Brasileira. Competências legislativas dos entes federados – Autonomia financeira, administrativa e política dos entes federados.</td><td>Cespe</td><td>05</td></tr>
<tr><td>Fcc</td><td>05</td></tr>
<tr><td>Vunesp</td><td>04</td></tr>
<tr><td>Total</td><td>14</td></tr>
<tr><td rowspan="4">4. Emendas Constitucionais. Mutação Constitucional. Reforma e Revisão Constitucional. Normas Constitucionais.</td><td>Cespe</td><td>01</td></tr>
<tr><td>Fcc</td><td>0</td></tr>
<tr><td>Vunesp</td><td>04</td></tr>
<tr><td>Total</td><td>05</td></tr>
<tr><td rowspan="4">5. Direitos Fundamentais. Direitos Fundamentais Coletivos. Tratados e convenções internacionais. Direitos sociais e coletivos. Direitos de cidadania. Direito de sufrágio. Plebiscito, Referendo e Iniciativa Popular. Garantias Fundamentais.</td><td>Cespe</td><td>15</td></tr>
<tr><td>Fcc</td><td>06</td></tr>
<tr><td>Vunesp</td><td>08</td></tr>
<tr><td>Total</td><td>29</td></tr>
<tr><td rowspan="4">6. Ações constitucionais.</td><td>Cespe</td><td>07</td></tr>
<tr><td>Fcc</td><td>0</td></tr>
<tr><td>Vunesp</td><td>02</td></tr>
<tr><td>Total</td><td>09</td></tr>
<tr><td rowspan="4">7. Intervenção Federal e Estadual. Defesa do Estado e das Instituições Democráticas. Princípios de Defesa na Constituição Federal.</td><td>Cespe</td><td>01</td></tr>
<tr><td>Fcc</td><td>03</td></tr>
<tr><td>Vunesp</td><td>01</td></tr>
<tr><td>Total</td><td>05</td></tr>
<tr><td rowspan="4">8. A Organização dos Poderes: Legislativo, Executivo e Judiciário. Poder Legislativo. Poder Executivo. Poder Judiciário. Princípios Constitucionais da Administração Pública.</td><td>Cespe</td><td>13</td></tr>
<tr><td>Fcc</td><td>11</td></tr>
<tr><td>Vunesp</td><td>03</td></tr>
<tr><td>Total</td><td>27</td></tr>
</table>

PROVAS REALIZADAS ENTRE 2015 E 2020		
Tópico do conteúdo programático	**Quantidade de questões**	
9. Processo Legislativo. Processo Legislativo e reforma constitucional.	Cespe	01
	Fcc	06
	Vunesp	01
	Total	**08**
10. Funções essenciais da Justiça. Ministério Público, Advocacia e Defensoria Pública.	Cespe	02
	Fcc	01
	Vunesp	01
	Total	**04**
11. A Emenda Constitucional nº 45. Poder Judiciário. Direitos, garantias e deveres da Magistratura. O Estatuto da Magistratura. Atividade correicional. Supremo Tribunal Federal. Conselho Nacional de Justiça. Superior Tribunal de Justiça. Tribunal Superior Eleitoral. Tribunais Regionais e Juízes Federais. Tribunais e Juízes Estaduais.	Cespe	04
	Fcc	08
	Vunesp	10
	Total	**22**
12. Controle da constitucionalidade. Controle da constitucionalidade Difuso. Controle da Constitucionalidade Abstrato. Controle da constitucionalidade em âmbito estadual. Ação Direta de Inconstitucionalidade. Arguição de Descumprimento de Preceito Fundamental. O controle difuso de constitucionalidade. Mandado de Injunção. Ação Direta de Inconstitucionalidade por Omissão. Ação Direta de Inconstitucionalidade Interventiva.	Cespe	12
	Fcc	08
	Vunesp	13
	Total	**33**
13. Ordem Econômica e Financeira.	Cespe	03
	Fcc	02
	Vunesp	02
	Total	**07**
14. Tributação e Orçamento. Sistema Tributário Nacional e Finanças Públicas.	Cespe	01
	Fcc	02
	Vunesp	01
	Total	**04**
15. Ordem Social. Educação e Cultura. Ciência e Tecnologia. Comunicação Social. Meio Ambiente. Família, Criança, Adolescente e Idoso. Direito à Proteção Especial. Índios.	Cespe	05
	Fcc	05
	Vunesp	01
	Total	**11**

Nota-se que algumas das disciplinas do conteúdo programático possuem maior incidência nas provas objetivas, como é o caso do controle de constitucionalidade, a organização dos poderes, notadamente o Poder Judiciário, assim como os direitos fundamentais. Determinadas questões, em razão da natureza da disciplina cobrada, demandam conhecimento jurisprudencial e doutrinário para a sua resolução.

Em uma perspectiva geral, o conhecimento da lei seca, apesar de ainda ser cobrado em um número considerável de questões, é suficiente para a resolução de apenas 35,5% das questões, ao passo que 50% das perguntas demandam o conhecimento da jurisprudência para sua resolução. Por sua vez, a doutrina possui uma menor incidência nas provas objetivas, sendo essencial para a resolução de aproximadamente 18% das questões.

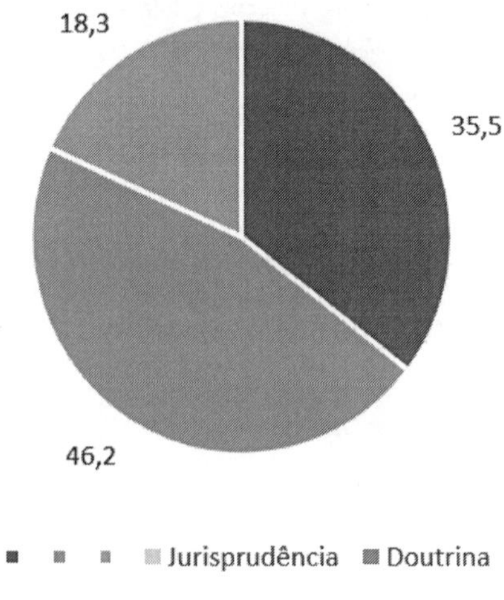

Analisando as provas objetivas aplicadas desde 2015 até 2020, é verificado um aumento progressivo da cobrança de conhecimento doutrinário e jurisprudencial, enquanto as questões que demandam apenas a lei seca diminuíram quase pela metade. Tal circunstância demonstra que o candidato deve passar a dar uma maior atenção à jurisprudência e à doutrina.

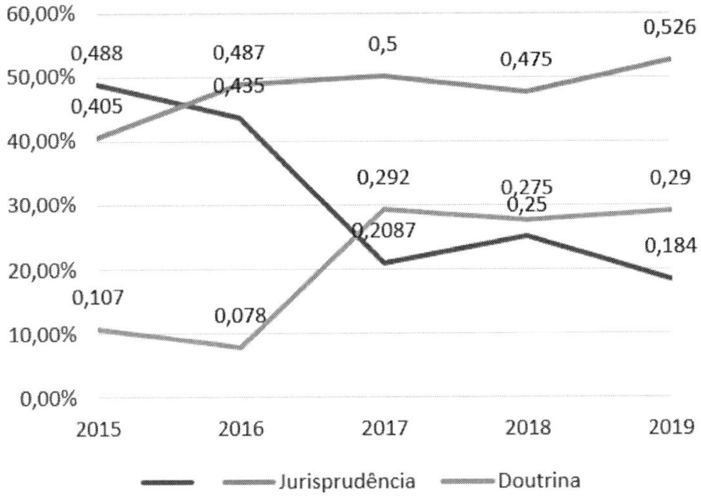

As principais bancas examinadoras possuem diferenças quanto ao percentual de lei seca, doutrina e jurisprudência cobrado nas provas objetivas. As questões elaboradas pela FCC possuem uma preponderância de cobrança de lei seca, enquanto Vunesp e Cespe/Cebraspe apresentam um percentual maior de jurisprudência e doutrina, sendo que a Cespe/Cebraspe requer o conhecimento de jurisprudência em quase 70% das questões.

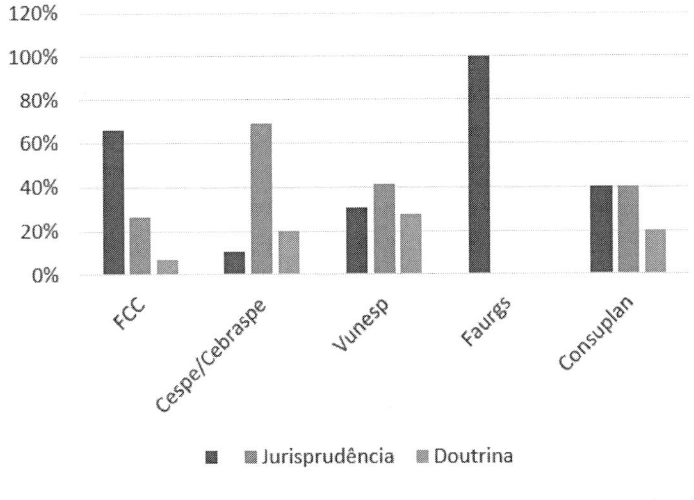

Constitucional

4 ALGUNS PONTOS ESPECÍFICOS MAIS RELEVANTES NAS PROVAS OBJETIVAS

Através da análise dos dados acima colacionados, observa-se que existem alguns tópicos do conteúdo programático com maior incidência nas provas objetivas dos últimos concursos, demandando maior atenção dos candidatos.

Para melhor entendimento acerca destes tópicos, é pertinente um estudo mais detalhado das disciplinas inseridas em cada tópico:

- **Tópico 1.** Constitucionalismo e teoria da constituição. Constituição e Neoconstitucionalismo. Poder Constituinte. Evolução político-constitucional brasileira. As Constituições Brasileiras.

Dentro desta disciplina, cujo conhecimento é necessário para resolução de pelo menos uma questão de cada uma das provas objetivas analisadas, o tópico com maior incidência é a classificação das constituições. Foi observado que é costumeira a menção a determinada constituição e a posterior indagação acerca da sua classificação. Trata-se de um conteúdo complexo, que demanda do candidato conhecimento doutrinário.

- **Tópico 2.** Normas Constitucionais: Hermenêutica e Filosofia Constitucional. Métodos de Interpretação. Aplicabilidade e Eficácia.

Assim como o tópico anterior, possui incidência relativamente significante nas provas objetivas, e requer a utilização da doutrina para a sua resolução. Destacam-se nesse tópico a hermenêutica constitucional e os métodos de interpretação que são objetos da maioria das questões relacionadas a este tópico.

- **Tópico 3.** Organização do Estado. Estado de Direito Democrático. Federação. Origens. A Federação Brasileira. Competências legislativas dos entes federados – Autonomia financeira, administrativa e política dos entes federados.

A principal ocorrência desta disciplina das provas da primeira fase é referente ao tema das competências legislativas dos entes federados, requerendo do candidato o conhecimento das disposições constitucionais a tal respeito. Malgrado possa ser considerada menos complexa, por demandar apenas o conhecimento da "lei seca", a dificuldade deste tópico reside na sua extensão, assim como na grande possibilidade de confusão entre as competências legislativas no momento da resolução da questão.

- **Tópico 4.** Emendas Constitucionais. Mutação Constitucional. Reforma e Revisão Constitucional. Normas Constitucionais.

Este tópico possui rara incidência nas questões objetivas, sendo cobrado geralmente em complemento ao conhecimento de outros conteúdos. Quando é objeto de alguma questão, tem como principal tema o conceito de mutação constitucional.

- **Tópico 5.** Direitos Fundamentais. Direitos Fundamentais Coletivos. Tratados e convenções internacionais. Direitos sociais e coletivos. Direitos de cidadania. Direito de sufrágio. Plebiscito, Referendo e Iniciativa Popular. Garantias Fundamentais.

É o segundo tópico com o maior número de questões cobradas nas provas objetivas dos últimos 05 anos. Em sua maioria, as questões indagam o candidato acerca do entendimento jurisprudencial do Supremo Tribunal Federal – STF sobre determinado Direito ou Garantia Fundamental. Os Direitos de Cidadania também são mencionados em algumas questões, referindo-se ao texto literal da Constituição Federal. Há de se ressaltar ainda que em algumas provas foi cobrado conhecimento doutrinário sobre a classificação dos Direitos Fundamentais.

- **Tópico 6.** Ações constitucionais.

As ações constitucionais não costumam ser cobradas de maneira preponderante nas questões das provas objetivas. Nos casos em que foram objeto de indagação, as perguntas referiam-se ao entendimento do STF sobre alguma destas ações, sendo as mais comuns o *habeas corpus* e o mandado de injunção.

- **Tópico 7.** Intervenção Federal e Estadual. Defesa do Estado e das Instituições Democráticas. Princípios de Defesa na Constituição Federal.

Trata-se de um tópico cuja incidência é mínima nas provas de primeira fase. Quando cobrado em alguma questão, demandava na maioria dos casos o conhecimento da lei seca acerca das condições para decretação da intervenção.

- **Tópico 8.** A Organização dos Poderes: Legislativo, Executivo e Judiciário. Poder Legislativo. Poder Executivo. Poder Judiciário. Princípios Constitucionais da Administração Pública.

Destaca-se como um dos tópicos de grande peso nas provas objetivas, principalmente em relação ao Poder Legislativo, no que se refere às imunidades e à Comissão Parlamentar de Inquérito – CPI.

Quanto ao Poder Executivo, a maioria das questões tinham como objeto as atribuições e responsabilidades do Presidente da República. Destaco que as perguntas que tinham como objeto o Poder Judiciário se referiam aos Tribunais Superiores e Estaduais, os quais são tratados em tópico próprio.

Para a resolução de grande parte das questões relacionadas a este tópico foi necessário conhecimento jurisprudencial.

⊖ **Tópico 9.** Processo Legislativo. Processo Legislativo e reforma constitucional.

Tal conteúdo tem incidência mediana nas provas objetivas, tratando-se, em sua maioria, da legislação e jurisprudência sobre o procedimento legislativo ordinário.

⊖ **Tópico 10.** Funções essenciais da Justiça. Ministério Público, Advocacia e Defensoria Pública.

Também possui um número ínfimo de questões a seu respeito, sendo que as questões que cobraram tal tema referiam-se às atribuições de cada um dos órgãos.

⊖ **Tópico 11.** A Emenda Constitucional nº 45. Poder Judiciário. Direitos, garantias e deveres da Magistratura. O Estatuto da Magistratura. Atividade correicional. Supremo Tribunal Federal. Conselho Nacional de Justiça. Superior Tribunal de Justiça. Tribunal Superior Eleitoral. Tribunais Regionais e Juízes Federais. Tribunais e Juízes Estaduais.

Está entre os tópicos com a maior incidência nas provas objetivas, o que se mostra pertinente em relação à finalidade do concurso. Demanda conhecimento da legislação e da jurisprudência a seu respeito. Os principais temas tratados nas assertivas são a competência do Supremo Tribunal Federal e a composição e atribuições do Conselho Nacional de Justiça.

⊖ **Tópico 12.** Controle da constitucionalidade. Controle da constitucionalidade Difuso. Controle da Constitucionalidade Abstrato. Controle da constitucionalidade em âmbito estadual. Ação Direta de Inconstitucionalidade. Arguição de Descumprimento de Preceito Fundamental. O controle difuso de constitucionalidade. Mandado de Injunção. Ação Direta de Inconstitucionalidade por Omissão. Ação Direta de Inconstitucionalidade Interventiva.

É o tema com o maior número de questões identificadas, tendo sido objeto de pelo menos uma questão de todas as provas analisadas. Além de requerer o conhecimento da legislação, demanda que o candidato conheça a jurisprudência do Supremo Tribunal Federal e dos precedentes firmados.

Os principais conteúdos indagados nas provas referem-se ao controle de constitucionalidade difuso, ao objeto do controle de constitucionalidade e à Ação Direta de Inconstitucionalidade.

Trata-se de um tópico que os candidatos costumam considerar complexo, razão pela qual seu estudo detalhado constitui um diferencial de suma importância.

Tópico 13. Ordem Econômica e Financeira.

Apesar de ser um tema com pouca popularidade entre os candidatos, é cobrado em número pequeno, porém razoável de questões, devendo receber certa atenção do candidato.

Tópico 14. Tributação e Orçamento. Sistema Tributário Nacional e Finanças Públicas.

É o tópico com o menor número de questões identificadas, notadamente por se referir em parte ao conteúdo programático da disciplina de Direito Tributário.

Tópico 15. Ordem Social. Educação e Cultura. Ciência e Tecnologia. Comunicação Social. Meio Ambiente. Família, Criança, Adolescente e Idoso. Direito à Proteção Especial. Índios.

Foi cobrado em um número mediano de questões, que se referiam ao texto da lei e à jurisprudência sobre cultura e, principalmente, saúde. Em relação ao último, pode ser objeto de questionamento na fase dissertativa, especialmente no que concerne à judicialização da saúde.

5 DOUTRINA, JURISPRUDÊNCIA E "LEI SECA" NOS CONCURSOS DA MAGISTRATURA ESTADUAL

Conforme já constatado pelos dados analisados, as questões de direito constitucional das provas de magistratura estadual demandam em grande parte o conhecimento da jurisprudência do Supremo Tribunal Federal. Entretanto, a doutrina e a literalidade da lei ainda estão presentes em um número significativo de questões.

A prova objetiva do TJ-SP, realizada no ano de 2011, que continha 10 questões de Direito Constitucional, apresentou 03 questões com conteúdo doutrinário. A prova de primeira fase do TJ-BA, aplicada em 2019, teve 10 questões de Direito Constitucional, das quais 05 requeriam o conhecimento da doutrina. Vejamos alguns exemplos destas questões:

QUESTÃO 52

(TJ-SP/2015/VUNESP)

A expressão "constitucionalização do Direito" tem, de modo geral, sua origem identificada pela doutrina:

Ⓐ na Constituição Federal brasileira de 1988, com seu conteúdo analítico e casuístico.

Ⓑ nos julgamentos dos MI 712/PA, 670/ES e 708/DF, pelo Supremo Tribunal Federal, alterando entendimento anterior para reconhecer sua competência para editar texto normativo diante da omissão legislativa, a fim de concretizar previsão constitucional.

Ⓒ nos EUA, com o precedente firmado no julgamento do caso Marbury v. Madison, em 1803.

Ⓓ na Alemanha, especialmente sob a égide da Lei Fundamental de 1949.

De acordo com o gabarito definitivo, a resposta correta desta questão é a assertiva "D". Para resolução desta questão era necessário o conhecimento acerca da doutrina referente aos ciclos do constitucionalismo e seus marcos históricos, principalmente o início da constitucionalização do Direito ocorrido na Alemanha, após o fim da Segunda Guerra Mundial, motivado pelas evidentes violações a direitos fundamentais ocorridas durante a guerra.

QUESTÃO 45

(TJ-RJ/2016/Vunesp)

No estudo da Hermenêutica Constitucional se destaca a importância do constitucionalismo contemporâneo de uma Constituição concreta e historicamente situada com a função de conjunto de valores fundamentais da sociedade e fronteira entre antagonismos jurídicos-políticos. A Constituição não está desvinculada da realidade histórica concreta do seu tempo. Todavia, ela não está condicionada, simplesmente, por essa realidade. Em caso de eventual conflito, a Constituição não deve ser considerada, necessariamente, a parte mais fraca.

O texto ressalta corretamente o seguinte princípio:

Ⓐ nova retórica constitucional.

B força normativa da Constituição.

C tópico-problemático constitucional.

D senso comum que norteia a eficácia constitucional.

E hermenêutica clássica.

A questão em comento se refere à doutrina relacionada aos métodos e aos princípios de interpretação constitucional, que é uma matéria recorrente nas questões de provas objetivas da magistratura estadual. Para se resolver a questão, cuja resposta é a alternativa "B", é necessário conhecer o princípio da força normativa da constituição, que busca a interpretação que atribua maior eficácia à norma constitucional, relacionando-se ao texto do enunciado.

QUESTÃO 56

(TJ-BA/2019/CESPE)

A concepção que compreende o texto da Constituição como não acabado nem findo, mas como um conjunto de materiais de construção a partir dos quais a política constitucional viabiliza a realização de princípios e valores da vida comunitária de uma sociedade plural, caracteriza o conceito de Constituição

A em branco.

B semântica.

C simbólica.

D dúctil.

E dirigente.

Apesar da simplicidade das assertivas, tal questão é de grande complexidade, haja vista que era requerido, para sua resolução, o conhecimento do conceito de Constituição dúctil, criado pelo doutrinador italiano Gustavo Zagrebelsky, que se refere à Constituição que viabiliza à sociedade uma pluralidade de grupos, sem que um estabeleça dominação sobre o outro, de forma que a resposta correta é a opção "D".

Em mais da metade das questões analisadas, verifica-se a necessidade de conhecimento sobre a jurisprudência, principalmente nas provas da banca examinadora Cespe/Cebraspe. São alguns exemplos destas questões:

QUESTÃO 60

(TJ-DFT/2016/CESPE)

Em atenção ao tema controle de constitucionalidade, assinale a opção correta.

- **A** Normas de reprodução da CF em Constituição Estadual podem ser objeto de controle de constitucionalidade por meio de ação direta ao respectivo tribunal de justiça.
- **B** Mandado de injunção agrega hipótese de controle abstrato de constitucionalidade.
- **C** O controle incidental é de natureza abstrata e o principal é, de regra, de natureza concreta, mas pode, excepcionalmente, ter natureza abstrata.
- **D** A ordem jurídica brasileira prevê controle judicial preventivo e repressivo de constitucionalidade.
- **E** O controle de constitucionalidade de normas remissivas presentes em Constituição Estadual é vedado aos tribunais de justiça, sob pena de usurpação da competência do STF.

O objeto desta questão é um dos tópicos de maior incidência nas provas objetivas da magistratura estadual, qual seja, a jurisprudência do STF sobre controle de constitucionalidade.

Observa-se que as assertivas "A" e "E" tratam de afirmações opostas, e para que seja resolvida a questão é essencial saber o entendimento do STF pela possibilidade de controle de constitucionalidade, perante o Tribunal de Justiça local, de lei municipal em face de Constituição Estadual que tenha reproduzido o texto da Constituição Federal.

QUESTÃO 62

(TJ-SC/2017/FCC)

Lei estadual, de iniciativa parlamentar, determinou que o limite máximo de remuneração dos ocupantes de cargos, funções e empregos públicos da administração direta, autárquica e fundacional dos membros dos poderes estaduais passará a ser o valor correspondente a noventa inteiros e vinte e cinco centésimos por cento do subsídio mensal dos Ministros do Supremo Tribunal Federal, não se aplicando o referido limite remuneratório, todavia, aos magistrados e deputados estaduais, para os quais se previu como teto, respectivamente, o subsídio mensal dos Ministros do Supremo Tribunal Federal e o valor equivalente a setenta e cinco por cento daquele estabelecido para os Deputados Federais. À luz da Constituição Federal e da jurisprudência do Supremo Tribunal Federal a referida lei estadual é

- **A** formalmente inconstitucional, uma vez que, em razão do princípio da simetria, apenas lei de iniciativa conjunta dos Chefes dos Poderes Executivo, Legislativo e Judiciário do Estado poderia estabelecer o limite máximo remuneratório, mas a lei é materialmente compatível com a Constituição Federal, na medida em que os limites se adequam às normas constitucionais.

B formalmente constitucional, uma vez que a matéria pode ser objeto de lei de iniciativa parlamentar, mas materialmente inconstitucional, na medida em que não se poderia adotar limite distinto para os magistrados e deputados estaduais.

C formal e materialmente inconstitucional, uma vez que apenas emenda à Constituição do Estado poderia estabelecer o limite máximo remuneratório, mas materialmente compatível com a Constituição Federal, na medida em que os limites se adequam às normas constitucionais.

D formalmente inconstitucional, uma vez que apenas emenda à Constituição do Estado poderia estabelecer o limite máximo remuneratório, mas materialmente compatível com a Constituição Federal, na medida em que os limites se adequam às normas constitucionais.

E formal e materialmente inconstitucional, uma vez que, em razão do princípio da simetria e das normas que regem a elaboração das leis orçamentárias, apenas a lei de iniciativa do Chefe do Poder Executivo poderia estabelecer o limite máximo remuneratório, que, ademais, não poderia ser o valor correspondente a noventa inteiros e vinte e cinco centésimos por cento do subsídio mensal dos Ministros do Supremo Tribunal Federal.

A complexidade desta questão reside na diversidade de conteúdos cobrados nas assertivas, assim como na necessidade de conhecimento da literalidade da lei, assim como a jurisprudência.

A alternativa correta é a "D", em razão das disposições do art. 37, §12, da Constituição Federal, que faculta aos Estados e ao Distrito Federal a fixação do subsídio mensal dos Desembargadores do respectivo Tribunal de Justiça como limite do teto remuneratório, desde que elaborada emenda à Constituição Estadual. Era necessário ainda conhecer o teor da liminar deferida pelo STF na ADI 3.854, que excluiu a submissão dos magistrados estaduais ao subteto de remuneração.

QUESTÃO 56

(TJ-SP/2015/VUNESP)

Diante de informação relativa a iminente publicação de matéria considerada ofensiva à intimidade e à honra de autoridade pública em jornal local, nos termos definidos pelo Supremo Tribunal Federal no julgamento da ADPF 130/DF, é possível conceder ordem judicial que

A proíba a circulação da publicação jornalística considerada ofensiva, com base no art. 5º, V e X, da Constituição Federal.

B assegure, após configurado o dano causado à honra e à intimidade, a sua reparação.

C imponha alteração do conteúdo da matéria a ser divulgada, a fim de riscar ou suprimir expressões ofensivas à honra e à intimidade da vítima.

D proíba a inserção da matéria considerada ofensiva naquela publicação jornalística, embora autorizada sua circulação.

Nessa questão foi cobrado o conhecimento do candidato acerca de um julgado específico, situação que não se mostra muito comum nas provas objetivas, vez que geralmente o enunciado questiona o entendimento jurisprudencial pacificado, de maneira genérica.

A assertiva correta é a "B", eis que, no julgamento da ADPF 130/DF, o Supremo Tribunal Federal que a determinação de retirada da matéria de circulação configura censura, o que é vedado e incompatível com a Constituição Federal. Assim, deve apenas ser reparado o dano ao direito da personalidade causado pelo exercício da liberdade de expressão.

QUESTÃO 60

(TJ-SC/2019/CESPE)

Acerca do direito fundamental à intimidade e da proteção constitucional à privacidade, assinale a opção correta:

A De acordo com o STF, a inviolabilidade das comunicações não alcança a proteção dos últimos registros telefônicos de aparelhos celulares apreendidos em flagrante.

B O ingresso forçado em domicílio, sem mandato judicial, é admitido desde que a autoridade policial justifique previamente a ocorrência de flagrante delito.

C Para o STF, são ilícitas as provas obtidas via interceptação telefônica determinada por juízo cuja incompetência seja posteriormente reconhecida.

D É ilícito o uso de prova colhida, por via de interceptação telefônica no curso de inquérito policial, em processo disciplinar instaurado contra servidor não investigado pelo mesmo fato na seara criminal.

E Em procedimentos de fiscalização da aplicação de recursos públicos, o TCU poderá decretar a quebra de sigilo bancário ou empresarial de terceiros.

Outro exemplo de questão de incidência comum nas provas objetivas, requer o conhecimento da jurisprudência do STF acerca dos direitos fundamentais.

Cada uma das assertivas refere-se a um julgado diferente. A assertiva correta, "A", tem como fundamento o precedente firmado no julgamento do HC 91.867 pelo STF, em que foi entendido pela possibilidade de verificação do registro de últimas ligações no celular apreendido, prescindindo de autorização judicial.

As questões que demandam o conhecimento do texto literal da lei tiveram sua incidência minorada com o passar dos anos, mas ainda estão presentes em uma quantidade relativa de questões, e geralmente invertem a ordem do texto da lei. Veja-se:

QUESTÃO 58

(TJ-GO/2015/FCC)

Um grupo de brasileiros pretende fundar uma associação que, como um de seus objetivos institucionais, promova o estudo comparativo das formas e sistemas de governo existentes na atualidade, de maneira a subsidiar a criação de futuro partido político que venha a defender a implementação de uma monarquia parlamentarista no país. Pretende-se, ainda, que as atividades da associação e do eventual partido contem com o aporte de recursos financeiros de entidades nacionais e estrangeiras dedicadas ao estudo e implementação de reformas políticas. À luz da Constituição da República,

A são lícitas a criação da associação e a do partido político, no que se refere a seus objetivos institucionais, embora apenas a associação possa contar com o aporte de recursos financeiros de entidades estrangeiras para o exercício de suas atividades.

B é lícita a criação da associação, mas não o será a do partido político, que não pode ter objetivo atentatório ao regime democrático instituído constitucionalmente.

C são ilícitas a criação da associação e a do partido político, por atentarem contra a existência da própria Constituição, já que as reformas que pretendem estudar e defender somente poderão ser implementadas por meio de uma nova ordem constitucional.

D são ilícitas a criação da associação e a do partido político, por lhes ser vedado percebimento de recursos financeiros de entidades estrangeiras para o exercício de suas atividades.

E são lícitas a criação da associação e a do partido político, no que se refere a seus objetivos institucionais e à possibilidade de aporte de recursos financeiros de entidades estrangeiras para o exercício de suas atividades.

Trata-se de questão que apresenta uma situação fática, demandando a aplicação do texto de lei. No caso, a alternativa correta é a "A", sendo necessário o conhecimento do art. 17, II, da Constituição Federal.

QUESTÃO 48

(TJ-RJ/2016/VUNESP)

Os membros do Conselho Nacional de Justiça serão julgados, no caso de crime de responsabilidade, pelo

- **A** Pleno do Conselho Nacional de Justiça.
- **B** Congresso Nacional.
- **C** Supremo Tribunal Federal.
- **D** Senado Federal.
- **E** Superior Tribunal de Justiça.

Esta questão tinha como objetivo avaliar o conhecimento do candidato quanto à competência do Senado Federal, que está prevista no art. 52, da Constituição Federal. Precisamente no inciso II, do referido artigo, encontra-se a resposta correta da questão, que é a assertiva "D".

QUESTÃO 66

(TJ-RS/2018/VUNESP)

A Constituição Federal de 1988 propicia amparo a alguns grupos sociais vulneráveis, sendo um exemplo disso:

- **A** garantia de acesso e locomoção adequados às pessoas portadoras de deficiência, sendo a construção ou adaptação dos logradouros públicos e privados de responsabilidade do Estado.
- **B** a proteção especial de crianças e adolescentes órfãos ou abandonados, por meio de acolhimento institucional, que será mantido com os recursos oriundos do salário-família.
- **C** a posse permanente, pelos índios, das terras por eles tradicionalmente ocupadas, cabendo-lhes o usufruto exclusivo das riquezas do solo, dos rios e dos lagos nelas existentes.
- **D** a garantia de gratuidade nos transportes coletivos às pessoas com idade igual ou superior a 60 (sessenta) anos.
- **E** o conceito de família, estabelecido na Carta de 1988, de caráter limitado à comunidade entre ambos os pais com os respectivos filhos, como base da sociedade e destinatária de proteção especial do Estado.

Geralmente, as questões de Direito Constitucional envolvendo a Ordem Social requerem apenas o conhecimento da lei, como é este caso. Os equívocos das assertivas incorretas podem ser encontrados no próprio texto constitucional, e a alternativa correta, "C", é uma transcrição com a ordem invertida do art. 231, §2º, da Constituição Federal.

6 DICAS FINAIS

O trinômio "lei seca, doutrina e jurisprudência" deve ser observado pelo candidato, mas, neste caso, a ênfase é para os dois últimos, principalmente em questões dissertativas, cujas abordagens são densas e exigem um conhecimento mais robusto do candidato.

Neste contexto, em relação à memorização do texto legal, novamente sugiro ao candidato a utilização escorreita dos marca-textos, já mencionada nesta obra. Os mapas mentais também podem auxiliar o candidato nas questões inerentes à organização do Estado, dos Poderes e Processo Legislativo, dentre outras.

Noutra ponta, é possível inferir das questões dissertativas que seguem adiante que o simples estudo de legislação ou de uma obra que não tenha o viés voltado para os concursos públicos não seria suficiente para o bom êxito no certame, senão vejamos:

QUESTÃO 08

(TJ-DFT/2016)

Responda justificadamente aos seguintes quesitos de Direito Constitucional:

a) Em tema de Direito Constitucional, o que se entende por retroatividade mínima? Exemplifique.

b) Segundo o STF, o parâmetro para o controle de constitucionalidade das leis e atos normativos deve abranger o chamado "bloco de constitucionalidade"?

c) Qual a distinção entre igualdade formal e igualdade material, segundo a doutrina?

QUESTÃO 03

(TJ-CE/CESPE/2016)

(...) para além de todos os mecanismos intrínsecos de resguardo da autonomia do Poder Judiciário, pressupostos alguns na Emenda e previstos outros na precedente ordem constitucional, a cujo respeito terá sido longo o discurso do meu voto, dei com a competência, atribuída a esta Corte, de revisão da constitucionalidade e da legitimidade dos atos do Conselho Nacional de Justiça. Está aí, nessa nobre responsabilidade que o constituinte derivado depositou nos ombros desta Casa, a garantia última e específica que a obriga, como órgão supremo do Poder Judiciário e guardião da Constituição da República, a velar pela independência e imparcialidade dos juízes, aos quais já não sobra pretexto para se arrecearem de coisa alguma. (...) O Supremo Tribunal Federal é o fiador da independência e impar-

> cialidade dos juízes, em defesa da ordem jurídica e da liberdade dos cidadãos.
>
> **Cezar Peluso, Ministro Relator da ADI 3.367/DF, STF, Plenário, DJ 17/3/2006.**
>
> Considerando que o fragmento de texto apresentado tem caráter unicamente motivador, redija, com base na Constituição Federal de 1988, na doutrina e na jurisprudência do STF, um texto acerca da função jurisdicional e do Conselho Nacional de Justiça (CNJ). Em seu texto, atenda às determinações a seguir.
>
> ➊ Distinga os conceitos de independência judicial e imparcialidade, relacionando-os.
>
> ➋ Apresente sucintamente as funções do CNJ, esclarecendo sua natureza como órgão de controle do Poder Judiciário – se interno ou externo – e sua competência para o exercício do controle de constitucionalidade nos casos a ele atribuídos.
>
> ➌ Discorra sobre a possibilidade de revisão dos atos do CNJ pelo Poder Judiciário, apontando a qual(ais) órgão(s) compete essa atribuição.

Com o escopo de contribuir com o estudo completo, que não se direciona unicamente para o bom desempenho na prova objetiva – já que o candidato, simultaneamente, pode se deparar com ambas as fases em curto intervalo de tempo – sugiro, além das obras alhures indicadas, que o candidato dê especial atenção à leitura da jurisprudência do Supremo Tribunal Federal, se possível, com a leitura alguns votos de maior relevância para a construção de uma boa argumentação jurídica nesta disciplina.

Alguns sites podem ajudar o candidato no acompanhamento da jurisprudência dos tribunais superiores, dentre eles o Dizer o Direito, ESINF e o EBEJI, como já destacamos.

Em arremate, é cediço que a prova oral é o momento de maior tensão entre os candidatos. Em minha experiência de seis exames desta natureza, pude perceber que não basta o conhecimento jurídico, sendo necessário que o candidato reúna outros atributos que exigem treinamento prévio e constante.

Com relação ao conteúdo em si, há obras que reúnem diversas questões que foram objetos de exames anteriores, sendo recomendável que o candidato perquira a si mesmo cada uma destas questões, respondendo-as para um amigo ou diante de um espelho, situação que contribuirá para um ótimo desempenho quando chegar a tão sonhada hora.

Direito ADMINISTRATIVO

Victor Vasconcellos de Mattos

1 BIBLIOGRAFIA INDICADA

Analisando as questões apresentadas nos diversos concursos da Magistratura Estadual, observa-se que as principais bancas exigem um conhecimento da lei e da jurisprudência do Supremo Tribunal Federal e do Superior Tribunal de Justiça. Desta forma, dominar os Informativos publicados nos sítios eletrônicos das Cortes Superiores é essencial para um desempenho satisfatório nos certames públicos.

Por outro lado, temas eminentemente doutrinários são objeto de cobrança, em provas objetivas, em menor escala, porquanto há variadas correntes e posicionamentos, o que pode dar azo à anulação de questões.

Impende observar que existem diversas obras doutrinárias, em sede de Direito Administrativo, que podem auxiliar adequadamente os candidatos em seus estudos. Não há a necessidade de se proceder à leitura de todos os manuais ora indicados. Na verdade, o candidato deve se ater à obra que melhor se adapte ao seu estilo.

Nesse contexto, para fins de concurso público, os livros mais indicados são:

a) Curso de Direito Administrativo – Rafael Carvalho Rezende Oliveira.
b) Manual de Direito Administrativo – José dos Santos Carvalho Filho.
c) Direito Administrativo Descomplicado – Marcelo Alexandrino e Vicente Paulo.

O Curso de Direito Administrativo do Rafael Carvalho Rezende Oliveira é satisfatório para o estudo vinculado à Magistratura. Cuida-se de obra atualizada, que traz à baila os mais variados posicionamentos sobre os temas de destaque do Direito Administrativo. O conhecimento adquirido por intermédio desta obra é suficiente para aprovação, em Direito Administrativo, nas mais variadas bancas.

O Manual de Direito Administrativo do José dos Santos Carvalho Filho é bastante extenso, e confere uma bagagem mais que suficiente para os concursos da magistratura, em todas as fases.

O Direito Administrativo Descomplicado do Marcelo Alexandrino e Vicente Paulo é direcionado para concursos. Há um aprofundamento razoável da matéria, com indicação das questões dos últimos concursos, o que facilita os estudos do candidato.

2 CONTEÚDO PROGRAMÁTICO NOS EDITAIS DOS CONCURSOS PARA A MAGISTRATURA

Nos últimos 9 anos, foram aplicadas 43 provas de Magistratura Estadual. Veja-se.

TRIBUNAL	ANO	BANCA
TJGO	2015	FCC
TJPE	2015	FCC
TJRR	2015	FCC
TJSC	2015	FCC
TJMS	2015	VUNESP
TJDFT	2015	CESPE
TJPB	2015	CESPE
TJAL	2015	FCC
TJSP	2015	VUNESP
TJSE	2015	FCC
TJPI	2015	FCC
TJAM	2016	Cebraspe
TJDFT	2016	Cebraspe
TJRS	2016	FAURS
TJRJ	2016	Vunesp

TRIBUNAL	ANO	BANCA
TJPR	2017	Cebraspe
TJSC	2017	FCC
TJSP	2017	Vunesp
TJCE	2018	Cebraspe
TJMG	2018	Consulplan
TJSP	2018	Vunesp
TJMT	2018	Vunesp
TJRS	2018	Vunesp
TJPA	2019	CEBRASPE
TJSC	2019	CEBRASPE
TJPR	2019	CEBRASPE
TJBA	2019	CEBRASPE
TJAL	2019	FCC
TJRJ	2019	VUNESP
TJRO	2019	VUNESP
TJAC	2019	VUNESP
TJMS	2020	FCC
TJSP	2021	VUNESP
TJGO	2021	FCC
TJPR	2021	FGV
TJSC	2022	FGV
TJAP	2022	FGV
TJRS	2022	FAURGS
TJMG	2022	FGV
TJPE	2022	FGV
TJMA	2022	CEBRASPE
TJDFT	2023	CEBRASPE
TJSP	2023	VUNESP

Verifica-se o seguinte cenário:

a) CEBRASPE: 12 certames.

b) VUNESP: 12 certames.

c) FCC: 11 certames.

d) FGV: 5 certames.

e) FAURS: 2 certames.

f) CONSULPLAN: 1 certame.

Por questões didáticas e considerando a estatística acima, serão analisadas as questões das bancas CEBRASPE, VUNESP, FCC e FGV.

Regra geral, a prova objetiva, nos concursos da Magistratura, conta com 100 questões, à exceção do Tribunal de Justiça do Estado do Rio de Janeiro, o qual, tradicionalmente, traz à baila 80 questões objetivas.

Para a disciplina de Direito Administrativo, foi direcionada **uma média de 8 a 10 questões**, em cada prova.

Impende observar que cada entidade organizadora goza de discricionariedade regrada para fins de definição dos pontos cobrados em cada disciplina.

Registre-se, de qualquer sorte, que os editais se aproximam, até porque as bancas consideram as normas positivadas e a jurisprudência das Cortes Superiores.

Nada impede, evidentemente, que determinada organizadora inclua, pontualmente, conteúdos outros, de menor magnitude, que poderão ser oportunamente estudados pelo candidato.

Pontue-se que trouxemos à baila o padrão VUNESP, adaptado, utilizado no concurso do Tribunal de Justiça do Estado de São Paulo de 2023 (concurso 190º), porquanto há uma divisão da matéria "Direito Administrativo" em um maior número de pontos, o que facilita a visualização do leitor.

Seguem, portanto, os pontos de Direito Administrativo:

1. Lei de Introdução às Normas do Direito Brasileiro.
2. Princípios Constitucionais da Administração Pública.
3. Função pública. Conceito. Divisão de competências. Delegação e avocação de competências.
4. Poder de Polícia. Limites e Fundamentos. Adoção de mecanismos consensuais no exercício do poder de polícia. Termos de ajuste de conduta administrativos. Termos substitutivos de sanção. Limites à delegabilidade do poder de polícia.
5. Ato administrativo. Elementos, requisitos, espécies. Controle formal e controle de mérito do ato administrativo. Revogação,

invalidação, conversão e convalidação. Discricionariedade: limites e fundamentos. Abuso e desvio de Poder.

6. Processo Administrativo. A processualidade administrativa. O processo administrativo como instrumento de ação administrativa. Princípios do processo administrativo. Finalidades do processo administrativo. Leis gerais de processo administrativo. Mecanismos de controle do processo administrativo. Procedimentos em espécie. Processo administrativo do respetivo estado.

7. Bens públicos. Natureza jurídica. Bens públicos no Código Civil. Aplicação do regime público a bens do domínio privado. Espécies de bens públicos. Inalienabilidade, impenhorabilidade, imprescritibilidade dos bens públicos. Afetação e desafetação. Aquisição e alienação de bens públicos. Diferentes tipos de uso. Uso privativo pelo particular. Concessão, permissão e autorização de uso. Concessão de direito real de uso.

8. Contratos Administrativos. Teoria Geral do Contrato Administrativo. Contratos Administrativos e Contratos da Administração. Convênios Administrativos. Formação, execução, alteração e extinção dos contratos administrativos típicos. Equilíbrio econômico financeiro dos contratos: conceito, fundamento e hipóteses. Leis nº 8.666/93 e nº 14.133/2021.

9. Consórcios Públicos. Natureza jurídica, requisitos e procedimento de formação e extinção. Contratos de Programa. Contratos de Rateio.

10. Licitação. Fundamento constitucional. Inexigibilidade e Dispensa. Modalidades. Pregão. Regime Diferenciado de Contratação. Tipos de licitação. Fases do procedimento licitatório. Leis nº 8.666/93 e nº 14.133/2021.

11. Serviços públicos. Conceito. Regime jurídico. Regime tarifário. Serviços públicos em regime de exclusividade e em regime de competição. Regulação de serviços públicos. Regime dos bens afetos à prestação de serviço público. Serviços públicos e serviços sociais. Serviços públicos e atividade econômica.

12. Concessão e permissão de serviços públicos. Conceitos. Modalidades de concessão. Concessões comuns, patrocinadas e administrativas. Reversibilidade de bens. Modalidades de extinção de concessões. Direitos dos concessionários e direitos dos usuários.

13. Parceria público privada. Conceito e modalidades. Regime jurídico. Contraprestação pecuniária e aporte. Requisitos. Regime de garantias. Atividades delegáveis e indelegáveis por meio de parcerias.

14. Estrutura da Administração Pública. Administração Direta e Administração Indireta. Órgãos e entes públicos. Princípios da Administração Indireta. Controle hierárquico. Empresas estatais: espécies e diferenças. Regime jurídico e governança das empresas estatais. Controle dos entes da Administração Indireta. Fundações Públicas. Natureza jurídica e regime jurídico. Fundações governamentais de direito público e de direito privado. Fundações de apoio.

15. Agências reguladoras. Conceito. Regime Jurídico. Competências. Controle dos atos das agências.

16. Responsabilidade Civil do Estado. Responsabilidade civil, extracontratual ou aquiliana do Estado. Panorama teórico e evolutivo da responsabilidade civil do Estado: a importância da jurisprudência francesa. Responsabilidade objetiva na Constituição. Causas excludentes e atenuantes. A reparação do dano: a relevância dos aspectos processuais.

17. Agentes públicos Organização funcional: cargos, empregos e funções públicas. Servidores públicos. Regime jurídico único. Direitos e obrigações. Processos Disciplinar. Regimes jurídicos funcionais. Regime de previdência do servidor público: aspectos constitucionais. Responsabilidade administrativa, civil e criminal do agente público.

18. Desapropriação. Hipóteses. Desapropriação indireta. Desapropriação por zona. Desapropriação urbanística. Promoção de atos expropriatórios pelos particulares: hipótese e requisitos. Efeitos do decreto e utilidade pública. Destinação dos bens desapropriados. Hipóteses de desapropriação punitiva. Desapropriação por acordo e judicial: diferenças. Desapropriação de bens públicos de outro ente da federação. Decreto-Lei 3.365, de 21 de junho de 1941.

19. Intervenção na propriedade e atuação no domínio econômico: servidão, requisição, ocupação temporária, tombamento e limitações administrativas.

20. Improbidade administrativa (Lei 8.429/1992 e alterações).

21. Lei de Responsabilidade Fiscal (Lei Complementar 101, de 4 de maio de 2000).
22. Controle da Administração Pública. Espécies de controle. Controle interno e externo. Controle parlamentar, judicial, social e pelos Tribunais de Contas. Controle de legalidade e de economicidade. Controle operacional. Competências cautelares e sancionatórias dos órgãos de controle. Lei anticorrupção (Lei 12.846/13).
23. Mandado de Segurança, Ação Popular e Ação Civil Pública.
24. Terceirização.
25. Entes com situação peculiar (fundações de apoio, empresas controladas pelo poder público, serviços sociais autônomos, organizações sociais, organizações da sociedade civil de interesse público).
26. Lei de acesso à informação.
27. Prescrição e decadência nas relações jurídicas envolvendo a Administração.

Ressalte-se, novamente, que este é o padrão VUNESP, adaptado, com inclusão de pontos elencados por outras bancas. A divisão do programa em um maior número de pontos facilita a visualização, pelo leitor, das temáticas frequentemente abordadas nos certames da Magistratura Estadual.

3 ANÁLISE DAS ÚLTIMAS PROVAS OBJETIVAS

Para fins deste estudo, procedeu-se à análise das provas de 2015 a 2023 dos Tribunais de Justiça dos Estados, atentando-se para os certames promovidos pela CESPE, FCC, VUNESP e FGV. O resultado é a tabela abaixo apresentada:

Ponto	CESPE	FCC	VUNESP	FGV
1. Lei de Introdução às Normas do Direito Brasileiro.	0	1	2	1
2. Princípios Constitucionais da Administração Pública.	4	0	5	0
3. Função pública. Conceito. Divisão de competências. Delegação e avocação de competências.	4	4	1	0

Ponto	CESPE	FCC	VUNESP	FGV
4. Poder de Polícia. Limites e Fundamentos. Adoção de mecanismos consensuais no exercício do poder de polícia. Termos de ajuste de conduta administrativos. Termos substitutivos de sanção. Limites à delegabilidade do poder de polícia.	3	2	0	1
5. Ato administrativo. Elementos, requisitos, espécies. Controle formal e controle de mérito do ato administrativo. Discricionariedade: limites e fundamentos. Abuso e desvio de Poder. Revogação, invalidação, conversão e convalidação.	25	3	10	0
6. Processo Administrativo. A processualidade administrativa. O processo administrativo como instrumento de ação administrativa. Princípios do processo administrativo. Finalidades do processo administrativo. Leis gerais de processo administrativo. Mecanismos de controle do processo administrativo. Procedimentos em espécie. Processo administrativo do respetivo estado.	9	1	4	0
7. Bens públicos. Natureza jurídica. Bens públicos no Código Civil. Aplicação do regime público a bens do domínio privado. Espécies de bens públicos. Inalienabilidade, impenhorabilidade, imprescritibilidade dos bens públicos. Afetação e desafetação. Aquisição e alienação de bens públicos. Diferentes tipos de uso. Uso privativo pelo particular. Concessão, permissão e autorização de uso. Concessão de direito real de uso.	9	8	5	0
8. Contratos Administrativos. Teoria Geral do Contrato Administrativo. Contratos Administrativos e Contratos da Administração. Convênios Administrativos. Formação, execução, alteração e extinção dos contratos administrativos típicos. Equilíbrio econômico financeiro dos contratos: conceito, fundamento e hipóteses. Leis nº 8.666/93 e nº 14.133/2021.	9	13	9	0

Ponto	CESPE	FCC	VUNESP	FGV
9. Consórcios Públicos. Natureza jurídica, requisitos e procedimento de formação e extinção. Contratos de Programa. Contratos de Rateio.	0	2	3	0
10. Licitação. Fundamento constitucional. Inexigibilidade e Dispensa. Modalidades. Pregão. Regime Diferenciado de Contratação. Tipos de licitação. Fases do procedimento licitatório. Leis nº 8.666/93 e nº 14.133/2021.	22	7	16	5
11. Serviços públicos. Conceito. Regime jurídico. Regime tarifário. Serviços públicos em regime de exclusividade e em regime de competição. Regulação de serviços públicos. Regime dos bens afetos à prestação de serviço público. Serviços públicos e serviços sociais. Serviços públicos e atividade econômica.	11	6	4	0
12. Concessão e permissão de serviços públicos. Conceitos. Modalidades de concessão. Concessões comuns, patrocinadas e administrativas. Reversibilidade de bens. Modalidades de extinção de concessões. Direitos dos concessionários e direitos dos usuários.	1	1	9	1
13. Parceria público privada. Conceito e modalidades. Regime jurídico. Contraprestação pecuniária e aporte. Requisitos. Regime de garantias. Atividades delegáveis e indelegáveis por meio de parcerias.	3	4	2	0
14. Estrutura da Administração Pública. Administração Direta e Administração Indireta. Órgãos e entes públicos. Princípios da Administração Indireta. Controle hierárquico. Empresas estatais: espécies e diferenças. Regime jurídico e governança das empresas estatais. Controle dos entes da Administração Indireta. Fundações Públicas. Natureza jurídica e regime jurídico. Fundações governamentais de direito público e de direito privado. Fundações de apoio.	8	9	2	1

Ponto	CESPE	FCC	VUNESP	FGV
15. Agências reguladoras. Conceito. Regime Jurídico. Competências. Controle dos atos das agências.	1	1	2	9
16. Responsabilidade Civil do Estado. Responsabilidade civil, extracontratual ou aquiliana do Estado. Panorama teórico e evolutivo da responsabilidade civil do Estado: a importância da jurisprudência francesa. Responsabilidade objetiva na Constituição. Causas excludentes e atenuantes. A reparação do dano: a relevância dos aspectos processuais.	16	5	3	7
17. Agentes públicos. Organização funcional: cargos, empregos e funções públicas. Servidores públicos. Regime jurídico único. Direitos e obrigações. Processos Disciplinar. Regimes jurídicos funcionais. Regime de previdência do servidor público: aspectos constitucionais. Responsabilidade administrativa, civil e criminal do agente público.	24	15	21	6
18. Desapropriação. Hipóteses. Desapropriação indireta. Desapropriação por zona. Desapropriação urbanística. Promoção de atos expropriatórios pelos particulares: hipótese e requisitos. Efeitos do decreto e utilidade pública. Destinação dos bens desapropriados. Hipóteses de desapropriação punitiva. Desapropriação por acordo e judicial: diferenças. Desapropriação de bens públicos de outro ente da federação. Decreto-Lei 3.365, de 21 de junho de 1941.	4	2	10	3
19. Intervenção na propriedade e atuação no domínio econômico: servidão, requisição, ocupação temporária, tombamento e limitações administrativas.	14	8	3	2
20. Improbidade administrativa (Lei 8.429/1992 e alterações).	8	6	9	4
21. Lei de Responsabilidade Fiscal (Lei Complementar 101, de 4 de maio de 2000).	0	1	2	0

Ponto	CESPE	FCC	VUNESP	FGV
22. Controle da Administração Pública. Espécies de controle. Controle interno e externo. Controle parlamentar, judicial, social e pelos Tribunais de Contas. Controle de legalidade e de economicidade. Controle operacional. Competências cautelares e sancionatórias dos órgãos de controle. Lei anticorrupção (Lei 12.846/13).	1	3	4	0
23. Mandado de Segurança, Ação Popular e Ação Civil Pública.	10	1	3	3
24. Terceirização.	2	0	0	0
25. Entes com situação peculiar (fundações de apoio, empresas controladas pelo poder público, serviços sociais autônomos, organizações sociais, organizações da sociedade civil de interesse público).	4	3	2	0
26. Lei de acesso à informação.	0	4	0	0
27. Prescrição e decadência nas relações jurídicas envolvendo a Administração.	1	3	1	0

Considerando o total de questões de cada ponto, chega-se ao seguinte resultado:

Ponto	Total
1. Lei de Introdução às Normas do Direito Brasileiro.	4
2. Princípios Constitucionais da Administração Pública.	9
3. Função pública. Conceito. Divisão de competências. Delegação e avocação de competências.	9
4. Poder de Polícia. Limites e Fundamentos. Adoção de mecanismos consensuais no exercício do poder de polícia. Termos de ajuste de conduta administrativos. Termos substitutivos de sanção. Limites à delegabilidade do poder de polícia.	6
5. Ato administrativo. Elementos, requisitos, espécies. Controle formal e controle de mérito do ato administrativo. Discricionariedade: limites e fundamentos. Abuso e desvio de Poder. Revogação, invalidação, conversão e convalidação.	38

Ponto	Total
6. Processo Administrativo. A processualidade administrativa. O processo administrativo como instrumento de ação administrativa. Princípios do processo administrativo. Finalidades do processo administrativo. Leis gerais de processo administrativo. Mecanismos de controle do processo administrativo. Procedimentos em espécie. Processo administrativo do respetivo estado.	14
7. Bens públicos. Natureza jurídica. Bens públicos no Código Civil. Aplicação do regime público a bens do domínio privado. Espécies de bens públicos. Inalienabilidade, impenhorabilidade, imprescritibilidade dos bens públicos. Afetação e desafetação. Aquisição e alienação de bens públicos. Diferentes tipos de uso. Uso privativo pelo particular. Concessão, permissão e autorização de uso. Concessão de direito real de uso.	22
8. Contratos Administrativos. Teoria Geral do Contrato Administrativo. Contratos Administrativos e Contratos da Administração. Convênios Administrativos. Formação, execução, alteração e extinção dos contratos administrativos típicos. Equilíbrio econômico financeiro dos contratos: conceito, fundamento e hipóteses. Leis nº 8.666/93 e nº 14.133/2021.	31
9. Consórcios Públicos. Natureza jurídica, requisitos e procedimento de formação e extinção. Contratos de Programa. Contratos de Rateio.	5
10. Licitação. Fundamento constitucional. Inexigibilidade e Dispensa. Modalidades. Pregão. Regime Diferenciado de Contratação. Tipos de licitação. Fases do procedimento licitatório. Leis nº 8.666/93 e nº 14.133/2021.	50
11. Serviços públicos. Conceito. Regime jurídico. Regime tarifário. Serviços públicos em regime de exclusividade e em regime de competição. Regulação de serviços públicos. Regime dos bens afetos à prestação de serviço público. Serviços públicos e serviços sociais. Serviços públicos e atividade econômica.	21
12. Concessão e permissão de serviços públicos. Conceitos. Modalidades de concessão. Concessões comuns, patrocinadas e administrativas. Reversibilidade de bens. Modalidades de extinção de concessões. Direitos dos concessionários e direitos dos usuários.	12
13. Parceria público privada. Conceito e modalidades. Regime jurídico. Contraprestação pecuniária e aporte. Requisitos. Regime de garantias. Atividades delegáveis e indelegáveis por meio de parcerias.	9

Ponto	Total
14. Estrutura da Administração Pública. Administração Direta e Administração Indireta. Órgãos e entes públicos. Princípios da Administração Indireta. Controle hierárquico. Empresas estatais: espécies e diferenças. Regime jurídico e governança das empresas estatais. Controle dos entes da Administração Indireta. Fundações Públicas. Natureza jurídica e regime jurídico. Fundações governamentais de direito público e de direito privado. Fundações de apoio.	20
15. Agências reguladoras. Conceito. Regime Jurídico. Competências. Controle dos atos das agências.	4
16. Responsabilidade Civil do Estado. Responsabilidade civil, extracontratual ou aquiliana do Estado. Panorama teórico e evolutivo da responsabilidade civil do Estado: a importância da jurisprudência francesa. Responsabilidade objetiva na Constituição. Causas excludentes e atenuantes. A reparação do dano: a relevância dos aspectos processuais.	31
17. Agentes públicos. Organização funcional: cargos, empregos e funções públicas. Servidores públicos. Regime jurídico único. Direitos e obrigações. Processos Disciplinar. Regimes jurídicos funcionais. Regime de previdência do servidor público: aspectos constitucionais. Responsabilidade administrativa, civil e criminal do agente público.	66
18. Desapropriação. Hipóteses. Desapropriação indireta. Desapropriação por zona. Desapropriação urbanística. Promoção de atos expropriatórios pelos particulares: hipótese e requisitos. Efeitos do decreto e utilidade pública. Destinação dos bens desapropriados. Hipóteses de desapropriação punitiva. Desapropriação por acordo e judicial: diferenças. Desapropriação de bens públicos de outro ente da federação. Decreto-Lei 3.365, de 21 de junho de 1941.	19
19. Intervenção na propriedade e atuação no domínio econômico: servidão, requisição, ocupação temporária, tombamento e limitações administrativas.	27
20. Improbidade administrativa (Lei 8.429/1992 e alterações).	27
21. Lei de Responsabilidade Fiscal (Lei Complementar 101, de 4 de maio de 2000).	3
22. Controle da Administração Pública. Espécies de controle. Controle interno e externo. Controle parlamentar, judicial, social e pelos Tribunais de Contas. Controle de legalidade e de economicidade. Controle operacional. Competências cautelares e sancionatórias dos órgãos de controle. Lei anticorrupção (Lei 12.846/13).	8
23. Mandado de Segurança, Ação Popular e Ação Civil Pública.	17

Ponto	Total
24. Terceirização.	2
25. Entes com situação peculiar (fundações de apoio, empresas controladas pelo poder público, serviços sociais autônomos, organizações sociais, organizações da sociedade civil de interesse público).	9
26. Lei de acesso à informação.	4
27. Prescrição e decadência nas relações jurídicas envolvendo a Administração.	5

Ressalte-se, ainda, que, na análise das questões, aquelas que exigiram conhecimento de mais de um ponto, foram incluídos em cada qual, para que a esta pesquisa seja o mais completa e fidedigna possível.

Consideradas todas as provas analisadas dos últimos 9 anos, observa-se que as matérias com maior incidência em provas são:

- **1.** Agentes públicos. Cargos, empregos e funções públicas. Servidores públicos. Regime jurídico único. Direitos e obrigações. Processos Disciplinar. Regimes jurídicos funcionais. Regime de previdência do servidor público: aspectos constitucionais. Responsabilidade administrativa, civil e criminal do agente público. (66 vezes)

- **2.** Licitação. Fundamento constitucional. Inexigibilidade e Dispensa. Modalidades. Pregão. Regime Diferenciado de Contratação. Tipos de licitação. Fases do procedimento licitatório. Leis nº 8.666/93 e nº 14.133/2021. (50 vezes)

- **3.** Ato administrativo. Elementos, requisitos, espécies. Controle formal e controle de mérito do ato administrativo. Discricionariedade: limites e fundamentos. Abuso e desvio de Poder. Revogação, invalidação, conversão e convalidação. (38 vezes)

- **4.** Contratos Administrativos. Teoria Geral do Contrato Administrativo. Contratos Administrativos e Contratos da Administração. Convênios Administrativos. Formação, execução, alteração e extinção dos contratos administrativos típicos. Equilíbrio econômico financeiro dos contratos: conceito, fundamento e hipóteses. Leis nº 8.666/93 e nº 14.133/2021. (31 vezes)

- **5.** Responsabilidade Civil do Estado. Responsabilidade civil, extracontratual ou aquiliana do Estado. Panorama teórico e evolutivo da responsabilidade civil do Estado: a importância da jurisprudência francesa. Responsabilidade objetiva na Constituição. Causas excludentes e atenuantes. A reparação do dano: a relevância dos aspectos processuais. (31 vezes)

Em uma análise de banca, verifica-se uma variação pequena nos temas que têm maior incidência:

a) CESPE

1. Atos Administrativos.
2. Agentes Públicos.
3. **Licitação.**
4. Responsabilidade civil do Estado.
5. Intervenção do Estado na Propriedade e atuação no domínio econômico.

b) FCC

1. Agentes Públicos.
2. Contratos Administrativos.
3. Administração Pública.
4. Intervenção do Estado na Propriedade e Atuação no Domínio Econômico.
5. Bens Públicos.

c) VUNESP

1. Agentes públicos.
2. Licitações.
3. Atos Administrativos.
4. Desapropriação
5. Contratos Administrativos e Concessão e Permissão de Serviços Públicos.

d) FGV

1. Responsabilidade Civil do Estado.
2. Agentes Públicos.
3. Licitação.
4. Improbidade Administrativa.
5. Desapropriação.

Passe-se, neste momento, a uma análise qualitativa das matérias cobradas nas provas anteriores.

4 PONTOS ESPECÍFICOS MAIS RELEVANTES DAS PROVAS OBJETIVAS

De posse da lista acima indicada, pode-se traçar um estudo mais aprofundado dos temas cobrados nos concursos da Magistratura Estadual.

a) **Agentes públicos. Organização funcional: cargos, empregos e funções públicas. Servidores públicos. Regime jurídico único. Direitos e obrigações. Processos Disciplinar. Regimes jurídicos funcionais. Regime de previdência do servidor público: aspectos constitucionais.**

A questão 94 do Concurso do TJDFT de 2016, elaborado pela CESPE, representa adequadamente este ponto. Veja-se.

> Considerando o regime jurídico dos servidores públicos e as jurisprudências consolidadas do STF e do STJ, assinale a opção correta.
>
> **A** A portaria de instauração de processo administrativo disciplinar dispensa a descrição minuciosa da imputação contra o servidor público, exigida na fase de indiciamento.
>
> **B** Não se admite a aposentadoria especial do servidor público com deficiência.
>
> **C** Ao profissional médico é permitida a cumulação de dois cargos públicos na área de saúde, sem limitação quanto à duração da jornada total de trabalho, desde que não haja comprometimento do princípio constitucional da eficiência.
>
> **D** A falta de intervenção de advogado, em atos do processo administrativo disciplinar, impõe a nulidade absoluta.
>
> **E** A fundamentação por referência (*per relationem*) no ato decisório que determina a demissão de servidor público é insuficiente para constituir a motivação de ato administrativo.

A questão demanda conhecimento acerca da jurisprudência dos Tribunais Superiores, o que é uma característica bastante comum nas provas da CESPE. Observe-se ainda que a questão exigiu um conhecimento transversal e aprofundado de vários tópicos acerca do tema Servidor Público.

Em relação a alternativa A, embora com uma redação um tanto truncada, indica a possibilidade de abertura de um processo administrativo disciplinar, compatível com o posicionamento do STJ: "*A Portaria de instauração do Processo Administrativo Disciplinar dispensa a descrição minuciosa da imputação, exigida tão somente após a instrução do feito, na fase de indiciamento, o que é capaz de viabilizar o exercício do contraditório e da ampla defesa*" (RO nos EDcl nos EDcl no MS n. 11.493/DF, relator Ministro NEFI CORDEIRO, Terceira Seção, julgado em 25/10/2017, DJe 6/11/2017). Correta, portanto, esta alternativa.

No mesmo sentido, cite-se o Enunciado 641 da Súmula do STJ: "*A portaria de instauração do processo administrativo disciplinar prescinde da exposição detalhada dos fatos a serem apurados.*"

As demais alternativas não encontram respaldo na jurisprudência dos Tribunais indicados no enunciado da questão.

A alternativa "B", por exemplo, vai contra entendimento manifestado pelo STF: "Mandado de injunção impetrado com base no art. 40, § 4º, I, da Constituição, que assegura o direito à aposentadoria especial aos servidores portadores de deficiência. Ordem concedida nos termos da integração realizada pelo Plenário do STF: aplicação supletiva do art. 57 da Lei nº 8.213/1991, com relação ao período anterior à entrada em vigor da LC 142/2013, e do disposto na referida Lei Complementar, no que se refere ao período posterior." (MI 2752/DF, relator Min. ROBERTO BARROSO, Tribunal Pleno, julgado em 26/11/2014, publicado em 16/12/2014).

A alternativa "C" está atrelada à temática no âmbito da qual a jurisprudência alternou bastante. À época da questão, o STJ tinha entendimento, com base no Parecer Normativo GQ-145 (com força vinculativa para a administração federal), de que "a acumulação de cargos públicos exige compatibilidade de horários para ser considerada legal, sendo o limite máximo do somatório das jornadas de trabalho 60 horas". Atualmente, STF e STJ concordam que a única exigência é aquela estabelecida na Constituição: compatibilidade de horários. (Tema 1081 do STF).

A alternativa "D" vai contra a dicção do Enunciado nº 05 da Súmula Vinculante: "*A falta de defesa técnica por advogado no processo administrativo disciplinar não ofende a Constituição.*"

A alternativa "E" também é contrária ao entendimento dos Tribunais Superiores: "*Revela-se legítima, para fins do que dispõem o art. 93, inciso IX, da Constituição Federal e art. 458, II, do CPC, a adoção da técnica de fundamentação referencial (per relationem), referindo-se, expressamente, às razões que deram suporte a anterior decisão (ou a informações prestadas por autoridade coatora, pareceres do Parquet ou peças juntadas aos autos), incorporando, formalmente, tais manifestações ao ato jurisdicional*" (STJ, REsp 1.316.889/RS, Rel. Ministra ELIANA CALMON, Segunda Turma, DJe de 11/10/2013).

b) **Licitação. Fundamento constitucional. Inexigibilidade e Dispensa. Modalidades. Pregão. Regime Diferenciado de Contratação. Tipos de licitação. Fases do procedimento licitatório. Leis nº 8.666/93 e nº 14.133/2021.**

Veja-se, sobre a temática, questão cobrada no Concurso do TJPE, promovido pela FGV, em 2022.

> O Tribunal de Justiça do Estado Delta, após sugestão de seu comitê de integridade, criou um departamento específico para tratar de suas licitações e contratos.
>
> Nesse sentido, o novo departamento está atento para o fato de que, de acordo com a Lei nº 14.133/2021, o planejamento de compras deverá considerar a expectativa de consumo:
>
> **A** anual e observar as condições de aquisição e pagamento semelhantes às do setor privado;
>
> **B** anual e observar o atendimento ao princípio da responsabilidade fiscal, mas vedada a comparação da despesa estimada com a prevista no orçamento;
>
> **C** semestral e observar o atendimento ao princípio da padronização, considerada a compatibilidade de especificações técnicas, mas não de especificações estéticas;
>
> **D** plurianual para os próximos quatro anos e observar o atendimento ao princípio da aglutinação de compras, proibida a fragmentação de licitação, ainda que o parcelamento seja tecnicamente viável e economicamente vantajoso;
>
> **E** plurianual para os próximos quatro anos, e observar a determinação de unidades e quantidades a serem adquiridas em função de consumo e utilização prováveis, cuja estimativa será obtida, sempre que possível, mediante adequadas técnicas quantitativas, vedado o fornecimento contínuo.

Como se pode observar, a questão exige conhecimento da letra da nova Lei de Licitações (Lei 14.133/2021).

Não se pode deixar de mencionar que em 01 de abril de 2021, foi promulgada a nova Lei de Licitações (Lei 14.133/2021), a qual, contudo, não revogou automaticamente a Lei 8.666/1993.

Desta forma, pelo prazo de 2 anos (art. 193, inciso II, da Lei 14.133/2021), ambas as leis poderão ser aplicadas nas licitações realizadas pela Administração Pública, observado, no entanto, a necessidade de indicação expressa no edital, vedada a aplicação combinada de leis (art. 191 da Lei 14.133/2021).

Por outro lado, toda a parte dos crimes e das penas da Lei 8.666/1993 foi revogada com a promulgação da Lei 14.133/2021, que incluiu um capítulo próprio, com 12 artigos no Código Penal, aplicando-se imediatamente para as situações previstas na Lei 8.666/1993, na Lei 13.303/2016 e na Lei 14.133/2021.

Além da parte criminal, a Lei 14.133/2021 deve ser aplicada no que se refere aos critérios de desempate previstos na Lei das Estatais, conforme art. 55, III, da Lei 13.303/16, combinado com o art. 189 da Lei 14.133/21, e a utilização da modalidade pregão, conforme art. 32, IV, da Lei 13.303/16, combinado com o art. 189 da Lei 14.133/21.

No que se refere à questão acima, a alternativa "A", correta, é a literalidade do art. 40, *caput*, e inciso I, da Lei 14.133/2021. A alternativa "B" é incorreta, porquanto é contrária à dicção do art. 40, inciso V, "c", o qual estabelece a necessidade do planejamento das compras obedecer ao princípio da responsabilidade fiscal, mediante a comparação da despesa estimada com a prevista no orçamento. Por derradeiro, as alternativas "C", "D" e "E" violam o *caput* do art. 40, ao trazerem à baila expectativa de consumo distinta da anual.

c) Ato administrativo. Elementos, requisitos, espécies. Controle formal e controle de mérito do ato administrativo. Discricionariedade: limites e fundamentos. Abuso e desvio de Poder. Revogação, invalidação, conversão e convalidação.

Dentro deste tema, cobra-se muito os atributos e o controle dos atos administrativos. Veja-se, a exemplo, a seguinte questão 91 do concurso do Tribunal de Justiça de Santa Catarina de 2019, promovido pela CESPE:

QUESTÃO 91

No âmbito do direito administrativo, segundo a doutrina majoritária, a autoexecutoriedade dos atos administrativos é caracterizada pela possibilidade de a administração pública

A anular seus próprios atos, quando eivados de vícios que os tornem ilegais, sem necessidade de controle judicial.

B assegurar a veracidade dos fatos indicados em suas certidões, seus atestados e suas declarações, o que afasta o controle judicial.

C impor os atos administrativos a terceiros, independentemente de sua concordância, por meio de ato judicial.

D executar suas decisões por meios coercitivos próprios, sem a necessidade da interferência do Poder Judiciário.

E executar ato administrativo por meios coercitivos próprios, o que afasta o controle judicial posterior.

Como se pode observar, a questão exige conhecimento da doutrina. É bastante importante observar que a questão busca o conceito ou um exemplo do que pode ser entendido por autoexecutoridade.

O gabarito é a letra D, porquanto a autoexecutoriedade caracteriza-se, justamente, pela possibilidade da Administração Pública executar suas decisões por meios coercitivos próprios, sem a necessidade da interferência do Poder Judiciário.

A alternativa "A" busca confundir o conceito de autoexecutoriedade com o de autotutela, exposto na súmula 473 do STF: "*A administração pode anular seus próprios atos, quando eivados de vícios que os tornam ilegais, porque deles não se originam direitos; ou revogá-los, por motivo de conveniência ou oportunidade, respeitados os direitos adquiridos, e ressalvada, em todos os casos, a apreciação judicial.*"

Por sua vez, as alternativas "B" e "E" finalizam o texto com a ideia de que os atos administrativos não estão sujeitos a um controle judicial, o que, por si só, é suficiente a tornar erradas as afirmativas.

A alternativa "C", embora indique a imperatividade (atributo pelo qual os atos administrativos se impõem a terceiros, independentemente de sua concordância), exige, para tanto, a atuação do Poder Judiciário, o que afasta a autoexecutoridade.

⊖ d) Contratos Administrativos. Teoria Geral do Contrato Administrativo. Contratos Administrativos e Contratos da Administração. Convênios Administrativos. Formação, execução, alteração e extinção dos contratos administrativos típicos. Equilíbrio econômico financeiro dos contratos: conceito, fundamento e hipóteses. Leis nº 8.666/93 e nº 14.133/2021.

Neste tópico, os mais variados assuntos podem ser objeto de cobrança. Veja-se a temática cobrada no concurso do TJMS, elaborado pela FGV, em 2023.

> O presidente do Tribunal de Justiça (TJ) do Estado Gama, visando reduzir as despesas do Judiciário estadual, pretende diminuir o custo mensal com energia elétrica. Assim, o TJ publicou edital de licitação, cujo critério de escolha será o maior retorno econômico. Os licitantes deverão apresentar seu projeto e proposta de

redução de custo do TJ com energia, de maneira que será remunerado o contratado com base no percentual de economia, ou seja, sua remuneração será fixada em percentual que incidirá de forma proporcional à economia efetivamente obtida pelo TJ na execução do contrato. No caso em tela, conforme dispõe a Nova Lei de Licitações e Contratos (Lei nº 14.133/2021), será firmado entre o Tribunal de Justiça do Estado Gama e o licitante vencedor:

A) contrato de eficiência;

B) contrato de concessão;

C) termo de parceria;

D) contrato de gestão;

E) acordo de cooperação técnica.

A FGV tem a tradição de criar casos concretos, solucionados por intermédio da jurisprudência ou da letra da lei. Na questão apresentada, o gabarito (Letra A) é extraído da literalidade do art. 39 da Lei 14.133/2021. O dispositivo preconiza que "o *julgamento por maior retorno econômico, utilizado exclusivamente para a celebração de contrato de eficiência, considerará a maior economia para a Administração, e a remuneração deverá ser fixada em percentual que incidirá de forma proporcional à economia efetivamente obtida na execução do contrato.*"

e) Responsabilidade Civil do Estado. Responsabilidade civil, extracontratual ou aquiliana do Estado. Panorama teórico e evolutivo da responsabilidade civil do Estado: a importância da jurisprudência francesa. Responsabilidade objetiva na Constituição. Causas excludentes e atenuantes. A reparação do dano: a relevância dos aspectos processuais.

Neste tema, a questão exige, via de regra, conhecimento da jurisprudência, que estruturou a responsabilidade civil extracontratual do Estado. No entanto, é possível encontrar questões que exigem conhecimento da legislação. Veja-se questão extraída do concurso do TJSP, de 2023.

É possível afirmar, com fundamento nas disposições do artigo 37, § 6º da Constituição Federal, de que *"As pessoas jurídicas de direito público e as de direito privado prestadoras de serviços públicos responderão pelos danos que seus agentes, nessa qualidade, causarem a terceiros, assegurado o direito de regresso contra o responsável nos casos de dolo ou culpa"*, que o Direito Administrativo adota, no Brasil, as regras da responsabilidade

A) objetiva do Estado e do agente público, aplicáveis tanto para as condutas antijurídicas comissivas como para as situações de omissão estatal, o que corresponde à teoria do risco administrativo.

B imediata das pessoas jurídicas para os atos antijurídicos comissivos e da responsabilidade regressiva das pessoas físicas para as situações em que caracterizada a omissão estatal, o que corresponde à teoria do risco integral.

C objetiva do Estado e da responsabilidade subjetiva do agente público, o que se apresenta para os atos antijurídicos comissivos e corresponde à teoria do risco administrativo.

D direta e integral do Estado e da responsabilidade subsidiária e parcial do agente público, tanto para as condutas antijurídicas comissivas como para as situações de omissão estatal, o que corresponde à teoria do risco integral.

Note-se que a VUNESP possui tradição em elaborar questões com base em lei, embora tenha, nos últimos anos, apresentado questões relacionadas à jurisprudência.

A resposta para esta questão envolve, ao mesmo tempo, a letra da Constituição Federal e o conhecimento doutrinário. A Carta da República prevê que a responsabilidade civil do Estado é objetiva, enquanto os agentes públicos respondem, na via regressiva, desde que comprovado o dolo ou a culpa. Ademais, a doutrina e a jurisprudência amplamente majoritárias preconizam que o art. 37, § 6º, da Constituição Federal, consagra a teoria do risco administrativo (RE 136861/SP, rel. orig. Min. Edson Fachin, red. p/ o ac. Min. Alexandre de Moraes, julgamento em 11.3.2020. (RE-136861).

A letra "A" está errônea, ao afirmar que a responsabilidade civil do agente público é objetiva. A letra "B" e a letra "D" estão equivocadas, até mesmo porque a teoria do risco integral é admitida, apenas, em casos excepcionais, envolvendo o dano nuclear e o dano ambiental. Nesse sentido, cito o REsp 1.373.788-SP, **Rel. Min. Paulo de Tarso Sanseverino, julgado em 6/5/2014.**

O gabarito é, pois, a letra "C", ao preconizar que a responsabilidade civil do Estado, baseada na teoria do risco administrativo, é objetiva e a responsabilidade civil do agente público é subjetiva.

5 DOUTRINA, JURISPRUDÊNCIA E "LEI SECA" NOS CONCURSOS DA MAGISTRATURA ESTADUAL

Observa-se, na pesquisa realizada nos últimos nove anos de concurso público para magistratura, nas principais bancas, que é essencial o estudo concomitante da letra da lei, da jurisprudência e da doutrina.

De acordo com a pesquisa realizada, o conhecimento exigido apresenta as seguintes proporções:

Conhecimento	CESPE	FCC	VUNESP	FGV
Doutrina	36%	37%	32%	18%
Jurisprudência	30%	26%	22%	40%
Lei	34%	37%	46%	42%

Importante ressaltar que, no cálculo realizado, as questões que exigiram múltiplo conhecimento foram incluídas em cada qual.

Em Direito Administrativo, o que se verifica é a essencialidade do leitor se aprofundar, concomitantemente, no estudo da doutrina, da legislação e da jurisprudência dos Tribunais Superiores.

6 ANÁLISE DE QUESTÕES DISSERTATIVAS

Nas questões dissertativas ou discursivas, os pontos mais tocados são aqueles relacionados a julgamentos mais recentes dos Tribunais Superiores.

O Tribunal de Justiça do Estado de São Paulo, no concurso de 2019, apresentou a seguinte questão de segunda fase:

> Sobre a desapropriação, responda, objetivamente, o seguinte:
>
> **A** Quais os principais traços característicos de distinção entre esse instituto e o da servidão administrativa?
>
> **B** Na vigência da Constituição de 1988, muito já se discutiu a respeito do art. 15, § 1º, do Decreto-lei no 3.365/41 e dos critérios nele previstos para a fixação do valor do depósito exigido para a imissão provisória na posse. Quais os principais aspectos da discussão e qual entendimento prevalece no STF e no STJ sobre a matéria?
>
> **C** Como se deu a introdução no nosso sistema jurídico dos juros compensatórios como verba integrante da justa indenização? Qual o teor dos pronunciamentos do STF, em caráter

liminar e no julgamento final da ADI 2.332, sobre o artigo 15-A, e respectivos parágrafos, acrescentados ao Decreto-lei no 3.365/41 pela Medida Provisória 2.183-56/2001?

O tema de desapropriação é bastante recorrente, e exigiu do candidato conhecimento de doutrina e jurisprudência.

Para responder à questão, era necessário que o candidato demonstrasse que a desapropriação implica transferência compulsória da propriedade, sendo forma de aquisição originária de propriedade pelo Poder Público. Já a servidão é direito real de natureza pública que impõe ao proprietário a obrigação de suportar um ônus parcial sobre o imóvel de sua propriedade, em benefício de um serviço público ou de um bem afetado a um serviço público. Enquanto a desapropriação suprime a propriedade, a servidão afeta a exclusividade ou o caráter absoluto da propriedade. Além disto, a desapropriação exige prévia e justa indenização, ao passo que a servidão nem sempre comporta indenização.

Acerca da imissão na posse após o depósito do valor exigido, o STF tem entendimento de que o parágrafo mencionado foi recepcionado pela Constituição, de forma que só a perda da propriedade, no final do processo judicial, está compreendida pela garantia da justa e prévia indenização (Súmula 652/STF). O STJ, por sua vez, possui recurso repetitivo com a seguinte tese (tema 472): "*O depósito judicial do valor simplesmente apurado pelo corpo técnico do ente público, sendo inferior ao valor arbitrado por perito judicial e ao valor cadastral do imóvel, não viabiliza a imissão provisória na posse.*"

Em relação aos juros, sua introdução se deu por trabalhosa construção jurisprudencial até a edição da MP 2.183. A liminar concedida pelo STF na ADI 2.332 2 deu interpretação conforme ao caput do artigo 15-A, no tocante à base de cálculo dos compensatórios, de modo que ela corresponda à diferença entre 80% do valor da oferta e o valor da indenização. Além disso, suspendeu a eficácia (a) da expressão "de até 6% ao ano" constante do caput do dispositivo; (b) do § 1º, segundo o qual os compensatórios destinam-se, apenas, a compensar a perda de renda comprovadamente sofrida pelo proprietário; (c) do § 2º, que dispõe que eles não serão devidos se os graus de exploração e eficiência da terra forem iguais a zero; (d) do § 4º, segundo o qual nas ações mencionadas no § 3º, quais sejam, de indenização por apossamento administrativo ou desapropriação indireta e indenizatórias por restrições impostas pelo Poder Público, os compensatórios só incidirão em período anterior à aquisição da propriedade ou posse titulada. No julgamento final, o STF manteve o entendimento quanto à base de cálculo, reconheceu a constitucionalidade do percentual de 6%, como também dos §§ 1º, 2º e 3º e declarou inconstitucionais o vocábulo "até", constante do *caput*, e o § 4º do art. 15-A do Decreto-Lei 3.365/41.

7 DICAS FINAIS PARA OS CANDIDATOS

É tarefa árdua lograr aprovação em concursos para a magistratura estatual sem dominar, com profundidade, a lei, a doutrina e jurisprudência hodierna.

Atente-se ao fato de que, sempre que uma lei é alterada, há uma tendência de se incluí-la nas provas subsequentes, a fim de analisar se o candidato está devidamente atualizado.

Ainda, o estudo deve estar baseado em uma doutrina verticalizada, que traga à baila as principais controvérsias atuais, julgadas diuturnamente pelas Cortes Superiores.

Por derradeiro, o estudo da jurisprudência deve ser constante, por meio do acompanhamento dos informativos dos Tribunais Superiores.

Importante salientar que algumas Cortes possuem informativos ou boletins de jurisprudência, que auxiliam o candidato a tomar conhecimento dos temas mais atuais. Com efeito, uma visita ao sítio eletrônico do Tribunal para o qual o candidato realizará o concurso é essencial.

Direito TRIBUTÁRIO

Rogerio de Vidal Cunha

1 BIBLIOGRAFIA INDICADA

Eu confesso que indicar bibliografia básica para um concurso público não é, nem de longe, um tema fácil de tratar. Indicar um livro, e mais ainda uma bibliografia, envolve muito do subjetivismo e, em se tratando do mundo do direito, envolve também a necessidade de um exercício de humildade.

Digo humildade pois nosso meio jurídico é baseado na eloquência então é comum que se indique aos candidatos bibliografias de peso, com grande relevância doutrinária, mas nem sempre adaptadas para a realidade de quem está na difícil missão de estudar quase quinze disciplinas.

Realmente, o primeiro impulso é sempre indicar obras de referência nacional como o "Curso de Direito Tributário" do Professor Paulo de Barros Carvalho, de inegável conhecimento e qualidade, o que se extrai das mais de trinta edições sucessivas da obra, contudo, obras de grande relevância doutrinária põem deixar de lado aspectos relevantes para quem presta o concurso da magistratura como os julgamentos vinculantes e súmulas do Superior Tribunal de Justiça ou do Supremo Tribunal Federal.

Não digo em momento algum que não devam estudar por obras clássicas como Paulo de Barros Carvalho, Aliomar Baleeiro ou Augusto Alfredo Becker, digo somente que talvez essas não sejam as obras mais adequadas para potencializar o seu estudo para todas as fases do concurso da magistratura.

Futuro colega, devemos lembrar sempre que o concurso da magistratura é composto não só de fases distintas, mas de fases que exigem formas diferentes de demonstração de conhecimento, afinal não se pode dizer que o estudo para a prova objetivo seja minimamente semelhante à preparação para a prova oral, por isso, o ideal é construir uma bibliografia que permita ao candidato a preparação para todas as fases.

A primeira fase dos últimos concursos da magistratura dos Estados tem se baseado essencialmente em três pilares, a lei seca (CTN e Constituição), as súmulas do STJ e os julgamentos vinculantes (Repetitivos e repercussão geral).

Não são comuns questões envolvendo doutrina pura nessa fase, salvo raras exceções, como foi o caso da questão cobrada pelo TJPR em 2019[1], envolvendo os aspectos antecedentes e consequentes da regra-matriz de incidência tributária tomando como base a doutrina de Paulo de Barros Carvalho.

Eu sempre preferi uma bibliografia que me permitisse a preparação simultânea para a primeira e segunda fase do concurso, pois sempre tive a consciência de que, quase sempre, o prazo entre a primeira e segunda fase é bem curto então nem sempre você terá muito tempo para uma preparação específica para segunda fase.

Mas se mesmo assim você preferir um resumo para a primeira fase eu recomendo o que eu usei durante a minha preparação, que é a sinopse do professor Roberval Rocha, publicada aqui pela Juspodivm. Acho bem equilibrada nos quesitos lei seca e súmulas, com uma linguagem objetiva transferindo um conhecimento de qualidade.

De todas as obras no mercado, se eu tivesse de escolher a que eu acho mais adequada para a preparação em direito tributário do candidato à magistratura eu diria que é a obra do Professor Ricardo Alexandre. O livro aborda o tripé das questões objetivas (lei seca, súmulas e julgamentos vinculantes) bem como repassa as principais divergências doutrinárias e

1. Ano: 2019 Banca: CESPE Órgão: TJ-PR Prova: CESPE – 2019 – TJ-PR – Juiz Substituto. Doutrinariamente, a regra-matriz de incidência tributária pode ser dividida nos seus aspectos antecedentes – que definem a hipótese de incidência – e na obrigação decorrente – que são os aspectos ligados às consequências da norma. Segundo a doutrina majoritária, os critérios que integram a parte da hipótese da regra-matriz de incidência tributária incluem os aspectos A) material, espacial e temporal. B) pessoal, material e quantitativo. C) temporal, quantitativo e qualitativo. D) qualitativo, pessoal e espacial. Gabarito: A

jurisprudenciais envolvendo a disciplina, de forma didática, clara e objetiva, por isso é uma obra perfeita também para questões de segunda fase e mesmo, eventual sentença em direito tributário. A cada edição o autor atualiza as decisões dos tribunais superiores o que faz com que o candidato sempre esteja na linha de frente do entendimento jurisprudencial. Além disso, o autor fornece conceitos essenciais do direito tributário de forma muito objetiva o que ajuda muito na preparação para a prova oral, especialmente nas 24 horas que antecedem à prova quando você tiver recebido seus pontos.

Outra obra que recomendo é o *Manual de Direito Tributário* do professor Gabriel Sant'anna Quintanilha, que é bem completa, com linguagem objetiva e que abrange todo o edital dos concursos da magistratura. A obra do professor Gabriel é muito interessante, clara e completa, tanto que a utilizo inclusive na atuação judicial. Ela tem a vantagem de analisar os tributos federais, estaduais e municipais com a mesma profundidade, sempre focada nos precedentes qualificados do STF e do STJ.

Você também pode assinar um site ou comprar um livro específico de questões comentadas, os temas de direito tributário são mais limitados que de outras disciplinas, o que não quer dizer mais fácil, por isso as questões costumam se repetir, por isso indico o "Revisaço – Magistratura Estadual" aqui da Juspodivm onde você encontrará as questões dos últimos concursos e poderá perceber os temas que mais se repetem.

Mas você não deve ler nenhum dos clássicos? Veja, eu não disse isso, acho que devemos sempre ler obras clássicas como Paulo de Barros Carvalho, Hugo de Brito Machado ou Roque Cazzara, mas vários temas muito cobrados em concursos não são tratados de forma mais exaustiva nessas obras, justamente pelo fato de que os autores pensam o direito tributário em um plano mais abstrato, mais acadêmico, mas se tiver tempo uma graninha extra invista sim nos clássicos.

2 CONTEÚDO PROGRAMÁTICO DE DIREITO TRIBUTÁRIO NAS PROVAS DA MAGISTRATURA ESTADUAL

Segundo a Resolução 75/2009 do Conselho Nacional de Justiça o Direito Tributário integral o rol de disciplinas obrigatórias em todos os concursos públicos para a magistratura estadual integrando o Bloco 3 das questões da fase objetiva.

Não há exigência na Resolução 75/09 de número mínimo de questões, sendo que a maioria dos tribunais exige dez questões da disciplina, mas há casos como Minas Gerais, em que o último edital cobrou somente cinco questões de direito tributário.

A resolução não fixou conteúdo mínimo da disciplina, o que permite que cada Tribunal de Justiça fixe os pontos de direito tributário que serão objeto de avaliação. Não é incomum que alguns editais temas relevantes de direito tributário como os crimes da Lei 8.137/90 ou o sistema constitucional tributário sejam incluídos em outras disciplinas do edital, como aconteceu no TJAL.

Ainda que não haja uniformidade nos editais, da análise dos últimos concursos para a magistratura é possível sistematizar os principais tópicos exigidos:

- **1.** Direito Tributário. Conceito, definições, denominações. Sistema Constitucional Tributário e Sistema Tributário Nacional. Princípios constitucionais. Princípios gerais. Limitações ao poder de tributar. Finalidades e objetivos do Sistema Tributário – Carga tributária. Repartições das receitas tributárias.
- **2.** Fontes do Direito Tributário. Fontes do direito positivo e da Ciência do Direito. A doutrina. Instrumentos primários e secundários. Legislação tributária: conceito, vigência, aplicação, interpretação e integração. A Lei nº 5.172/66, em face da Constituição Federal. Normas gerais de Direito Tributário na estrutura do Código Tributário Nacional. O art. 146 da Constituição Federal. Hierarquia da lei complementar: formal e material.
- **3.** Tributos. Conceito; definição e características; determinação da natureza jurídica específica do tributo; denominação e destino legal do produto da arrecadação. Tributos diretos e indiretos. Fiscalidade, extrafiscalidade e parafiscalidade. Espécies tributárias. Impostos; taxas; contribuição de melhoria; contribuições sociais; preço público; tarifa; pedágio.
- **4.** Competência Legislativa e Competência Tributária. Limitações da competência tributária. Imunidades tributárias: conceito, definição e natureza. Imunidade e Isenção. Imunidade recíproca. Imunidade dos templos de qualquer culto, dos partidos políticos e das instituições educacionais ou assistenciais. A imunidade do livro, dos periódicos e do papel destinado à impressão. Outras hipóteses de imunidade. Imunidades de taxas e de contribuições.
- **5.** Regra da incidência tributária. Hipótese tributária e fato jurídico tributário. Acepção de "fato gerador". Fato Gerador: ocorrência,

aspectos materiais, temporal e espacial. Elementos valorativos: base de cálculo e alíquota. Efeitos, consequências, validade e invalidade dos atos jurídicos. Relação jurídica tributária. Obrigação tributária no Código Tributário Nacional: principal e acessória. Sujeito ativo e passivo. Sujeito passivo e solidariedade. Contribuinte e responsável. Definição da dívida tributária: base de cálculo e alíquota. Responsabilidade tributária: sucessores, terceiros, responsabilidade nas infrações, responsabilidade dos diretores e gerentes das pessoas jurídicas de direito privado por dívidas sociais. Responsabilidade supletiva. Substituição tributária. Pagamento indevido: Compensação e Repetição de Indébito.

6. Crédito tributário. Lançamento. Natureza jurídica. Características, efeitos e modalidades. Suspensão da exigibilidade do crédito tributário. Extinção das obrigações tributárias. Exclusão do crédito tributário.

7. Infrações e sanções tributárias. Espécies de infrações tributárias. A fraude à lei e o abuso de direito no ordenamento jurídico tributário. Infrações no Código Tributário Nacional. Responsabilidade dos sucessores e de terceiros. Tipicidade, vinculabilidade tributária e denúncia espontânea. Fraude à execução.

8. Garantias e privilégios do crédito tributário.

9. Administração tributária. Atividade da administração tributária. A fiscalização do cumprimento das prestações tributárias. Dever de sigilo. Dívida ativa e certidões negativas.

10. Tributos dos Estados e dos Municípios. ICMS, LC nº 87/96. ISS-QN, LC nº 116/03.

11. Processo administrativo tributário. Processo judicial tributário: execução fiscal; ação cautelar fiscal; ação declaratória; ação anulatória de lançamento; ação de consignação em pagamento; ação de repetição de indébito tributário; mandado de segurança.

12. Ilícito tributário. Ilícito e sanção. Ilícito administrativo tributário. Ilícito penal tributário: crimes contra a ordem tributária, apropriação indébita. Sanção administrativa e sanção penal. Responsabilidade penal. Sanções pessoais e patrimoniais.

13. Sistema integrado de pagamento de impostos e contribuições das microempresas e das empresas de pequeno porte (SIMPLES).

O conteúdo de direito tributário é relativamente extenso, mas não é impossível de ser vencido, especialmente se o candidato fizer uso de uma boa bibliografia.

Se deve tomar especial cuidados com os conteúdos mais gerais, geralmente baseados no texto da Constituição Federal especialmente em relação à temas como ICMS e limitações constitucionais ao poder de tributar onde a Constituição tratou da matéria de forma bem mais completa.

Tomem cuidado especial com o estudo da parte especial do CTN, especificamente o Título III que trata dos impostos em espécie, já que o CTN foi editado na vigência do regime constitucional anterior ao atual, e grande parte das normas relativas aos impostos em espécie foram revogadas pela Constituição de 1988 ou são regidos por normas mais atuais.

A afirmação acima não se aplica ao IPTU (CTN, art. 32 a 34) que não teve grandes alterações pela CF, salvo a sua progressividade fiscal e extrafiscal.

Se deve sempre conferir o Edital pois alguns estados costumam incluir pontos específicos da legislação local, como foi o caso do edital para o TJAL que incluiu até mesmo o Código Tributário do Município de Alagoas. Mas aqui vou falar uma regra fruto da minha experiência prestando concursos em vários Estados. Apesar de comum a inclusão da legislação tributária local em editais não tem sido comum a sua cobrança efetiva em termos de questões, em todos os concursos que prestei e pelas últimas provas que tenho acompanhado não há cobrança de questões de legislação local, talvez pelo fato de que a maioria dos tribunais tem contratado bancas externas para a execução da primeira fase.

3 ANÁLISE GERAL DAS ÚLTIMAS PROVAS OBJETIVAS

Nos últimos concursos realizados pelos tribunais dos Estados a regra tem sido a delegação da primeira fase às instituições especializadas como o CESPE/CEBRASPE, FCC, VUNESP o que implica dizer que as questões dessa fase tendem a uma padronização maior, com repetição de determinados temas.

Ao analisarmos as provas realizadas pelos tribunais de justiça nos anos de 2018 a 2023 podemos identificar que as seguintes instituições foram as mais adotadas:

TRIBUNAL	ANO	INSTITUIÇÃO
TJMS	2020	FCC
TJSC	2019	CESPE
TJAC	2019	VUNESP
TJPR	2019	CESPE
TJBA	2019	CESPE
TJAL	2019	FCC
TJRJ	2019	VUNESP
TJSP	2018	VUNESP
TJMT	2018	VUNESP
TJMG	2018	CONSULPLAN
TJCE	2018	CESPE
TJRS	2018	VUNESP
TJSP	2017	VUNESP
TJSC	2017	FCC
TJPR	2017	CESPE
TJPR	2021	FGV
TJSP	2021	VUNESP
TJMG	2021	FGV
TJGO	2021	FCC
TJAP	2021	FGV
TJSC	2022	FGV
TJDFT	2022	CEBRASPE
TJMA	2022	CEBRASPE
TJPE	2022	FGV
TJSP	2023	VUNESP
TJMS	2023	FGV

Quando analisamos todo o período, se percebe que as duas bancas mais utilizadas pelos tribunais nos últimos anos são a VUNESP e o CESPE/CEBRASPE, que são instituições com características bem diferentes quanto a elaboração de questões, não se trata, como se poderia pensar, em maior ou menor dificuldade, mas sim de aspectos diferentes na abordagem da disciplina.

Da análise das questões da VUNPESP é perceptível que a instituição tem como foco de avaliação o conhecimento pelo candidato da literalidade das normas tributárias, que, especialmente em direito tributário pode gerar certa perplexidade ao candidato quando essa literalidade decorre do CTN.

E isso pelo fato e que há uma grande diferença entre o tratamento legal e constitucional nos institutos de direito tributário, como, por exemplo a própria classificação das espécies tributárias já que o CTN foi concebido sob uma divisão tripartida (impostos, taxas e contribuições de melhoria) ao passo que o atual regime constitucional prevê uma divisão quinquipartida dos tributos (impostos, taxas, contribuições de melhoria, empréstimos compulsórios e contribuições especiais).

Um reflexo dessa diferença conceitual é o art. 4º do CTN que assim dispõe:

> Art. 4º A natureza jurídica específica do tributo é determinada pelo fato gerador da respectiva obrigação, sendo irrelevantes para qualificá-la:
>
> I – a denominação e demais características formais adotadas pela lei;
>
> II – a destinação legal do produto da sua arrecadação.

No atual sistema constitucional tributário o inciso II não tem mais sentido algum já que é somente o destino da arrecadação que diferencia os impostos das contribuições especiais, já que ambos são tributos não vinculados, isto é, não exigem do Estado qualquer contraprestação específica em relação ao sujeito passivo, mas somente as contribuições especiais são tributos de receita vinculada, ou seja, não exigem qualquer prestação específica, mas a sua receita é vinculada ao setor que fundamenta a sua existência (ex. contribuições para o custeio da seguridade social).

Porém, no concurso para a magistratura do TJAC realizado em 2019ª VUNESP apresentou a seguinte questão:

QUESTÃO

Segundo o CTN, a natureza jurídica do tributo

A é determinada pela denominação do tributo, sendo relevante para qualificá-la a destinação da obrigação tributária.

B é determinada pelo fato gerador da respectiva obrigação, sendo ainda relevante para qualificá-la a destinação legal do produto da sua arrecadação.

C é determinada pela destinação do recurso arrecadado, sendo irrelevante para qualificá-la o fato gerador da obrigação tributária.

D é determinada pelo fato gerador da respectiva obrigação, sendo irrelevantes para qualificá-la a denominação e demais características formais adotadas pela lei.

A comissão examinadora atribuiu como correta a opção "D" que é a mais próxima da literalidade da norma do CTN, ainda que, em termos doutrinários haja relevante crítica ao conteúdo da norma.

Mesmo em questões de ordem mais prática, com a indicação de um breve enunciado com uma situação concreta a ser analisada e resolvida pelo candidato a VUNESP se caracteriza por manter, senão a literalidade, o sentido mais próprio da norma legal ou constitucional.

Mas cuidado, a VUNESP atual não se limita a literalidade da lei e da Constituição. Em concursos mais recentes a instituição passou a inserir jurisprudência do Supremo Tribunal Federal e do Superior Tribunal de Justiça em sua grade de questões, mas sob formas diferentes para cada tribunal.

A jurisprudência do Supremo Tribunal Federal tem sido cobrada por meio dos seus informativos de jurisprudência, como foi o caso da questão abaixo exigida no concurso 188 do TJSP:

QUESTÃO

Com relação à operação de importação por não contribuinte, é correto afirmar que, segundo a jurisprudência consolidada do Supremo Tribunal Federal, a EC nº 33/2001 é determinada pela denominação do tributo, sendo relevante para qualificá-la a destinação da obrigação tributária.

A criou nova competência tributária para estender o campo de incidência do ICMS à operação de importação de bem por não contribuinte e convalidou a legislação anterior sobre a matéria, válida portanto a tributação a partir de sua vigência.

B criou nova competência tributária para estender o campo de incidência do ICMS à operação de importação de bem por não contribuinte e convalidou a legislação anterior sobre a matéria, válida portanto a tributação fundada em legislação local já existente sobre a matéria.

C não criou nova competência para a ampliação do campo de incidência do imposto, mas apenas corroborou o entendimento da Corte no sentido da validade da tributação pelo ICMS antes do advento da Emenda.

D criou nova competência tributária para estender o campo de incidência do ICMS à operação de importação de bem por não contribuinte, cuja tributação há de ter fundamento de validade em lei complementar de normas gerais e legislação local supervenientes.

A questão envolve o conhecimento da decisão do Supremo Tribunal Federal veiculada no Informativo 943 onde se decidiu, em resumo que a EC 33/01 criou nova competência tributária para estender o campo de incidência do ICMS à operação de importação de bem por não contribuinte, cuja tributação há de ter fundamento de validade em lei complementar de normas gerais e legislação local supervenientes, conforme indicado pela opção "D".

Já em relação à jurisprudência do Superior Tribunal de Justiça a tendência tem sido exigir temas objeto de recursos repetitivos, exigindo do candidato não só o acompanhamento dos informativas mas também dos temas já decididos pela Corte e que podem ser consultados diretamente do site (http://www.stj.jus.br/repetitivos/temas_repetitivos/) inclusive com a opção de pesquisa por ramo do direito. Questão nessa linha foi exigida também no concurso 188 do TJSP:

QUESTÃO

Sobre as garantias do crédito tributário, pode-se afirmar:

A segundo a jurisprudência do STJ, a indisponibilidade de bens na execução fiscal pode ser determinada e efetuada por meio eletrônico independentemente da prévia citação do executado, ato cuja prática só é exigida para a ulterior convolação da indisponibilidade em penhora.

B segundo a jurisprudência do STJ, é possível ao contribuinte, após o vencimento da obrigação e antes do ajuizamento da execução, obter certidão positiva com efeito de negativa, mediante garantia antecipada do juízo.

C além daquelas previstas no Código Tributário Nacional, outras podem ser estabelecidas, desde que por lei complementar.

D a alienação ou oneração de bens pelo sujeito passivo de crédito tributário inscrito poderá caracterizar fraude contra credores, se realizada antes do ajuizamento da execução, e só caracterizará fraude à execução se efetuada após o ajuizamento.

A opção correta (B) reflete a literalidade do decidido pelo Superior Tribunal de Justiça ao julgar o tema repetitivo 237 (REsp 1123669/RS).

A segunda instituição mais escolhida para os últimos concursos da magistratura foi o CESPE/CEBRASPE, que tem por característica ser uma banca com um acervo maior e, digamos assim, mais exótica de questões objetivas. Ao contrário da VUNESP ela varia mais no formato de questões, incluindo além da "lei seca" e súmulas questões envolvendo os princípios de cada disciplina, jurisprudência dominante (não necessariamente temas repetitivos/repercussão geral) e mesmo doutrina.

No concurso do TJPR de 2019 o CESPE cobrou duas questões envolvendo doutrina majoritária, vejamos:

QUESTÃO

Doutrinariamente, a regra-matriz de incidência tributária pode ser dividida nos seus aspectos antecedentes – que definem a hipótese de incidência – e na obrigação decorrente – que são os aspectos ligados às consequências da norma.

Segundo a doutrina majoritária, os critérios que integram a parte da hipótese da regra-matriz de incidência tributária incluem os aspectos.

- **A** material, espacial e temporal.
- **B** pessoal, material e quantitativo.
- **C** temporal, quantitativo e qualitativo.
- **D** qualitativo, pessoal e espacial.

QUESTÃO

A Constituição Federal de 1988 prevê exceções ao princípio tributário da anterioridade, como ocorre nos casos dos impostos sobre importação e sobre exportação. Nesses casos, a exceção é justificada pela necessidade de ajuste do tributo aos objetivos da política cambial e do comércio exterior. De acordo com a doutrina majoritária, a referida hipótese de exceção ao princípio tributário da anterioridade é explicada em razão de os tributos citados terem finalidade

- **A** parafiscal.
- **B** parafiscal e extrafiscal.
- **C** extrafiscal.
- **D** exclusivamente fiscal.

A primeira questão é extraída diretamente da doutrina de Paulo de Barros Carvalho (Capítulo VIII, item 8), já a segunda passa pelo conhecimento doutrinário da classificação doutrinária dos tributos presente, por exemplo, em obras como a do professor Ricardo Alexandre (item 13.1.).

Mas ressalvados casos raros como esses dois exemplos a tendência de todas as instituições é concentrar os seus questionamentos em itens mais objetivos como a literalidade das normas constitucionais e legais bem como das súmulas, especialmente as do Superior Tribunal de Justiça.

Também podemos deixar de considerar um aspecto essencial, ainda que no período de 2018-2023 VUNESP e CEBRASPE-CESPE tenham realizado a maioria das provas, quando fazemos o recorte entre 2021-2023 se percebe que a banca que mais realizou provas no período foi a FGV, que organizou 6 (seis) das 11 provas analisadas.

E a FGV tem características muito específicas que devem ser conhecidas pelo futuro colega.

A primeira delas é uma tendência de vencer o candidato "pelo cansaço" com enunciados enormes que nem sempre trazem alguma relevância para a resposta da questão.

A segunda característica das provas de direito tributário da FGV é a constante presença de julgamentos do STF em controle concentrado de constitucionalidade e teses firmadas em recursos com repercussão geral.

Podemos exemplificar a ADI 5816 (que tem a mesma *ratio decidendi* das ADIs ADI 6074, ADI 6303 e ADI 5481) que foi cobrada no TJPE e TJAP ou a ADI 3421, cobrada no TJPR e TJSC, e ainda ADPF 357 no TJAP.

E como as bancas distribuem essas questões?

Assim como há uma tendência de as instituições concentrarem suas questões em determinado modelo de avaliação também é possível identificar determinados temas que são mais presentes em provas objetivas o que permite um foco maior do candidato em determinados temas, otimizando o seu estudo.

Pesquisando as provas realizadas nos últimos cinco anos, percebi que as questões foram distribuídas dentre os itens do conteúdo programático da seguinte forma:

<table>
<tr><th colspan="3">DIREITO TRIBUTÁRIO</th></tr>
<tr><th>Tópico do Conteúdo Programático</th><th colspan="2">Quantidade de questões</th></tr>
<tr><td rowspan="11">1. Direito Tributário. Conceito, definições, denominações. Sistema Constitucional Tributário e Sistema Tributário Nacional. Princípios constitucionais. Princípios gerais. Limitações ao poder de tributar. Finalidades e objetivos do Sistema Tributário – Carga tributária. Repartições das receitas tributárias.</td><td>TJSC</td><td>2</td></tr>
<tr><td>TJAC</td><td>1</td></tr>
<tr><td>TJPR</td><td>1</td></tr>
<tr><td>TJBA</td><td>1</td></tr>
<tr><td>TJSC</td><td>2</td></tr>
<tr><td>TJDFT</td><td>2</td></tr>
<tr><td>TJSE</td><td>1</td></tr>
<tr><td>TJMA</td><td>1</td></tr>
<tr><td>TJRS</td><td>1</td></tr>
<tr><td>TJSP</td><td>1</td></tr>
<tr><td>Total</td><td>11</td></tr>
</table>

<table>
<tr><th colspan="3">DIREITO TRIBUTÁRIO</th></tr>
<tr><th>Tópico do Conteúdo Programático</th><th colspan="2">Quantidade de questões</th></tr>
<tr><td rowspan="12">2. Fontes do Direito Tributário. Fontes do direito positivo e da Ciência do Direito. A doutrina. Instrumentos primários e secundários. Legislação tributária: conceito, vigência, aplicação, interpretação e integração. A Lei nº 5.172/66, em face da Constituição Federal. Normas gerais de Direito Tributário na estrutura do Código Tributário Nacional. O art. 146 da Constituição Federal. Hierarquia da lei complementar: formal e material.</td><td>TJAC</td><td>2</td></tr>
<tr><td>TJPR</td><td>3</td></tr>
<tr><td>TJMT</td><td>1</td></tr>
<tr><td>TJGO</td><td>1</td></tr>
<tr><td>TJRS</td><td>1</td></tr>
<tr><td>TJAM</td><td>1</td></tr>
<tr><td>TJRJ</td><td>2</td></tr>
<tr><td>TJDFT</td><td>2</td></tr>
<tr><td>TJPI</td><td>1</td></tr>
<tr><td>TJAL</td><td>1</td></tr>
<tr><td>TJPB</td><td>1</td></tr>
<tr><td>Total</td><td>16</td></tr>
<tr><td rowspan="9">3. Tributos. Conceito; definição e características; determinação da natureza jurídica específica do tributo; denominação e destino legal do produto da arrecadação. Tributos diretos e indiretos. Fiscalidade, extrafiscalidade e parafiscalidade. Espécies tributárias. Impostos; taxas; contribuição de melhoria; contribuições sociais; preço público; tarifa; pedágio.</td><td>TJAC</td><td>1</td></tr>
<tr><td>TJPR</td><td>3</td></tr>
<tr><td>TJSP</td><td>2</td></tr>
<tr><td>TJMT</td><td>1</td></tr>
<tr><td>TJRS</td><td>2</td></tr>
<tr><td>TJSC</td><td>1</td></tr>
<tr><td>TJDFT</td><td>2</td></tr>
<tr><td>TJAP</td><td>1</td></tr>
<tr><td>Total</td><td>12</td></tr>
</table>

DIREITO TRIBUTÁRIO		
Tópico do Conteúdo Programático	**Quantidade de questões**	
4. Competência Legislativa e Competência Tributária. Limitações da competência tributária. Imunidades tributárias: conceito, definição e natureza. Imunidade e Isenção. Imunidade recíproca. Imunidade dos templos de qualquer culto, dos partidos políticos e das instituições educacionais ou assistenciais. A imunidade do livro, dos periódicos e do papel destinado à impressão. Outras hipóteses de imunidade. Imunidades de taxas e de contribuições.	TJSC	1
	TJAC	1
	TJBA	1
	TJRS	2
	TJSP	7
	TJPR	2
	TJRJ	1
	TJPI	1
	TJSE	1
	TJAL	1
	TJMS	1
	TJPE	3
	TJMA	2
	TJAP	2
	Total	**25**
5. Regra da incidência tributária. Hipótese tributária e fato jurídico tributário. Acepção de "fato gerador". Fato Gerador: ocorrência, aspectos materiais, temporal e espacial. Elementos valorativos: base de cálculo e alíquota. Efeitos, consequências, validade e invalidade dos atos jurídicos. Relação jurídica tributária. Obrigação tributária no Código Tributário Nacional: principal e acessória. Sujeito ativo e passivo. Sujeito passivo e solidariedade. Contribuinte e responsável. Definição da dívida tributária: base de cálculo e alíquota. Responsabilidade tributária: sucessores, terceiros, responsabilidade nas infrações, responsabilidade dos diretores e gerentes das pessoas jurídicas de direito privado por dívidas sociais. Responsabilidade supletiva. Substituição tributária. Pagamento indevido: Compensação e Repetição de Indébito.	TJAC	2
	TJPR	5
	TJBA	1
	TJMT	1
	TJMG	2
	TJCE	1
	TJRS	5
	TJSC	1
	TJAM	1
	TJDFT	2
	TJSE	2
	TJSE	1
	TJPB	3
	TJPE	1
	Total	**28**

DIREITO TRIBUTÁRIO		
Tópico do Conteúdo Programático	**Quantidade de questões**	
6. Crédito tributário. Lançamento. Natureza jurídica. Características, efeitos e modalidades. Suspensão da exigibilidade do crédito tributário. Extinção das obrigações tributárias. Exclusão do crédito tributário.	TJSC	1
	TJAC	1
	TJPR	3
	TJBA	1
	TJSP	5
	TJMT	1
	TJCE	1
	TJRS	3
	TJRJ	1
	TJSE	1
	TJAL	1
	TJDFT	1
	TJSC	1
	TJPE	2
	TJMA	1
	TJMG	1
	TJAP	1
	Total	**25**
7. Infrações e sanções tributárias. Espécies de infrações tributárias. A fraude à lei e o abuso de direito no ordenamento jurídico tributário. Infrações no Código Tributário Nacional. Responsabilidade dos sucessores e de terceiros. Tipicidade, vinculabilidade tributária e denúncia espontânea. Fraude à execução.	TJSP	1
	TJPR	1
	TJAM	1
	TJSE	1
	TJRJ	1
	Total	**5**

DIREITO TRIBUTÁRIO		
Tópico do Conteúdo Programático	**Quantidade de questões**	
8. Garantias e privilégios do crédito tributário.	TJAC	1
	TJSP	1
	TJMT	1
	TJRJ	1
	TJMA	2
	TJMG	1
	TJAP	1
	Total	**8**
9. Administração tributária. Atividade da administração tributária. A fiscalização do cumprimento das prestações tributárias. Dever de sigilo. Dívida ativa e certidões negativas.	TJSP	1
	TJMT	2
	TJMG	1
	TJRS	2
	TJAM	1
	TJPI	1
	Total	**8**
10. Tributos dos Estados e dos Municípios 10. ICMS, LC nº 87/96. ISSQN, LC nº 116/03.	TJAC	1
	TJSP	10
	TJMG	5
	TJCE	1
	TJSC	2
	TJRS	5
	TJAM	3
	TJDFT	2
	TJPI	3
	TJSE	1
	TJAL	6
	TJPB	1
	TJPE	1
	TJGO	2
	TJAP	1
	Total	**44**

DIREITO TRIBUTÁRIO		
Tópico do Conteúdo Programático	**Quantidade de questões**	
11. Processo administrativo tributário. Processo judicial tributário: execução fiscal; ação cautelar fiscal; ação declaratória; ação anulatória de lançamento; ação de consignação em pagamento; ação de repetição de indébito tributário; mandado de segurança.	TJSC	1
	TJPR	3
	TJSP	1
	TJMT	1
	TJMG	2
	TJCE	1
	TJRS	1
	TJDFT	2
	TJPI	2
	TJMS	1
	Total	**14**
12. Ilícito tributário. Ilícito e sanção. Ilícito administrativo tributário. Ilícito penal tributário: crimes contra a ordem tributária, apropriação indébita. Sanção administrativa e sanção penal. Responsabilidade penal. Sanções pessoais e patrimoniais.	TJSE	1
	TJRJ	1
	Total	2
13. Sistema integrado de pagamento de impostos e contribuições das microempresas e das empresas de pequeno porte (SIMPLES).	TJBA	1
	Total de questões analisadas	**147**

Analisando as provas dos últimos cinco anos percebi que as questões de direito tributário guardam uma certa homogeneidade nos tópicos cobrados, mas fica evidente que as instituições têm uma predileção sobre o item 10 já que pelo menos 20% (vinte por cento) de todas as questões cobradas envolveram, de alguma forma, conhecimentos sobre os impostos dos Estados (ICMS, IPVA, ITCMD) e dos Municípios (IPTU, ISS e ITBI).

4 ALGUNS PONTOS MAIS RELEVANTES DAS PROVAS OBJETIVAS

Quando distribuímos as questões pelos tópicos do conteúdo programático fica relativamente clara a predileção das instituições por determinados conteúdos, abaixo vemos os cinco mais presentes:

DIREITO TRIBUTÁRIO	
Tópico do Conteúdo Por número de questões	**Quantidade de questões**
10. Tributos dos Estados e dos Municípios 10. ICMS, LC nº 87/96. ISSQN, LC nº 116/03.	44
5. Regra da incidência tributária. Hipótese tributária e fato jurídico tributário. Acepção de "fato gerador". Fato Gerador: ocorrência, aspectos materiais, temporal e espacial. Elementos valorativos: base de cálculo e alíquota. Efeitos, consequências, validade e invalidade dos atos jurídicos. Relação jurídica tributária. Obrigação tributária no Código Tributário Nacional: principal e acessória. Sujeito ativo e passivo. Sujeito passivo e solidariedade. Contribuinte e responsável. Definição da dívida tributária: base de cálculo e alíquota. Responsabilidade tributária: sucessores, terceiros, responsabilidade nas infrações, responsabilidade dos diretores e gerentes das pessoas jurídicas de direito privado por dívidas sociais. Responsabilidade supletiva. Substituição tributária. Pagamento indevido: Compensação e Repetição de Indébito.	28
4. Competência Legislativa e Competência Tributária. Limitações da competência tributária. Imunidades tributárias: conceito, definição e natureza. Imunidade e Isenção. Imunidade recíproca. Imunidade dos templos de qualquer culto, dos partidos políticos e das instituições educacionais ou assistenciais. A imunidade do livro, dos periódicos e do papel destinado à impressão. Outras hipóteses de imunidade. Imunidades de taxas e de contribuições.	25
6. Crédito tributário. Lançamento. Natureza jurídica. Características, efeitos e modalidades. Suspensão da exigibilidade do crédito tributário. Extinção das obrigações tributárias. Exclusão do crédito tributário.	25
2. Fontes do Direito Tributário. Fontes do direito positivo e da Ciência do Direito. A doutrina. Instrumentos primários e secundários. Legislação tributária: conceito, vigência, aplicação, interpretação e integração. A Lei nº 5.172/66, em face da Constituição Federal. Normas gerais de Direito Tributário na estrutura do Código Tributário Nacional. O art. 146 da Constituição Federal. Hierarquia da lei complementar: formal e material.	16

Sem sombra de dúvidas o item mais exigido na primeira fase do concurso da magistratura são os tributos de competência dos Estados e Municípios, somente esse item é responsável por vinte por cento de todas as questões, e esteve presente em praticamente todas as provas de todas as instituições analisadas.

Dentre os impostos Estaduais e Municipais o mais exigido é, sem dúvida, ICMS.

Na maioria das questões não há exigência sobre a legislação infraconstitucional, mas sim pelo regime constitucional de cada um dos impostos o que permite indicar que a leitura atenta dos dispositivos constitucionais sobre os impostos dos Estados, Distrito Federal e Municípios (artigos 155 e 156). Como foi cobrado no concurso do TJMG, realizado em 2018:

QUESTÃO

Segundo a CF, a isenção do ICMS, salvo previsão legal específica,

A implicará crédito, que será compensado em operações posteriores nas situações em que o imposto seja cumulativo.

B acarretará a anulação do crédito relativo às operações anteriores e não implicará crédito para compensação com o montante devido nas operações seguintes.

C não implicará crédito a ser compensado nas operações anteriores nem nas posteriores, salvo se o contribuinte optar pelo sistema de não cumulatividade.

D será aplicada apenas nas situações em que o imposto for cumulativo, mas será vedada a compensação em relação ao imposto cobrado nas operações anteriores.

E acarretará crédito a ser compensado nas operações seguintes, desde que o contribuinte recolha o tributo com base no lucro real.

Gabarito B

Aqui uma observação importante especialmente em relação às provas conduzidas pela FGV. Se o edital expressamente contiver a previsão de incidência de legislação estadual é interessante estudar esse conteúdo já que em duas questões do TJAP a instituição exigiu legislação local. Veja:

A empresa Modas 100% Ltda., sediada em Macapá (AP), foi atuada referente a débitos não declarados nem pagos de ICMS devido ao Estado do Amapá, em valor total (principal com multa) de R$ 50.000,00. A empresa impugnou administrativamente tal lançamento, mas não obteve êxito no julgamento de 1ª instância. Diante desse cenário e à luz da Lei estadual nº 400/1997, a a empresa poderá interpor recurso voluntário:

A ao Conselho Estadual de Recursos Fiscais, com efeito suspensivo, dentro de 30 dias seguidos à ciência da decisão de 1ª instância.

B ao Conselho Estadual de Recursos Fiscais, com efeito suspensivo, dentro de 15 dias seguidos à ciência da decisão de 1ª instância.

C ao Conselho Estadual de Recursos Fiscais, sem efeito suspensivo, dentro de 15 dias seguidos à ciência da decisão de 1ª instância.

D à Junta de Julgamento do Processo Administrativo Fiscal, com efeito suspensivo, dentro de 30 dias seguidos à ciência da decisão de 1ª instância.

E à Junta de Julgamento do Processo Administrativo Fiscal, sem efeito suspensivo, dentro de 15 dias seguidos à ciência da decisão 1ª instância.

Gabarito Oficial: A

A empresa 123 Camisetas Ltda., sediada no Amapá e atuante no ramo varejista de venda de camisetas, deixou de atualizar dentro do prazo exigido em Resolução do Secretário do Estado de Fazenda certos dados cadastrais referentes ao ICMS. A empresa possui também um débito tributário estadual em fase de execução fiscal, na qual realizou o depósito do montante integral em dinheiro. Pendente ainda a atualização dos dados cadastrais, e à luz da Lei estadual nº 400/1997, poderá ser fornecida:

A Certidão Positiva de Tributos Estaduais em relação à empresa quanto à existência de tal débito tributário estadual;

B Certidão Negativa de Tributos Estaduais em relação à empresa quanto à existência de tal débito tributário estadual;

C Certidão Positiva com Efeitos de Negativa de Tributos Estaduais exclusivamente do demonstrativo das pendências da empresa relativas a irregularidades quanto à apresentação de dados cadastrais;

D Certidão Positiva de Tributos Estaduais consistindo exclusivamente do demonstrativo das pendências da empresa relativas a irregularidades quanto à apresentação de dados cadastrais;

E Certidão Negativa de Tributos Estaduais consistindo exclusivamente do demonstrativo das pendências da empresa relativas a irregularidades quanto à apresentação de dados cadastrais.

Gabarito Oficial: D

Ambas as questões exigiam conhecimento da Lei Estadual 400/97, portanto, fique de olho no edital.

Não se iluda com o fato de que a Constituição trata a matéria em apenas dois artigos pois essas normas trazem uma gama enorme de informações a serem absorvidas.

Observem que os tópicos 10 (impostos dos Estados e Municípios), 5 (fato gerador e responsabilidade tributária), 4 (competência tributária e imunidades) e 6 (crédito tributário) são responsáveis por 60% de todas as questões analisadas, o que deixa claro que as instituições concentram as suas questões nesses temas.

Outro tema muito exigido são as imunidades. Em todas as provas analisadas havia pelo menos uma questão tratando diretamente do tema, prevalecendo questões que exigem o conhecimento direto do texto constitucional e da jurisprudência do Supremo Tribunal Federal. Como foi o caso da questão exigida no concurso 187 do TJSP:

QUESTÃO

Assinale a alternativa correta.

A A imunidade do artigo 150, VI, "b" da Constituição Federal deve ser interpretada ampliativamente de modo a incluir todos os imóveis da entidade religiosa, sem restrição, uma vez que o Estado Brasileiro, embora laico, garante o exercício da fé religiosa, segundo orientação do Supremo Tribunal Federal.

B A imunidade prevista no artigo 150, VI, "b" da Constituição Federal de 1988 deve ser estendida aos cemitérios de cunho religioso, segundo orientação do Supremo Tribunal Federal.

C A imunidade conferida aos templos se estende à Maçonaria, em cujas lojas se professa culto no sentido empregado pela Constituição Federal, segundo decisão do Supremo Tribunal Federal.

D A imunidade do artigo 150, VI, "b" da Constituição Federal de 1988 estende-se aos cemitérios, ainda que ostentem natureza privada e empresarial, uma vez que ali se realizam ritos relacionados com a fé religiosa, segundo orientação do Supremo Tribunal Federal.

Gabarito: B

Mas então eu devo só estudar esses pontos? Claro que não, sempre se prepare em todos os itens do conteúdo, afinal o que todos queremos é gabaritar direito tributário, mas, se a prova objetiva está muito próxima e você precisa priorizar o estudo, nesse caso foque nesses quatro tópicos, as suas chances de obter um bom percentual de acertos.

Em direito tributário, os pontos são inter-relacionados, havendo ligação direta com itens como imunidades e fato gerador, já que a primeira impede o exercício da competência tributária, logo é esperado que tenhamos várias questões tratando de temas que estão em vários tópicos de avaliação.

QUESTÃO

Tendo em conta as normas gerais de Direito Tributário, é INCORRETO afirmar:

- **A** A legislação tributária aplica-se imediatamente aos fatos geradores pendentes e futuros.
- **B** A obrigação principal surge com a ocorrência do fato gerador e tem por objeto o pagamento de tributo ou penalidade pecuniária, extinguindo-se com o crédito dela decorrente.
- **C** O lançamento por homologação não admite homologação tácita.
- **D** A denúncia espontânea acompanhada, quando o caso, de pagamento do tributo devido com consectários cabíveis, exclui a responsabilidade por infração.
- **E** O parcelamento suspende a exigibilidade do crédito tributário.

Gabarito C

A questão analisa ao mesmo tempo, pelo menos dois itens do conteúdo, o conceito de fato gerador (item 5), de obrigação tributária (Item 5), lançamento tributário (item 6) e crédito tributário (item 6).

5 COMO MELHOR SE PREPARAR PARA A FASE OBJETIVA? O QUE É MAIS COBRADO: DOUTRINA, JURISPRUDÊNCIA OU A LITERALIDADE DA LEI?

Pela minha experiência, posso afirmar que a disciplina de direito tributário é uma das mais propícias para que as instituições promovam uma maior variedade de questões já que é uma disciplina com extenso regramento na Constituição, uma vasta jurisprudência, inúmeras súmulas e uma doutrina profícua, mas a realidade das provas não reflete toda essa gama de possibilidades.

A realidade é que o maior percentual de questões tem sido dedicado à literalidade das normas constitucionais e legais, o que a diferencia de outras disciplinas, como direito constitucional, onde são mais comuns questões envolvendo doutrina e julgamentos do Supremo Tribunal Federal.

Nas edições anteriores, baseadas nas provas de 2018-2020, ainda estava presente uma predominância da "lei seca" nas provas objetivas de direito tributário, mas no período de 2021-2023 observei uma relevante mudança na fonte das questões em direito tributário.

Tenho observado um crescimento da utilização de precedentes qualificados (CPC, art. 927), especialmente os temas com repercussão geral, nas provas objetivas de direito tributário em todas as bancas externas, por isso, cada vez mais será importante você incluir essa fonte em sua rotina de estudos de direito tributário.

Podemos confirmar essa tendência com a prova do TJDFT aplicada em 2023 onde somente uma questão foi baseada em "lei seca", sendo que todas as demais exigiam, de alguma forma, conhecimento de jurisprudência dos tribunais superiores.

O mesmo ocorreu na prova do TJPE onde somente as questões inerentes ao direito financeiro (incluído no conteúdo de direito tributário pela FGV) cobraram lei seca, todas as demais questões foram baseadas em precedentes qualificados.

Podemos usar como exemplo a seguinte questão do TJPE (2022) que cobrou a jurisprudência do Superior Tribunal de Justiça:

QUESTÃO

Mário desejava adquirir um apartamento de José, tendo sido pactuado o preço em R$ 300.000,00, pois o imóvel necessitava de ampla reforma, ainda que um imóvel naquela região custasse em torno de R$ 400.000,00. Para poder efetuar o registro do negócio jurídico, Mário foi informado pelo registrador de que deveria recolher o Imposto de Transmissão Inter Vivos (ITBI).

Mário declarou ao Fisco municipal o mesmo valor que constaria da escritura pública (R$ 300.000,00), mas o Fisco não aceitou tal valor, arbitrando-o unilateralmente em R$ 400.000,00.

À luz do Código Tributário Nacional e do entendimento dominante dos Tribunais Superiores, é correto afirmar que:

A) o registrador não poderia ser responsabilizado tributariamente pelo não recolhimento do ITBI;

B) o valor de R$ 300.000,00 declarado por Mário goza da presunção de ser condizente com o valor de mercado;

C) a apuração do valor venal do imóvel ocorre da mesma forma no ITBI e no IPTU;

D) o Fisco está correto em arbitrar unilateralmente o valor do imóvel em R$ 400.000,00, por ser este efetivamente o valor médio de mercado de um imóvel similar naquela região;

E) o Fisco pode arbitrar previamente a base de cálculo do ITBI deste imóvel com respaldo em valor de referência por ele estabelecido unilateralmente em pauta genérica de valores venais aplicável a todos os imóveis do Município.

Gabarito B

A questão envolvia conhecimento do Tema repetitivo 1113, julgado em 24/02/2022:

> **TEMA 1113**
>
> a) a base de cálculo do ITBI é o valor do imóvel transmitido em condições normais de mercado, não estando vinculada à base de cálculo do IPTU, que nem sequer pode ser utilizada como piso de tributação; b) o valor da transação declarado pelo contribuinte goza da presunção de que é condizente com o valor de mercado, que somente pode ser afastada pelo fisco mediante a regular instauração de processo administrativo próprio (art. 148 do CTN); c) o Município não pode arbitrar previamente a base de cálculo do ITBI com respaldo em valor de referência por ele estabelecido unilateralmente.

É essencial manter-se atualizado com os informativos de jurisprudência dos tribunais superiores, especialmente nos do Superior Tribunal de Justiça as novas súmulas e novas teses firmadas em recursos repetitivos.

Observei nos últimos concursos que as bancas têm demonstrado clara preferência pelos recursos repetitivos e temas com repercussão geral, o que indica uma tendência do uso dessas fontes para as provas futuras, por isso eu reforçaria o estudo dos temas repetitivos e com recursão geral, que podem ser sistematizados e salvos diretamente dos sites dos tribunais.

Além de sites especializados em resumos de informativos o candidato também pode utilizar os próprios sites dos tribunais superiores que disponibilizam seus informativos divididos por ramos de direito.

Para a primeira fase conhecer as teses firmadas em julgamentos repetitivos e com repercussão geral é suficiente, mais adiante veremos que para a segunda fase já se exige um conhecimento mais profundo sobre a *ratio decidendi* desses julgamentos.

Por fim, podemos observar que o número de questões envolvendo doutrina é bem menor que o comparativo da lei seca e jurisprudência, o que é razoável já que a Resolução 75/09 do CNJ determina que na prova objetiva somente podem ser incluídas perguntas em que a resposta reflita a posição doutrinária dominante ou a jurisprudência pacificada dos Tribunais Superiores (art. 33) e pela própria natureza questionadora da doutrina são raros os pontos em que não há divergência.

Mas a forma com que as bancas têm exigido a doutrina não deve causar surpresa ao candidato bem-preparado já que a maioria das questões tem cobrado questões envolvendo conceitos doutrinários, geralmente ligados aos princípios básicos do direito tributário, como foi o caso das questões do TJSC e TJPR aplicadas em 2019:

QUESTÃO

O § 1.º do art. 145 da Constituição Federal de 1988 dispõe que "Sempre que possível, os impostos terão caráter pessoal e serão graduados segundo a capacidade econômica do contribuinte, facultado à administração tributária, especialmente para conferir efetividade a esses objetivos, identificar, respeitados os direitos individuais e nos termos da lei, o patrimônio, os rendimentos e as atividades econômicas do contribuinte".

O princípio do direito tributário relacionado à norma constitucional transcrita anteriormente é o

- **A** princípio da capacidade contributiva.
- **B** princípio da igualdade tributária.
- **C** princípio da irretroatividade tributária.
- **D** princípio da não cumulatividade.
- **E** princípio da benignidade.

Gabarito A

A Constituição Federal de 1988 prevê exceções ao princípio tributário da anterioridade, como ocorre nos casos dos impostos sobre importação e sobre exportação. Nesses casos, a exceção é justificada pela necessidade de ajuste do tributo aos objetivos da política cambial e do comércio exterior.

QUESTÃO

De acordo com a doutrina majoritária, a referida hipótese de exceção ao princípio tributário da anterioridade é explicada em razão de os tributos citados terem finalidade

- **A** parafiscal.
- **B** parafiscal e extrafiscal.
- **C** extrafiscal.
- **D** exclusivamente fiscal.

Gabarito C

Ainda que ambas as questões envolvam doutrina possuem um grau de dificuldade baixo já que não há relevante divergência doutrinária no que se refere à nomenclatura dos princípios gerais do direito tributário e à classificação dos tributos, que são matérias básicas muito bem enfrentadas na bibliografia indicada. Questões como a cobrada no TJPR envolvendo os critérios antecedentes e consequentes da regra-matriz de incidência tributária são, e devem continuar sendo, raras já, que apesar de consagrada, a doutrina do Professor Paulo de Barros Carvalho não pode ser qualificada como pacífica.

6 ANÁLISE DAS PROVAS DISCURSIVAS

Se para responder mais de 70% das questões objetivas o candidato precisa somente de um bom conhecimento da literalidade das normas legais e súmulas dos tribunais superiores, as provas dissertativas demandam que o candidato demonstre um conhecimento bem mais amplo.

Direito tributário não tem sido uma questão presente em todas as provas de segunda fase, ocorrendo em casos mais raros que outras disciplinas como direito constitucional ou processo civil e penal.

Em regra, as questões de direito tributário na fase dissertativa têm se manifestado em problemas de ordem prática que exigem que o candidato solucione um problema de ordem prática, geralmente envolvendo a jurisprudência predominante dos tribunais superiores.

Nas provas dissertativas o estudo e o conhecimento são distintos, aqui conhecer-se as normas legais e a jurisprudência tem utilidade, mas não é suficiente para uma resposta perfeita. Nesta fase se exige o conhecimento de eventuais divergências doutrinária e, principalmente, o fundamento adotado pelos tribunais para firmarem aquele entendimento. É como a disciplina foi explorada no concurso do TJPE em 2022:

QUESTÃO

Conceitue o instituto da decadência tributária e indique como se constitui o crédito tributário e a contagem do prazo decadencial nas seguintes hipóteses envolvendo tributos sujeitos a lançamento por homologação: a) quando, por ausência total de declaração e pagamento, não haja o que homologar; b) respectiva falta de quando houver declaração parcial do tributo devido com respectivo pagamento parcial; c) quando foi apresentada declaração correta, mas sem o respectivo pagamento. Indique os fundamentos legais cabíveis Valor: 1 ponto Máximo de 20 linhas em sua resposta.

Observe que além de conhecimentos doutrinários acerca da diferença entre os institutos da prescrição e decadência a questão também exigia conhecimento sumulado do STJ (Enunciados 436 e 555) e de temas repetitivos do STJ (Temas 163 e 383), reforçando a necessidade de inclusão desses precedentes qualificados no seu ciclo de estudos.

Em análise de provas mais antigas percebemos que tem sido essa a linha das bancas, sendo como a disciplina foi explorada no concurso do TJMG em 2018:

QUESTÃO

Beethoven de Albuquerque impetrou, em março de 2018, mandado de segurança contra a Secretaria Municipal de Arrecadação Tributária, objetivando a repetição de indébito do IPTU por ele pago supostamente a maior no período compreendido entre junho de 2009 e dezembro de 2017. Sustentou que a diferença entre o imposto devido e o efetivamente pago decorre da retificação da metragem do imóvel, feita administrativamente, pela Prefeitura, em janeiro de 2018, após vistoria realizada, a pedido do proprietário do imóvel, para fins de avaliação de preço de mercado. Alegou residir no imóvel desde junho de 2009, e ter adquirido a propriedade deste imóvel em janeiro de 2018, ao exercer o direito de preferência de compra, na condição de locatário do bem.

Com base nesses fatos, discorra em, no máximo, 20 (vinte) linhas, sobre o alegado direito do impetrante, avaliando a questão quanto à prescrição/decadência; legitimidade ativa/passiva; adequação da via eleita; à luz da legislação, doutrina e jurisprudência.

A resposta passa pelo conhecimento da jurisprudência do Superior Tribunal de Justiça, especialmente o decidido quando do julgamento do tema repetitivo 387 (REsp 1130545/RJ) que firmou a tese da possibilidade de retificação de lançamento tributário de IPTU quando o lançamento original reportou-se à área menor do imóvel objeto da tributação por desconhecimento de sua real metragem, o que determinou a posterior retificação dos dados cadastrais com base no artigo 149, inciso VIII, do CTN, desde que não extinto o direito potestativo da Fazenda Pública pelo decurso do prazo decadencial. No que diz respeito à decadência a questão passava pela análise, sem maiores considerações, do art. 173, I, do CTN que define o termo inicial do prazo decadencial. Já a legitimidade exigia do candidato conhecimento da Súmula 614 do Superior Tribunal de Justiça, que, aplicando o art. 123 do CTN não reconhece a eficácia dos pactos privados no que diz respeito à sujeição passiva na relação jurídico-tributária. No que diz respeito à adequação da via eleita cabia ao candidato fazer uma comparação entre o MS para fins de declarar o direito à compensação tributária, o que é admitido pela Súmula 213 do STJ e o pedido de repetição de indébito puro, de cunho condenatório, que é incompatível com a via estreita do mandado de segurança que é via imprópria para a cobrança (Súmula 269 do STF).

O concurso do TJPR de 2017 também seguiu a linha de apresentar um problema a ser solucionado pelo candidato:

QUESTÃO

A empresa Bem Vestida Ltda., sediada em Curitiba, aluga roupas variadas para festas em geral, tais como vestidos longos, curtos, "plus size" etc., para formaturas, casamentos, debutantes, festas e eventos sociais. Essa atividade está prevista na Lista de Serviços anexa à Lei n.º 14.710/2009, do Município de Curitiba. Deu-se que essa empresa foi autuada pela Municipalidade, por falta de pagamento do imposto sobre serviços de qualquer natureza (ISS), relativamente aos últimos cinco anos, em virtude do que ela (empresa) ajuizou ação anulatória contra tal exigência tributária.

Desenvolva, de modo concludente, todos os fundamentos legais e jurídicos pertinentes e necessários, relativamente a essa exigência do Município, no que diz respeito à sua competência tributária a propósito dessa hipótese de incidência do ISS.

É bastante conhecido o enunciado de súmula vinculante 31 do STF que veda a incidência do imposto sobre serviços de qualquer natureza – ISS sobre operações de locação de bens móveis, contudo, a mera invocação da súmula não seria suficiente para a nota máxima, já que se fazia necessário discorrer que o Código Civil tem tratamento jurídico para os contratos de locação (obrigação de dar – CC, art. 565) e prestação de serviços (obrigação de fazer – CC, art. 594) não podendo o direito tributário, diante da redação do art. 110 do CTN alterar os conceitos de direito privado.

No XLVII Concurso do TJRJ (2016) ambas as questões da prova demandavam do candidato da resolução de problemas envolvendo o ITCM:

1ª QUESTÃO

(VALOR 0,40): Após superar o trauma decorrente da morte de seu pai, João decide todas as celeumas relativas ao recebimento da herança, ficando pendente apenas o pagamento do Imposto sobre Transmissão Causa Mortis e Doação – ITCMD. O bem a ser transmitido, um apartamento na Avenida Delfim Moreira, foi objeto de avaliação administrativa que apontou o valor de mercado no montante de R$ 10.000.000,00 (dez milhões de reais).

Além disso, seu pai possuía uma dívida no montante de R$ 1.000.000,00 (um milhão de reais) e João gastou R$ 200.000,00 (duzentos mil reais) com as despesas do funeral.

Ao elaborar a guia para pagamento do referido imposto após declaração do contribuinte, o Fiscal excluiu da base de cálculo as dívidas do falecido, mas deixou de excluir as despesas do funeral, perfazendo a base tributável no caso concreto o valor de R$ 9.000.000,00 (nove milhões de reais).

João, inconformado, alega que as despesas com o funeral também não devem ser incluídas na base de cálculo do tributo, mas o Fiscal não acolhe o respectivo pedido.

Analise a legalidade/constitucionalidade do posicionamento adotado pelo Fiscal de Rendas.

2ª QUESTÃO

(VALOR 0,40): Jorge, sempre preocupado com a sua família, possuía planos de previdência complementar com cobertura por sobrevivência, estruturados sob o regime financeiro de capitalização, tais como Plano Gerador de Benefício Livre – PGBL e Vida Gerador de Benefício Livre – VGBL, tendo indicado seus filhos Pedro e Gabriel como beneficiários.

Por conta de um acidente, Jorge vem a falecer e os seus herdeiros recebem os benefícios contratados nos referidos planos. Analise se, nesse caso, ocorre o fato gerador do Imposto sobre Transmissão Causa Mortis e Doação – ITCMD, considerando a natureza jurídica dos planos de previdência e a hipótese de incidência do tributo.

Ambas as questões giram em torno do Impostos de Transmissão de Bens Causa Mortis e Doações (ITCMD), que no Estado do Rio de Janeiro é regido pela Lei Estadual nº 7.174/15 , que na época da elaboração da prova se encontrava questionada em várias ações de inconstitucionalidade em trâmite perante o Órgão Especial do TJRJ, o que indica uma tendência de se trabalhar sempre com temas mais práticos, e mesmo locais, em Direito Tributário.

Em relação ao primeiro enunciado questiona-se sobre a constitucionalidade da inclusão das despesas de funeral na base de cálculo do referido imposto. Pois bem, a postura do fiscal de rendas do Estado é eivada de inconstitucionalidade e de ilegalidade já que do ponto de vista do conceito constitucional do ITCMD a sua base de cálculo deve corresponder ao monte partível, excluídos os bens que foram ou serão utilizados para o pagamento do passivo da herança na forma dos artigos 1.792 (O herdeiro não responde por encargos superiores às forças da herança), 1.997 (A herança responde pelo pagamento das dívidas do falecido) e 1.998 (As despesas funerárias, haja ou não herdeiros legítimos, sairão do monte da herança) do Código Civil, já que somente é possível tributar-se o efetivo patrimônio transmitido e não a mera hipótese, logo, a norma que permitisse tal tributação seria inconstitucional já que não é permitido ao Direito Tributário modificar os institutos do direito privado (CTN, art. 110).

Mas no caso da questão, a conduta do fiscal em não excluir as despesas com o funeral da base de cálculo se mostra ilegal já que a própria

Lei Estadual nº 7.174/15 (Art. 14, §2º) exclui da base de cálculo do tributo, desde que comprovadas a origem, autenticidade e pré-existência, as dívidas do falecido e as despesas de funeral, o que implica dizer que tem João o direito público subjetivo de ver excluída da base de cálculo as despesas com funeral de seu pai, desde de que devidamente comprovadas.

No que diz respeito à segunda questão foi analisada pelo TJRJ nos autos da ação direta de inconstitucionalidade n.º 0005090-91.2017.8.19.0000 onde se debateu a constitucionalidade dos artigos 13, inciso II e parágrafo único e 23 da Lei Estadual nº 7.174/2015, no que diz respeito à incidência de ITCMD sobre a transmissão de valores oriundos do plano PGBL (Plano Gerador de Benefício Livre).

Para se definir a incidência do ITCMD sobre planos de PGBL se deve ter em conta que segundo a jurisprudência do Superior Tribunal de Justiça "o saldo de depósito em PGBL – Plano Gerador de Benefício Livre não ostenta nítido caráter alimentar, constituindo aplicação financeira de longo prazo, de relevante natureza de poupança previdenciária " nesse quadro, no momento da morte de seu titular ocorrerá o fato gerador do ITCMD, pois haverá transmissão de direitos aos herdeiros ou beneficiários, não se verificando, assim, a inconstitucionalidade de sua incidência no momento da morte de seu titular pois os planos dessa natureza tem natureza de poupança, logo, se enquadra na base de cálculo do imposto.

Deve ser observado que em relação aos planos de VGBL (Vida Gerador de Benefício Livre) o entendimento adotado pelo TJRJ representação de inconstitucionalidade nº 0008135-40.2016.8.19.0000 foi diferente já que se entendeu que o artigo 2.º da Circular SUSEP n.º 339, de 31 de janeiro de 2007 define esse produto como sendo um seguro que não é considerado herança, nos termos do que dispõe o artigo 794 do Código Civil, o qual dispõe que: "No seguro de vida ou de acidentes pessoais para o caso de morte, o capital estipulado não está sujeito às dívidas do segurado, nem se considera herança para todos os efeitos de direito".

Veja que as referências à legislação e jurisprudência do TJRJ não são essenciais para a resolução da questão, pois mesmo sem ter conhecimento de tais bases normativas, bastaria ao candidato a menção ao art. 110 do CTN referindo que em sendo o contrato de seguro excluído do conceito de herança não poderia a lei tributária modificar essa definição, que, portanto, deve ser respeitada com a não incidência do VGBL como integrante da base de cálculo do ITCMD.

Percebe-se que o conhecimento das relações do direito tributário com os demais ramos do direito, reguladas pelos artigos 110 e 111 do

Código Tributário Nacional é matéria essencial na programação de estudos da segunda fase.

Outro tópico que não pode ser deixado de lado é o regime constitucional das imunidades, que também sempre é lembrado em provas dissertativas de direito tributário. A matéria foi cobrada no TJMT em 2010, no TJPR e 2011 e 2012, no TJGO em 2015 o que deixa claro uma certa predileção pelo instituto, o que é razoável diante da importância da matéria para o direito tributário e do tratamento que a Constituição dá às imunidades.

Em geral exige-se do candidato que apresente as diferenças fundamentais entre as imunidades e as isenções, abordagem que o TJMT, TJPR e TJGO fizeram:

- **TJPR (2011):** Dissertar e distinguir as hipóteses de isenção, imunidade e anistia tributárias e a competência para outorgá-las.
- **TJMT (2010):** Discorrer sobre a distinção existente entre imunidade, isenção e anistia.

As questões exigem o mesmo conteúdo, a demonstrar que em direito tributário a tendências das bancas é exigir os fundamentos, a base geral da disciplina, por isso as imunidades, como normas limitadoras da própria competência tributária são estudo obrigatório para a segunda fase.

Outro ponto imprescindível na sua rotina de estudos é a jurisprudência do Supremo Tribunal Federal em questões tributárias. No meu concurso, em 2012, o TJPR repetiu o tema do concurso anterior (imunidades) só alterando o objeto de cobrança para a jurisprudência do STF em relação à imunidade dos livros, jornais, periódicos e o papel destinado a sua impressão (CF, art. 150, III "d"). Mesmo mudando o tema do questionamento para o ITCMD (tema recorrente nas dissertativas daquele tribunal) o TJRJ exigiu conhecimento da jurisprudência do STF em relação ao imposto:

QUESTÃO

Pode uma Lei estadual estabelecer alíquotas progressivas para o ITCD (Imposto sobre a transmissão causa mortis e doações) tendo como base o valor da herança a ser recebida? Responda sem deixar de abordar a posição do STF sobre o tema.

A questão passa pelo conhecimento da jurisprudência do STF (nº 562.045/RS) que mesmo reconhecendo a natureza real do ITCMD reconhece que é possível a sua fixação em alíquotas progressivas já que seria possível, levando em base o valor da herança, identificar de forma precisa a capacidade contributiva do sujeito passivo. Além de conhecer a jurisprudência seria importante o candidato referir que em relação ao ITBI o entendimento da corte é em sentido contrário (Sum 656).

Na segunda fase se exige um conhecimento mais profundo de doutrina e, principalmente, um conhecimento profundo da jurisprudência dos tribunais superiores, eu recomendo um acompanhamento de perto dos informativos de jurisprudência, especialmente os repetitivos e com repercussão geral reconhecida.

7 APONTAMENTOS E DICAS FINAIS PARA OS CANDIDATOS

Direito tributário é uma matéria complexa, leciono a disciplina há vários anos e sei bem a dificuldade em convencer os estudantes de quão interessante é a matéria.

Não é, de fato, uma disciplina fácil de estudar, especialmente pelo difícil diálogo de suas fontes principais, a Constituição de 1988 traçou um sistema tributário nacional bem diferente daquele vigente em 1966 quando da vigência do Código Tributário Nacional, e nem sempre a jurisprudência, mesmo a do STF, consegue manter uma necessária uniformidade e coerência, como é o caso das alíquotas progressivas em ITCMD e ITBI.

Mas calma, o fato de ser complexa não é motivo para desespero, essa dificuldade conceitual e didática também se reflete nas questões, não é nem um pouco comum que se cobrem questões mirabolantes, ou meramente doutrinárias em questões de direito tributário.

Um bom conhecimento da Constituição e do Código Tributário Nacional, aliado a um bom manual e o acompanhamento dos informativos dos tribunais superiores é mais que suficiente para que o candidato possa gabaritar qualquer prova de direito tributário, tanto objetiva como discursiva. Na atualidade você também não pode deixar de lado o estudo dos precedentes qualificados (repercussão geral e repetitivos) que devem ser buscados diretamente dos sites dos tribunais já que alguns mais antigos e muito utilizados não estão publicados em informativos.

Por fim, organizando seus estudos com um cronograma que distribua bem seus estudos entre lei, doutrina, jurisprudência e o treino, por meio de resolução de questões das últimas provas, vai lhe garantir previsibilidade das questões que, como demonstrado são focadas no tripé tributos estaduais, fato gerador e imunidades.

Direito AMBIENTAL

Victor Vasconcellos de Mattos

1 BIBLIOGRAFIA INDICADA

Analisando as questões apresentadas nos diversos concursos da Magistratura Estadual, observa-se que as principais bancas exigem um conhecimento da lei – sem descurar dos atos normativos infralegais, em especial resoluções de órgãos ambientais – e da jurisprudência do Supremo Tribunal Federal e do Superior Tribunal de Justiça. Desta forma, dominar os Informativos publicados nos sítios eletrônicos das Cortes Superiores é essencial para um desempenho satisfatório nos certames públicos.

Por outro lado, temas eminentemente doutrinários são objeto de cobrança, em provas objetivas, em menor escala, porquanto há variadas correntes e posicionamentos, o que pode dar azo à anulação de questões.

De qualquer sorte, o Direito Ambiental não possui uma codificação unificada, o que confere maior importância à doutrina como elemento catalizador do conhecimento e de unificação dos temas ambientais.

Impende observar que existem diversas obras doutrinárias, em sede de Direito Ambiental, que podem auxiliar adequadamente os candidatos em seus estudos. Não há a necessidade de se proceder à leitura de todos os manuais ora indicados. Na verdade, o candidato deve se ater à obra que melhor se adapte ao seu estilo.

Veja-se.

a) Direito Ambiental Esquematizado, de Fernando Augusto di Trindade Amado, que é o livro mais amplo e conhecido da matéria.

b) Leis Especiais para concursos – vol. 10 – Direito Ambiental, de Leonardo Garcia e Romeu Thomé.

c) Direito Ambiental, de Paulo Bessa Antunes.

O *Direito Ambiental Esquematizado*, do Fernando Augusto Di Trindade Amado, é um livro que aprofunda suficientemente a matéria, sem perder o foco da preparação do concurso, sendo que o autor busca apresentar entendimentos das Cortes Superiores a cada passagem de assunto.

A obra de Leonardo Garcia e Romeu Thomé é bastante indicada, em razão da objetividade, sem perder de vista o posicionamento dos tribunais, alinhando-se ao estudo da legislação e da jurisprudência.

A obra de Paulo Bessa Antunes é extensa. Cuida-se de livro excelente para formar uma base de conhecimento.

2 CONTEÚDO PROGRAMÁTICO NOS EDITAIS DOS CONCURSOS PARA A MAGISTRATURA

Nos últimos 9 anos, foram aplicadas 43 provas de Magistratura Estadual. Veja-se.

TRIBUNAL	ANO	BANCA
TJGO	2015	FCC
TJPE	2015	FCC
TJRR	2015	FCC
TJSC	2015	FCC
TJMS	2015	VUNESP
TJDFT	2015	CESPE
TJPB	2015	CESPE
TJAL	2015	FCC
TJSP	2015	VUNESP
TJSE	2015	FCC
TJPI	2015	FCC
TJAM	2016	Cebraspe
TJDFT	2016	Cebraspe
TJRS	2016	FAURS
TJRJ	2016	Vunesp

TRIBUNAL	ANO	BANCA
TJPR	2017	Cebraspe
TJSC	2017	FCC
TJSP	2017	Vunesp
TJCE	2018	Cebraspe
TJMG	2018	Consulplan
TJSP	2018	Vunesp
TJMT	2018	Vunesp
TJRS	2018	Vunesp
TJPA	2019	CEBRASPE
TJSC	2019	CEBRASPE
TJPR	2019	CEBRASPE
TJBA	2019	CEBRASPE
TJAL	2019	FCC
TJRJ	2019	VUNESP
TJRO	2019	VUNESP
TJAC	2019	VUNESP
TJMS	2020	FCC
TJSP	2021	VUNESP
TJGO	2021	FCC
TJPR	2021	FGV
TJSC	2022	FGV
TJAP	2022	FGV
TJRS	2022	FAURGS
TJMG	2022	FGV
TJPE	2022	FGV
TJMA	2022	CEBRASPE
TJDFT	2023	CEBRASPE
TJSP	2023	VUNESP

Verifica-se o seguinte cenário:

a) CEBRASPE: 12 certames.

b) VUNESP: 12 certames.

c) FCC: 11 certames.

d) FGV: 5 certames.

e) FAURS: 2 certames.

f) CONSULPLAN: 1 certame.

Por questões didáticas e considerando a estatística acima, serão analisadas as questões das bancas CEBRASPE, VUNESP, FCC e FGV.

Regra geral, a prova objetiva, nos concursos da Magistratura, conta com 100 questões, à exceção do Tribunal de Justiça do Estado do Rio de Janeiro, o qual, tradicionalmente, traz à baila 80 questões objetivas.

Para a disciplina de Direito Ambiental, foram direcionadas **uma média de 4 a 5 questões**, em cada prova.

Impende observar que cada entidade organizadora goza de discricionariedade regrada para fins de definição dos pontos cobrados em cada disciplina.

Registre-se, de qualquer sorte, que os editais se aproximam, até porque as bancas consideram as normas positivadas e a jurisprudência das Cortes Superiores.

Nada impede, evidentemente, que determinada organizadora inclua, pontualmente, conteúdos outros, de menor magnitude, que poderão ser oportunamente estudados pelo candidato.

Pontue-se que trouxemos à baila o padrão FCC, adaptado, utilizado no concurso do Tribunal de Justiça do Estado de Goiás de 2021, porquanto há uma divisão da matéria "Direito Ambiental" em um maior número de pontos, o que facilita a visualização do leitor.

Seguem, portanto, os pontos de Direito Ambiental:

1. Meio Ambiente. Teoria Geral do Direito Ambiental. Conceito. Natureza. Fontes e Princípios.

2. O Direito Ambiental na Constituição de 1988.

3. Lei Complementar nº 140/2011.

4. Bens Ambientais.

5. PNMA – Política Nacional do Meio Ambiente. Lei nº 6.938/81 e alterações.

6. Licenciamento Ambiental.

7. Estudos de Impacto Ambiental.
8. Zoneamento Ambiental. Conceito. Finalidade. Natureza jurídica. Espécies.
9. Código Florestal. Lei nº 12.651/2012 e alterações.
10. SNUC – Sistema Nacional de Unidades de Conservação da Natureza. Lei nº 9.985/2000 e alterações.
11. Águas. Política Nacional de Recursos Hídricos. Lei nº 9.433/97 e alterações.
12. O Dano Ambiental. Apuração do Dano Ambiental. Reparação do Dano Ambiental. Responsabilidade Administrativa, Civil e Penal por danos ao Meio Ambiente. Infrações Administrativas Ambientais. Sanções para as infrações administrativas ambientais. O Poder de Polícia e o Direito Ambiental.
13. Meios processuais para a defesa do meio ambiente. Ação Popular Ambiental. Ação Civil Pública Ambiental (Lei nº 7.347/85). Mandado de Segurança Coletivo. Desapropriação. Tombamento. A tutela inibitória em matéria de proteção do meio ambiente. A tutela de urgência no direito ambiental. O acesso coletivo à tutela jurisdicional em matéria ambiental.
14. O Direito Penal na defesa do meio ambiente. Lei nº 9.605/98 e alterações.
15. O Direito Ambiental Internacional. Conceito. Fontes do Direito ambiental internacional. Princípios gerais do direito ambiental internacional. MERCOSUL e Direito Ambiental Internacional. Procedimentos administrativos de prevenção de dano ambiental transfronteiriço. As Organizações Não-Governamentais – ONGs.
16. Conceito de Poluição. Poluição das águas. Poluição Atmosférica. Poluição por resíduos sólidos. Poluição por rejeitos perigosos. Poluição por agrotóxicos. Poluição sonora.
17. Patrimônio ambiental natural. Ar, Água, Solo, Flora, Fauna. Patrimônio ambiental cultural. Patrimônio ambiental artificial. Patrimônio genético, biotecnologia e biossegurança. Política Nacional da Biodiversidade. Organismos geneticamente modificados.
18. Sistema Nacional do Meio Ambiente (SISNAMA). Objeto. Órgãos integrantes. Órgão Superior. Conselho de Governo.
19. Órgão Consultivo e Deliberativo (CONAMA). Órgão Central – Ministério do Meio Ambiente. Recursos Hídricos e Amazônia legal.

Órgão executor – IBAMA. Órgãos Setoriais. Órgãos Seccionais e órgãos locais. Fundo Nacional do Meio Ambiente (FNMA).

20. Urbanismo. Meio ambiente urbano. Instrumentos urbanísticos de tutela do meio ambiente. A ética ambiental e o Estatuto da Cidade.

Ressalte-se, novamente, que este é o padrão FCC, adaptado, com inclusão de pontos elencados por outras bancas. A divisão do programa em um maior número de pontos facilita a visualização, pelo leitor, das temáticas frequentemente abordadas nos certames da Magistratura Estadual.

3 ANÁLISE DAS ÚLTIMAS PROVAS OBJETIVAS

Para fins deste estudo, procedeu-se à análise das provas de 2015 a 2023 dos Tribunais de Justiça dos Estados, atentando-se para os certames promovidos pela CESPE, FCC, VUNESP e FGV. O resultado é a tabela abaixo apresentada:

Ponto	CESPE	FCC	Vunesp	FGV
1. Meio Ambiente. Teoria Geral do Direito Ambiental. Conceito. Natureza. Fontes e Princípios.	4	4	12	2
2. O Direito Ambiental na Constituição de 1988.	3	1	4	0
3. Lei Complementar nº 140/2011.	8	7	2	0
4. Bens Ambientais.	1	2	0	0
5. PNMA – Política Nacional do Meio Ambiente. Lei nº 6.938/81 e alterações.	8	3	7	1
6. Licenciamento Ambiental.	8	14	6	1
7. Estudos de Impacto Ambiental.	4	2	3	0
8. Zoneamento Ambiental. Conceito. Finalidade. Natureza jurídica. Espécies.	4	2	0	0
9. Código Florestal. Lei nº 12.651/2012 e alterações.	4	2	1	3
10. SNUC – Sistema Nacional de Unidades de Conservação da Natureza. Lei nº 9.985/2000 e alterações.	10	14	3	1

Ponto	CESPE	FCC	Vunesp	FGV
11. Águas. Política Nacional de Recursos Hídricos. Lei nº 9.433/97 e alterações.	2	2	1	0
12. O Dano Ambiental. Apuração do Dano Ambiental. Reparação do Dano Ambiental. Responsabilidade Administrativa, Civil e Penal por danos ao Meio Ambiente. Infrações Administrativas Ambientais. Sanções para as infrações administrativas ambientais. O Poder de Polícia e o Direito Ambiental.	21	6	13	4
13. Meios processuais para a defesa do meio ambiente. Ação Popular Ambiental. Ação Civil Pública Ambiental (Lei nº 7.347/85). Mandado de Segurança Coletivo. Desapropriação. Tombamento. A tutela inibitória em matéria de proteção do meio ambiente. A tutela de urgência no direito ambiental. O acesso coletivo à tutela jurisdicional em matéria ambiental.	5	4	5	0
14. O Direito Penal na defesa do meio ambiente. Lei nº 9.605/98 e alterações.	1	11	1	1
15. O Direito Ambiental Internacional. Conceito. Fontes do Direito ambiental internacional. Princípios gerais do direito ambiental internacional. MERCOSUL e Direito Ambiental Internacional. Procedimentos administrativos de prevenção de dano ambiental transfronteiriço. As Organizações Não-Governamentais – ONGs.	2	0	4	0
16. Conceito de Poluição. Poluição das águas. Poluição Atmosférica. Poluição por resíduos sólidos. Poluição por rejeitos perigosos. Poluição por agrotóxicos. Poluição sonora.	2	1	4	1
17. Patrimônio ambiental natural. Ar, Água, Solo, Flora, Fauna. Patrimônio ambiental cultural. Patrimônio ambiental artificial. Patrimônio genético, biotecnologia e biossegurança. Política Nacional da Biodiversidade. Organismos geneticamente modificados.	9	1	1	0

Ponto	CESPE	FCC	Vunesp	FGV
18. Sistema Nacional do Meio Ambiente (SISNAMA). Objeto. Órgãos integrantes. Órgão Superior. Conselho de Governo.	3	0	1	0
19. Órgão Consultivo e Deliberativo (CONAMA). Órgão Central – Ministério do Meio Ambiente. Recursos Hídricos e Amazônia legal. Órgão executor – IBAMA. Órgãos Setoriais. Órgãos Seccionais e órgãos locais. Fundo Nacional do Meio Ambiente (FNMA).	0	1	0	0
20. Urbanismo. Meio ambiente urbano. Instrumentos urbanísticos de tutela do meio ambiente. A ética ambiental e o Estatuto da Cidade.	0	0	4	0

Considerando o total de questões de cada ponto chega-se ao seguinte resultado:

Ponto	Total
1. Meio Ambiente. Teoria Geral do Direito Ambiental. Conceito. Natureza. Fontes e Princípios.	22
2. O Direito Ambiental na Constituição de 1988.	8
3. Lei Complementar nº 140/2011.	17
4. Bens Ambientais.	3
5. PNMA – Política Nacional do Meio Ambiente. Lei nº 6.938/81 e alterações.	19
6. Licenciamento Ambiental.	29
7. Estudos de Impacto Ambiental.	9
8. Zoneamento Ambiental. Conceito. Finalidade. Natureza jurídica. Espécies.	6
9. Código Florestal. Lei nº 12.651/2012 e alterações.	10
10. SNUC – Sistema Nacional de Unidades de Conservação da Natureza. Lei nº 9.985/2000 e alterações.	28
11. Águas. Política Nacional de Recursos Hídricos. Lei nº 9.433/97 e alterações.	5
12. O Dano Ambiental. Apuração do Dano Ambiental. Reparação do Dano Ambiental. Responsabilidade Administrativa, Civil e Penal por danos ao Meio Ambiente. Infrações Administrativas Ambientais. Sanções para as infrações administrativas ambientais. O Poder de Polícia e o Direito Ambiental.	44

Ponto	Total
13. Meios processuais para a defesa do meio ambiente. Ação Popular Ambiental. Ação Civil Pública Ambiental (Lei nº 7.347/85). Mandado de Segurança Coletivo. Desapropriação. Tombamento. A tutela inibitória em matéria de proteção do meio ambiente. A tutela de urgência no direito ambiental. O acesso coletivo à tutela jurisdicional em matéria ambiental.	14
14. O Direito Penal na defesa do meio ambiente. Lei nº 9.605/98 e alterações.	14
15. O Direito Ambiental Internacional. Conceito. Fontes do Direito ambiental internacional. Princípios gerais do direito ambiental internacional. MERCOSUL e Direito Ambiental Internacional. Procedimentos administrativos de prevenção de dano ambiental transfronteiriço. As Organizações Não-Governamentais – ONGs.	6
16. Conceito de Poluição. Poluição das águas. Poluição Atmosférica. Poluição por resíduos sólidos. Poluição por rejeitos perigosos. Poluição por agrotóxicos. Poluição sonora.	7
17. Patrimônio ambiental natural. Ar, Água, Solo, Flora, Fauna. Patrimônio ambiental cultural. Patrimônio ambiental artificial. Patrimônio genético, biotecnologia e biossegurança. Política Nacional da Biodiversidade. Organismos geneticamente modificados.	11
18. Sistema Nacional do Meio Ambiente (SISNAMA). Objeto. Órgãos integrantes. Órgão Superior. Conselho de Governo.	4
19. Órgão Consultivo e Deliberativo (CONAMA). Órgão Central – Ministério do Meio Ambiente. Recursos Hídricos e Amazônia legal. Órgão executor – IBAMA. Órgãos Setoriais. Órgãos Seccionais e órgãos locais. Fundo Nacional do Meio Ambiente (FNMA).	1
20. Urbanismo. Meio ambiente urbano. Instrumentos urbanísticos de tutela do meio ambiente. A ética ambiental e o Estatuto da Cidade.	4

Ressalte-se, ainda, que, na análise das questões, aquelas que exigiram conhecimento de mais de um ponto, foram incluídas em todos os pontos envolvidos, para que esta pesquisa seja a mais completa e fidedigna possível.

Consideradas todas as provas analisadas dos últimos 9 anos, observa-se que as matérias com maior incidência em provas são:

1) O Dano Ambiental. Apuração do Dano Ambiental. Reparação do Dano Ambiental. Responsabilidade Administrativa, Civil e Penal por danos ao Meio Ambiente. Infrações Administrativas Ambientais. Sanções para as infrações administrativas ambientais. O Poder de Polícia e o Direito Ambiental (44 vezes).

2) Licenciamento Ambiental (29 vezes).
3) SNUC – Sistema Nacional de Unidades de Conservação da Natureza. Lei nº 9.985/2000 e alterações (28 vezes).
4) Meio Ambiente. Teoria Geral do Direito Ambiental. Conceito. Natureza. Fontes e Princípios (22 vezes).
5) PNMA – Política Nacional do Meio Ambiente. Lei nº 6.938/81 e alterações (19 vezes).

Em uma análise de banca, verifica-se uma variação pequena nos temas que têm maior incidência:

a) CESPE

1. O Dano Ambiental. Apuração do Dano Ambiental. Reparação do Dano Ambiental. Responsabilidade Administrativa, Civil e Penal por danos ao Meio Ambiente. Infrações Administrativas Ambientais. Sanções para as infrações administrativas ambientais. O Poder de Polícia e o Direito Ambiental.
2. SNUC – Sistema Nacional de Unidades de Conservação da Natureza. Lei nº 9.985/2000 e alterações.
3. Patrimônio ambiental natural. Ar, Água, Solo, Flora, Fauna. Patrimônio ambiental cultural. Patrimônio ambiental artificial. Patrimônio genético, biotecnologia e biossegurança. Política Nacional da Biodiversidade. Organismos geneticamente modificados.

b) FCC

1. SNUC – Sistema Nacional de Unidades de Conservação da Natureza. Lei nº 9.985/2000 e alterações.
2. Licenciamento Ambiental.
3. O Direito Penal na defesa do meio ambiente. Lei nº 9.605/98 e alterações.

c) Vunesp

1. O Dano Ambiental. Apuração do Dano Ambiental. Reparação do Dano Ambiental. Responsabilidade Administrativa, Civil e Penal por danos ao Meio Ambiente. Infrações Administrativas Ambientais. Sanções para as infrações administrativas ambientais. O Poder de Polícia e o Direito Ambiental.

2. Meio Ambiente. Teoria Geral do Direito Ambiental. Conceito. Natureza. Fontes e Princípios.
3. PNMA – Política Nacional do Meio Ambiente. Lei nº 6.938/81 e alterações.

d) FGV

1. O Dano Ambiental. Apuração do Dano Ambiental. Reparação do Dano Ambiental. Responsabilidade Administrativa, Civil e Penal por danos ao Meio Ambiente. Infrações Administrativas Ambientais. Sanções para as infrações administrativas ambientais. O Poder de Polícia e o Direito Ambiental.
2. Código Florestal. Lei nº 12.651/2012 e alterações.
3. Meio Ambiente. Teoria Geral do Direito Ambiental. Conceito. Natureza. Fontes e Princípios.

Passe-se, neste momento, a uma análise qualitativa das matérias cobradas nas provas anteriores.

4 PONTOS ESPECÍFICOS MAIS RELEVANTES DAS PROVAS OBJETIVAS

De posse da lista acima indicada, pode-se traçar um estudo mais aprofundado dos temas cobrados nos concursos da Magistratura Estadual.

a) O Dano Ambiental. Apuração do Dano Ambiental. Reparação do Dano Ambiental. Responsabilidade Administrativa, Civil e Penal por danos ao Meio Ambiente. Infrações Administrativas Ambientais. Sanções para as infrações administrativas ambientais. O Poder de Polícia e o Direito Ambiental.

Veja-se, sobre a temática, questão cobrada no Concurso do TJDFT, promovido pela CESPE, em 2023.

> Em determinado empreendimento imobiliário, a pessoa física responsável pelo imóvel causou danos ao meio ambiente, o que deu origem a processos administrativo e judicial. Nessa situação hipotética, eventual aplicação de multa administrativa será
>
> **A** imprescritível, sendo prescritível a reparação dos danos ambientais, podendo eventual condenação judicial de obrigação de fazer ser cumulada com a de indenizar.

B prescritível, aplicando-se a teoria do fato consumado, havendo prazo em dobro da prescrição para a reparação dos danos ambientais.

C prescritível, sendo imprescritível a reparação dos danos ambientais, podendo eventual condenação judicial de obrigação de fazer ser cumulada com a de indenizar.

D imprescritível, não se aplicando a teoria do fato consumado e não sendo cumulável eventual condenação judicial de obrigações de fazer e de indenizar.

E imprescritível, tal qual a reparação dos danos ambientais, não sendo cumulável eventual condenação judicial de obrigações de fazer e de indenizar.

A questão que ora se apresenta envolve, a um só tempo, o conhecimento da legislação e da jurisprudência dos Tribunais Superiores. De início, verifica-se a tríplice responsabilidade em matéria ambiental, de forma a garantir um meio ambiente ecologicamente equilibrado, direito fundamental de 3ª dimensão, titularizado pelas presentes e futuras gerações, à luz do princípio da solidariedade intergeracional.

Nesse sentido, o art. 225, § 3º, da Constituição Federal, preconiza que "as condutas e atividades consideradas lesivas ao meio ambiente sujeitarão os infratores, pessoas físicas ou jurídicas, a sanções penais e administrativas, independentemente da obrigação de reparar os danos causados."

Ademais, a questão busca o conhecimento do candidato quanto à jurisprudência do STF e do STJ.

Como é cediço, o Enunciado 613 da Súmula do STJ estabelece que "não se admite a aplicação da teoria do fato consumado em tema de Direito Ambiental." Com efeito, a alternativa "B" está equivocada.

Registre-se, ainda, que a Súmula 629 do STJ aduz que "quanto ao dano ambiental, é admitida a condenação do réu à obrigação de fazer ou à de não fazer cumulada com a de indenizar." Desta forma, a alternativa "D" não se mostra adequada.

Não se pode olvidar que a alternativa "A" traz à baila o conceito de imprescritibilidade em relação à multa aplicada em processo administrativo, o que viola a dicção da Súmula 467 do Tribunal da Cidadania, ao estabelecer que prescreve em 5 anos, contados do término do processo administrativo, a pretensão da Administração Pública de promover a execução da multa por infração ambiental.

Em assim sendo, verifica-se que o gabarito é a letra C, ao consagrar a imprescritibilidade, apenas, da reparação do dano ambiental, o que está em consonância com o entendimento do Excelso Pretório. Nesse sentido, cite-se o Tema 999, proveniente do Recurso Extraordinário 654.833, de relatoria do Ministro Alexandre de Moraes, julgado em 20.04.2020.

b) Licenciamento Ambiental

Em sede de licenciamento ambiental, o conhecimento dos prazos é um dos pontos mais indagados, a par dos requisitos e procedimentos acessórios.

Veja-se, sobre a temática, questão cobrada no Concurso do TJRS, promovido pela VUNESP, em 2018.

> Quanto ao licenciamento ambiental, assinale a alternativa correta.
>
> **A** O prazo de validade da Licença Prévia (LP) não pode ser superior a 3 (três) anos.
>
> **B** A renovação da Licença de Operação (LO) de uma atividade ou empreendimento deverá ser requerida com antecedência mínima de 120 (cento e vinte) dias da expiração de seu prazo de validade, fixado na respectiva licença.
>
> **C** Considera-se Impacto Ambiental Regional todo e qualquer impacto ambiental que afete diretamente (a área de influência direta do projeto), no todo ou em parte, o território de dois ou mais Municípios.
>
> **D** O arquivamento do processo de licenciamento não impedirá a apresentação de novo requerimento de licença, ficando isento de novo pagamento de custo de análise.
>
> **E** O prazo de validade da Licença de Instalação (LI) deverá ser o estabelecido pelo cronograma de instalação do empreendimento ou atividade, não podendo ser superior a 5 (cinco) anos.

O conhecimento do inteiro teor da Resolução CONAMA 237/97 é de extrema relevância para o tema Licenciamento Ambiental.

No art. 1.º da Resolução, há o seguinte conceito de Impacto Ambiental Regional: todo e qualquer impacto ambiental que afete diretamente (área de influência direta do projeto), no todo ou em parte, o território de dois ou mais Estados. Verifica-se, assim, o erro da alternativa "C".

O art. 17 da Resolução tem a seguinte redação: "O arquivamento do processo de licenciamento não impedirá a apresentação de novo requerimento de licença, que deverá obedecer aos procedimentos estabelecidos no artigo 10, mediante novo pagamento de custo de análise." O ato normativo infralegal é incompatível com a alternativa "D".

De acordo com a resolução, as licenças ambientais são de três espécies: Licença Prévia (LP), concedida preliminarmente, apenas aprovando o projeto, atestando a sua viabilidade ambiental e os requisitos básicos para as próximas fases de sua implementação; Licença de Instalação (LI), que autoriza a instalação do empreendimento, impondo condicionantes que deverão ser observados; e a Licença de Operação (LO), que permite o início das atividades de acordo com o projeto aprovado, apontando as medidas ambientais de controle e os condicionantes. As licenças podem ser concedidas isoladas ou sucessivamente, de acordo com a natureza, características e fase do empreendimento ou atividade.

A LP tem prazo de validade de até cinco anos (art. 18, I, da Resolução), não podendo ter lapso de tempo inferior ao necessário para a elaboração dos programas técnicos, ao passo que a LI não poderá ter validade superior a seis anos (art. 18, II, da Resolução). Já os prazos da LO variarão entre quatro e dez anos (art. 18, III, da Resolução), a critério do órgão ambiental, sendo que a sua renovação deverá ser requerida com a antecedência mínima de cento e vinte dias do seu vencimento, ficando automaticamente renovada até a manifestação do ente licenciante.

Os prazos elencados nas alternativas "A" e "E" contrariam a dicção da resolução. Com efeito, observa-se, na esteira do art. 18, § 4º, da Resolução, que o gabarito é a letra "B".

O dispositivo prevê que "a **renovação da Licença de Operação (LO) de uma atividade ou empreendimento deverá ser requerida com antecedência mínima de 120 (cento e vinte) dias da expiração de seu prazo de validade, fixado na respectiva licença**, ficando este automaticamente prorrogado até a manifestação definitiva do órgão ambiental competente."

⊕ c) SNUC – Sistema Nacional de Unidades de Conservação da Natureza. Lei nº 9.985/2000 e alterações.

Veja-se, sobre a temática, questão cobrada no Concurso do TJSP, promovido pela VUNESP, em 2023.

> Assinale a alternativa correta.
>
> **A** O mosaico é constituído pela existência de um conjunto de unidades de conservação de categorias diferentes ou não,

próximas, justapostas ou sobrepostas, e outras áreas protegidas públicas ou privadas, cuja gestão do conjunto deverá ser feita de forma integrada e participativa, considerando-se os seus distintos objetivos de conservação, de forma a compatibilizar a presença da biodiversidade, a valorização da sociodiversidade e o desenvolvimento sustentável no contexto regional.

B Os corredores ecológicos correspondem ao entorno de uma unidade de conservação, onde as atividades humanas estão sujeitas a restrições específicas, a fim de minimizar os impactos negativos sobre a unidade.

C As zonas de amortecimento são porções dos ecossistemas naturais ou seminaturais, ligando unidades de conservação, que possibilitam entre elas o fluxo de genes e o movimento da biota, facilitando a dispersão das espécies e a recolonização de áreas degradadas, bem como a manutenção de populações que demandam para sua sobrevivência áreas com extensão maior do que aquela das unidades individuais.

D O plano de manejo constitui o conjunto de métodos, procedimentos e políticas que visem à proteção a longo prazo das espécies, habitats e ecossistemas, além da manutenção dos processos ecológicos, prevenindo a simplificação dos sistemas naturais.

Cuida-se de indagação objetivando testar os conhecimentos do candidato sobre a legislação. O gabarito é a letra "A", ao trazer à baila a dicção do art. 26 da Lei 9.985/2000. O dispositivo legal prevê que "quando existir um conjunto de unidades de conservação de categorias diferentes ou não, próximas, justapostas ou sobrepostas, e outras áreas protegidas públicas ou privadas, constituindo um mosaico, a gestão do conjunto deverá ser feita de forma integrada e participativa, considerando-se os seus distintos objetivos de conservação, de forma a compatibilizar a presença da biodiversidade, a valorização da sociodiversidade e o desenvolvimento sustentável no contexto regional."

A letra "B" apresentou o conceito de zona de amortecimento (art. 2º, XVIII, da Lei 9.985/2000), mas fez referência aos corredores ecológicos (art. 2º, XIX, da Lei 9.985/2000).

A letra "C" apresentou o conceito de corredores ecológicos (art. 2º, XIX, da Lei 9.985/2000), mas fez referência à zona de amortecimento (art. 2º, XVIII, da Lei 9.985/2000).

A letra D" apresentou o conceito de preservação (art. 2º, V, da Lei 9.985/2000), mas fez referência ao plano de manejo (art. 2º, XVII, da Lei 9.985/2000).

⊕ d) Meio Ambiente. Teoria Geral do Direito Ambiental. Conceito. Natureza. Fontes e Princípios.

Dentro deste tópico, a maior incidência de questões envolve o conhecimento acerca dos princípios que informam o Direito Ambiental, o que não resulta em questões de alta complexidade. Veja-se, a exemplo, a questão apresentada pela Vunesp no concurso da Magistratura do Mato Grosso de 2018:

> A internalização do custo ambiental, transformando a externalidade negativa, ou custo social, num custo privado, visa impedir a socialização do prejuízo e a privatização dos lucros. Este é o objetivo do princípio
>
> **A** do poluidor-pagador.
>
> **B** da função social da propriedade.
>
> **C** da prevenção.
>
> **D** da precaução.
>
> **E** da cooperação.

Dentre os princípios que regem o Direito Ambiental, a preferência dos examinadores pelos princípios da Prevenção, Precaução, Poluidor-Pagador e Usuário-Pagador é visível.

O princípio da prevenção impõe ao empreendedor condicionantes ao licenciamento ambiental, em razão de riscos cujos impactos ambientais negativos de determinadas atividades lesivas ao meio ambiente já se têm conhecimento (base científica). No princípio da precaução inexiste esta certeza científica, mas há uma fundada e razoável probabilidade de ocorrer sérios ou irreversíveis danos ambientais.

O princípio da cooperação compreende a necessidade de observação de que o meio ambiente não obedece às fronteiras políticas, de forma que a poluição pode facilmente ultrapassar as divisas territoriais de um Estado.

O princípio da função social (ou socioambiental) da propriedade justifica a interferência do Estado na propriedade privada, limitando o direito de propriedade do indivíduo para garantir a existência de um meio ambiente ecologicamente equilibrado, o que prestigia as presentes e futuras gerações.

O princípio do poluidor-pagador prevê que o poluidor deve responder pelos custos sociais da degradação causada por sua atividade, devendo agregar este valor no custo produtivo da atividade para evitar que se privatizem os lucros e se socializem os prejuízos ambientais. Correta, portanto, a alternativa A.

A título de recordação, lembre-se que o princípio do usuário-pagador, diferentemente do princípio do poluidor-pagador, prevê que todas as pessoas que se utilizam dos recursos naturais devem pagar pela sua utilização, ainda que não haja poluição.

e) PNMA – Política Nacional do Meio Ambiente. Lei nº 6.938/81 e alterações.

Veja-se a questão apresentada pela CESPE no concurso da Magistratura do Tribunal de Justiça da Bahia, de 2019:

> Víctor é doutor em fauna aquática e pretende trabalhar como consultor em estudos para licenciamentos ambientais.
>
> Uma empresa pretende extrair minérios e, para isso, solicitou o licenciamento ambiental ao órgão estadual competente.
>
> Considerando essas situações hipotéticas, assinale a opção correta, acerca do CTF, previsto na Política Nacional de Meio Ambiente – Lei n.º 6.938/1981.
>
> A) Víctor e a empresa deverão ter CTFs das respectivas atividades para concretizarem suas pretensões.
>
> B) Apenas Víctor deverá ter CTF, pois não se exige esse instrumento de pessoa jurídica.
>
> C) Apenas a empresa deverá ter CTF, pois não se exige esse instrumento de pessoa física.
>
> D) Nem de Víctor nem da empresa é exigido CTF para concretizarem suas pretensões, mas ambos deverão estar inscritos no SINIMA.
>
> E) Apenas a empresa deverá ter CTF; para Víctor, o CTF poderá ser dispensado e substituído pela inscrição da atividade no SINIMA.

O art. 17 da Lei 6.938/81 institui, sob a administração do Instituto Brasileiro do Meio Ambiente e Recursos Naturais Renováveis – IBAMA, o Cadastro Técnico Federal de duas espécies:

> I – Cadastro Técnico Federal de Atividades e Instrumentos de Defesa Ambiental, para registro obrigatório de pessoas físicas ou jurídicas que se dedicam a consultoria técnica sobre problemas ecológicos e ambientais e à indústria e comércio de equipamentos, aparelhos e instrumentos destinados ao controle de

> atividades efetiva ou potencialmente poluidoras; (Incluído pela Lei nº 7.804, de 1989)
>
> II – Cadastro Técnico Federal de Atividades Potencialmente Poluidoras ou Utilizadoras de Recursos Ambientais, para registro obrigatório de pessoas físicas ou jurídicas que se dedicam a atividades potencialmente poluidoras e/ou à extração, produção, transporte e comercialização de produtos potencialmente perigosos ao meio ambiente, assim como de produtos e subprodutos da fauna e flora. (Incluído pela Lei nº 7.804, de 1989)

Observa-se, portanto, que em ambos os casos há necessidade de CTF, de forma que é correta a alternativa A, nos estritos termos da legislação.

5 DOUTRINA, JURISPRUDÊNCIA E "LEI SECA" NOS CONCURSOS DA MAGISTRATURA ESTADUAL

Observa-se, na pesquisa realizada nos últimos nove anos de concurso público para magistratura, nas principais bancas, que a lei seca, em sede de Direito Ambiental, é essencial para um desempenho satisfatório, sem descurar do estudo, ainda que com enfoque menor, da doutrina e da jurisprudência.

De acordo com a pesquisa realizada, o conhecimento exigido apresenta as seguintes proporções:

Conhecimento	CESPE	FCC	VUNESP	FGV
Doutrina	11%	15%	22%	8%
Jurisprudência	17%	16%	25%	50%
Lei	72%	69%	53%	42%

Importante ressaltar que, no cálculo realizado, as questões que exigiram múltiplo conhecimento foram incluídas em cada qual.

Em Direito Ambiental, o que se verifica é a essencialidade do leitor se aprofundar no estudo da legislação, mas sem relegar a jurisprudência dos Tribunais Superiores e a doutrina.

6 ANÁLISE DE QUESTÕES DISSERTATIVAS

Nas questões dissertativas ou discursivas, os pontos mais tocados são aqueles relacionados a julgamentos mais recentes dos Tribunais Superiores.

O Tribunal de Justiça do Estado de São Paulo, no concurso de 2018, apresentou a seguinte questão de segunda fase:

> Considerando-se os fundamentos ético-filosóficos e constitucionais do direito ambiental brasileiro, responda justificadamente:
>
> **A** Qual o vínculo entre a normatividade do direito ambiental (forma) e as relações de consumo e estruturais da sociedade brasileira (conteúdo) e a necessidade de suas transformações, para a busca de um novo paradigma ético?
>
> **B** Qual o fundamento constitucional do fim redistributivo do direito ambiental e quais suas consequências para a exploração ambiental da propriedade privada e da responsabilidade civil pelos danos dela decorrentes?

No gabarito, o examinador apresentou uma resposta bastante aberta, mas fundamentada no livro de Alaor Caffe Alves (Fundamentos do Direito e Meio Ambiente – Curso interdisciplinar de Direito Ambiental – Editora Manole) e Antônio Herman Benjamin (Constitucionalização do ambiente e ecologização da constituição brasileira – Direito Constitucional Ambiental Brasileiro – Editora Saraiva). Ambos os autores foram citados na resposta esperada pela banca, abaixo transcrita, cuja utilização de várias expressões em letras maiúsculas é do próprio examinador:

> A) Há uma conexão muito intensa entre ESTRUTURA ECONÔMICA E DIREITO. Se quisermos compreender o fenômeno jurídico é preciso refletir sobre a REALIDADE ESTRUTURAL do qual ele emerge. Todavia, como o direito é criado a partir de movimentos racionais e expresso em normas abstratas, perde-se a sua DIMENSÃO DE DETERMINAÇÃO SOCIAL, ou seja, sua íntima ligação com o modo de produzir a vida social.
>
> Daí o pensamento corrente de que o direito é fruto de uma racionalidade humana-histórica, mero produto da CONSCIÊNCIA AUTÔNOMA e não de necessidades sociais concretas, fundadas nas estruturas de produção da vida social.
>
> Não se pode perder de vista, no entanto, que se o direito é hoje extremamente complexo e mutável é porque corresponde e é fruto de uma estrutura econômica igualmente complexa, estabelecendo-se, portanto, a relação dialética entre o CONTEÚDO-MATÉRIA (O SISTEMA ECONÔMICO) e a FORMA (O DIREITO).

A proteção do meio ambiente e o direito ambiental, portanto, se inserem no INTERIOR dessa ordem estrutural, de um SISTEMA DE PRODUÇÃO E ORGANIZAÇÃO SOCIAL.

É nesse contexto de expansão desenfreada do MERCADO E REPRODUÇÃO DO CAPITAL pela APROPRIAÇÃO PRIVADA dos recursos ambientais e do meio ambiente que, todavia, são de INTERESSE COLETIVO, que se colocam as naturais dificuldade e contradições do direito ambiental (apropriação privada dos recursos x meio ambiente coletivo) e seus desafios de propor normas jurídicas próprias e específicas que possam disciplinar essa estrutura econômica altamente agressiva excludente.

O direito ambiental é, portanto, uma das expressões desses ANTAGONISMOS e se manifesta na intervenção normativa para a mitigação das ações materiais que DEGRADAM as condições AMBIENTAIS e também de CONVIVÊNCIA HUMANA.

Procura a DISCIPLINA de pautas mínimas de controle sem que, por si só, possa orna-las efetivas, uma vez que essas ações predatórias e excludentes são definidas no plano da vida social em conformidade com os INTERESSES de parcelas HEGEMÔNICAS da sociedade e que detém as decisões a respeito dos processos produtivos, da exploração dos recursos naturais e da APROPRIAÇÃO PRIVADA de suas riquezas.

A LÓGICA DA ESTRUTURA DE PRODUÇÃO realiza movimentos que são absolutamente OFENSIVOS aos recursos naturais, a RACIONALIDADE do consumo e à própria possibilidade de CONVENIÊNCIA FRATERNA entre os seres humanos.

Por essas razões mesmas a tutela do meio ambiente pela via normativa não pode ser pensada ABSTRATAMENTE e desligada das QUESTÕES SOCIAIS que a ESTRUTURA, O MODO DE PRODUÇÃO e o CONSUMO vigentes implicam necessariamente.

O direito ambiental, portanto, não pode ser pensado apenas pela ORDEM JURÍDICA DE SUA POSITIVIDADE, mas pela ORDEM JURÍDICA DE SUA ESTRUTURAÇÃO ECONÔMICA e juntamente com a construção de NOVOS PARADIGMAS econômicos e sociais, evitando-se, assim, que OS PADRÕES DE CONSUMO VIGENTES entrem em CONFLITO ABSOLUTO com as POSSIBILIDADES DE EXPLORAÇÃO dos recursos naturais do país.

É preciso, igualmente, ALTERAR as RELAÇÕES ESTRUTURAIS DA SOCIEDADE, democratizando-se a divisão de riquezas PRODUZIDAS SOCIALMENTE e que decorrem de exploração dos recursos ambientais coletivos, conduzindo-se às novas formas de ACESSO aos bens materiais e imateriais (aí incluído o meio ambiente), na busca de UM NOVO PARADIGMA ÉTICO, sem o qual NÃO HAVERÁ SUSTENTABILIDADE AMBIENTAL.

Coloca-se, portanto, como DESAFIO ÉTICO para o direito ambiental, contribuir para que se estabeleça uma NOVA DIMENSÃO entre as FORMAS (normas jurídicas) e o CONTEÚDO (a produção da vida material da sociedade), de modo a possibilitar à COLETIVIDADE a fruição do meio ambiente, a exploração racional de suas potencialidades, e o alcance da SUSTENTABILIDADE, o que implica ALTERAR O PROCESSO DE DISTRIBUIÇÃO DAS RIQUEZAS E DOS BENS PRODUZIDOS SOCIALMENTE, satisfazendo-se as NECESSIDADES COLETIVAS e não os interesses egoísticos de acumulação.

Nessa relação dialética entre FORMA e CONTEÚDO o direito ambiental passa a ter uma PERSPECTIVA extremamente relevante, ao apontar para a necessidade de UM NOVO PARADIGMA ÉTICO que implique a alteração do IRRACIONAL PADRÃO DE CONSUMO VIGENTE, a melhor DISTRIBUIÇÃO DA RIQUEZA e de acesso pela COLETIVIDADE dos BENS PRODUZIDOS SOCIALMENTE, alcançando-se, assim a autêntica SUSTENTABILIDADE que não se dá apartada de uma FRATERNA CONVIVÊNCIA SOCIAL

B) O FUNDAMENTO REDISTRIBUTIVO do direito ambiental com assento constitucional se expressa no reconhecimento que procede a partir da função social da propriedade, de reconhecer uma função ecológica autônoma que deve ser rigorosamente cumprida, sob pena de perda de sua legitimidade.

Esse fim redistributivo específico leva a uma profunda ALTERAÇÃO DO PARADIGMA do direito de propriedade, instituindo um regime de EXPLORAÇÃO LIMITADA E CONDICIONADA (SUSTENTÁVEL), que não se coloque em contradição e que opere em favor da coletividade.

O novo regime de propriedade e da sua função ecológica implica a passagem de um modelo quase irrestrito de exploração, para o direito de explorar somente quando RESPEITADOS A SAÚDE HUMANA, OS INTERESSES COLETIVOS E O MEIO AMBIENTE.

Os artigos 170, VI, e 186, II, da CF expressam essa ALTERAÇÃO RADICAL do PARADIGMA CLÁSSICO da exploração econômica dos bens ambientais.

Dessa DIMENSÃO AMBIENTAL DA FUNÇÃO SOCIAL DA PROPRIEDADE que a Constituição Federal contempla decorrem importante consequências no plano do direito positivo infraconstitucional e dos paradigmas de sua intepretação e aplicação, como o reconhecimento da INVERSÃO DO ÔNUS DA PROVA DA INOFENSIVIDADE DA ATIVIDADE DE EXPLORAÇÃO PROPOSTA, A AMPLIAÇÃO DAS EXIGÊNCIAS DE LICENCIAMENTO (COM LICENÇAS A PRAZO CERTO) E A RESPONSABILIDADE CIVIL OBJETIVA na reparação dos danos causados.

Em última análise o FIM REDISTRIBUTIVO do direito ambiental expresso pelos artigos 170, VI, e 186, II, da Constituição Federal implica na redistribuição dos benefícios e custos ambientais, impedindo que a DEGRADAÇÃO AMBIENTAL venha a ser uma

APROPRIAÇÃO INDEVIDA e constitucionalmente desautorizada dos recursos ambientais, em razão da qual os BENEFÍCIOS são MONOPOLIZADOS por poucos (POLUIDORES) e os CUSTOS socializados entre todos (COLETIVIDADE).

7 DICAS FINAIS PARA OS CANDIDATOS

É tarefa árdua lograr aprovação em concursos para a magistratura estatual sem dominar, com profundidade, a lei, a doutrina e jurisprudência hodierna.

Atente-se ao fato de que, sempre que uma lei é alterada, há uma tendência de se inclui-la nas provas subsequentes, a fim de analisar se o candidato está devidamente atualizado.

Ainda, o estudo deve estar baseado em uma doutrina verticalizada, que traga à baila as principais controvérsias atuais, julgadas diuturnamente pelas Cortes Superiores.

Por derradeiro, o estudo da jurisprudência deve ser constante, por meio do acompanhamento dos informativos dos Tribunais Superiores.

Importante salientar que algumas Cortes possuem informativos ou boletins de jurisprudência, que auxiliam o candidato a tomar conhecimento dos temas mais atuais. Com efeito, uma visita ao sítio eletrônico do Tribunal para o qual o candidato realizará o concurso é essencial.

Por derradeiro, a possibilidade de questões mais abertas, em temática ambiental, na segunda fase, é um ponto que não pode ser negligenciado pelo candidato. Os tribunais se preocupam cada vez mais com a formação humana de seus membros, o que inclui, a toda evidência, visões favoráveis à proteção do meio ambiente, essencial para o bem-estar das presentes e futuras gerações. Com efeito, o conhecimento dos princípios setoriais do Direito Ambiental é *conditio sine qua non* para uma resposta aprofundada e a contento.

Direito EMPRESARIAL

Victor Vasconcellos de Mattos

1 BIBLIOGRAFIA INDICADA

Analisando as questões apresentadas nos diversos concursos da Magistratura Estadual, observa-se que as principais bancas exigem um conhecimento da lei e da jurisprudência do Supremo Tribunal Federal e do Superior Tribunal de Justiça. Desta forma, dominar os Informativos publicados nos sítios eletrônicos das Cortes Superiores é essencial para um desempenho satisfatório nos certames públicos.

Por outro lado, temas eminentemente doutrinários são objeto de cobrança, em provas objetivas, em menor escala, porquanto há variadas correntes e posicionamentos, o que pode dar azo à anulação de questões.

Impende observar que existem diversas obras doutrinárias, em sede de Direito Empresarial, que podem auxiliar adequadamente os candidatos em seus estudos. Não há a necessidade de se proceder à leitura de todos os manuais ora indicados. Na verdade, o candidato deve se ater à obra que melhor se adapte ao seu estilo.

Nesse contexto, para fins de concurso público, os livros mais indicados são:

a) Curso de Direito Comercial – Fábio Ulhoa Coelho.

b) Direito Empresarial – André Santa Cruz.

A obra do Fábio Ulhoa Coelho é direta, o que facilita a aprendizagem conceitual e funcional dos institutos de Direito Empresarial.

Hodiernamente, o livro mais completo e indicado para concurso, inegavelmente, é o *Direito Empresarial*, de autoria de André Luiz Santa Cruz Ramos, volume único. Cuida-se de obra didática, que apresenta conceitos robustos e diagramas que facilitam a compreensão, relaciona leis e posições dos Tribunais Superiores, além de incluir questões de concurso após os tópicos mais importantes da matéria.

2 CONTEÚDO PROGRAMÁTICO NOS EDITAIS DOS CONCURSOS PARA A MAGISTRATURA

Nos últimos 9 anos, foram aplicadas 43 provas de Magistratura Estadual. Veja-se.

TRIBUNAL	ANO	BANCA
TJGO	2015	FCC
TJPE	2015	FCC
TJRR	2015	FCC
TJSC	2015	FCC
TJMS	2015	VUNESP
TJDFT	2015	CESPE
TJPB	2015	CESPE
TJAL	2015	FCC
TJSP	2015	VUNESP
TJSE	2015	FCC
TJPI	2015	FCC
TJAM	2016	Cebraspe
TJDFT	2016	Cebraspe
TJRS	2016	FAURS
TJRJ	2016	Vunesp
TJPR	2017	Cebraspe
TJSC	2017	FCC
TJSP	2017	Vunesp
TJCE	2018	Cebraspe
TJMG	2018	Consulplan
TJSP	2018	Vunesp

TRIBUNAL	ANO	BANCA
TJMT	2018	Vunesp
TJRS	2018	Vunesp
TJPA	2019	CEBRASPE
TJSC	2019	CEBRASPE
TJPR	2019	CEBRASPE
TJBA	2019	CEBRASPE
TJAL	2019	FCC
TJRJ	2019	VUNESP
TJRO	2019	VUNESP
TJAC	2019	VUNESP
TJMS	2020	FCC
TJSP	2021	VUNESP
TJGO	2021	FCC
TJPR	2021	FGV
TJSC	2022	FGV
TJAP	2022	FGV
TJRS	2022	FAURGS
TJMG	2022	FGV
TJPE	2022	FGV
TJMA	2022	CEBRASPE
TJDFT	2023	CEBRASPE
TJSP	2023	VUNESP

Verifica-se o seguinte cenário:

a) CEBRASPE: 12 certames.

b) VUNESP: 12 certames.

c) FCC: 11 certames.

d) FGV: 5 certames.

e) FAURS: 2 certames.

f) CONSULPLAN: 1 certame.

Por questões didáticas e considerando a estatística acima, serão analisadas as questões das bancas CEBRASPE, VUNESP, FCC e FGV.

Regra geral, a prova objetiva, nos concursos da Magistratura, conta com 100 questões, à exceção do Tribunal de Justiça do Estado do Rio de Janeiro, o qual, tradicionalmente, traz à baila 80 questões objetivas.

Para a disciplina de Direito Empresarial, foram direcionadas **uma média de 7 a 8 questões**, em cada prova.

Impende observar que cada entidade organizadora goza de discricionariedade regrada para fins de definição dos pontos cobrados em cada disciplina.

Registre-se, de qualquer sorte, que os editais se aproximam, até porque as bancas consideram as normas positivadas e a jurisprudência das Cortes Superiores.

Nada impede, evidentemente, que determinada organizadora inclua, pontualmente, conteúdos outros, de menor magnitude, que poderão ser oportunamente estudados pelo candidato.

Pontue-se que trouxemos à baila o padrão VUNESP, adaptado, utilizado no concurso do Tribunal de Justiça do Estado de São Paulo (concurso 190º), porquanto há uma divisão da matéria "Direito Empresarial" em um maior número de pontos, o que facilita a visualização do leitor.

Seguem, portanto, os pontos de Direito Empresarial:

1. Origens e história do Direito Comercial. Teoria dos atos de comércio. Teoria da empresa e atividade empresarial e mercado. O Direito Civil e o Direito Comercial: autonomia ou unificação. Fontes do Direito Comercial. Os perfis do mercado. Princípios constitucionais econômicos e sua instrumentalidade para o funcionamento do mercado.
2. Direito de Empresa no Código Civil. A empresa e o empresário. Noção econômica e jurídica de empresa. Empresário e sociedade empresária. A atividade empresarial. Capacidade. Empresário rural. Obrigações gerais dos empresários.
3. Registro Público de Empresas Mercantis e Atividades Afins. Escrituração e demonstrações contábeis periódicas.
4. Estabelecimento empresarial. Nome empresarial.
5. Disciplina jurídica da concorrência. Concorrência desleal. Repressão civil e penal. Infração da ordem econômica. Sanções por infração da ordem econômica.

6. Teoria Geral do Direito Societário. Ato constitutivo das sociedades. Classificação das sociedades. Da sociedade não personificada e personificada. Sociedades simples e sociedades empresárias. Registro Público das sociedades. Sociedade rural. Desconsideração da personalidade jurídica.
7. Sociedade limitada.
8. Sociedade anônima (Lei 6.404/76).
9. Teoria Geral dos Títulos de Crédito. Títulos de crédito no Código Civil. Letra de câmbio, nota promissória, cheque, duplicata. Títulos de crédito impróprios. Títulos bancários. Títulos do agronegócio. Títulos eletrônicos ou virtuais.
10. Teoria Geral do direito dos contratos. O Comércio eletrônico. Contratos empresariais. Compra e venda mercantil. Contratos de colaboração.
11. Contratos bancários. Mútuo, fiança, penhor e seguro. Arrendamento mercantil. Fomento Mercantil. Franquia. Alienação fiduciária em garantia. Cartões de Crédito. Transporte de carga, fretamento e armazenagem. Agenciamento de publicidade.
12. O empresário e a relação de consumo. Da tutela contratual dos consumidores.
13. Teoria Geral da Falência. Falência na Lei nº 11.101/2005. Órgãos da falência. Efeitos da falência. Processo de falência. Pedidos de restituição. Da ineficácia e da revogação de atos praticados antes da falência. Realização do ativo. Classificação e pagamento dos credores. Encerramento da falência. Liquidação extrajudicial de instituições financeiras e entidades equiparadas.
14. Teoria Geral da Recuperação da empresa. Recuperação judicial e recuperação extrajudicial. Órgãos da recuperação judicial. Processo da recuperação. Verificação dos créditos.
15. Empresa individual de responsabilidade limitada.
16. Microempresa e empresa de pequeno porte.
17. Direito de Propriedade industrial (Lei 9.279, de 14/5/1996).
18. Mudanças trazidas pela Lei n. 14.195/2021 – Lei do Ambiente de Negócios, sobre a facilitação para abertura de empresas, proteção de acionistas minoritários, facilitação do comércio exterior, criação do Sistema Integrado de Recuperação de Ativos, consolidação da Sociedade Limitada Unipessoal e extinção da EIRELI.

19. Lei n. 14.193/2021 – SAF – Sociedade Anônima do Futebol.
20. Lei Complementar n° 182/2021 - Marco Legal das Startups.

Ressalte-se, novamente, que este é o padrão VUNESP, adaptado, com inclusão de pontos elencados por outras bancas. A divisão do programa em um maior número de pontos facilita a visualização, pelo leitor, das temáticas frequentemente abordadas nos certames da Magistratura Estadual.

3 ANÁLISE DAS ÚLTIMAS PROVAS OBJETIVAS

Para fins deste estudo, procedeu-se à análise das provas de 2015 a 2023 dos Tribunais de Justiça dos Estados, atentando-se para os certames promovidos pela CESPE, FCC, VUNESP e FGV. O resultado é a tabela abaixo apresentada:

Ponto	CESPE	FCC	VUNESP	FGV
1. Origens e história do Direito Comercial. Teoria dos atos de comércio. Teoria da empresa e atividade empresarial e mercado. O Direito Civil e o Direito Comercial: autonomia ou unificação. Fontes do Direito Comercial. Os perfis do mercado. Princípios constitucionais econômicos e sua instrumentalidade para o funcionamento do mercado.	1	0	0	0
2. Direito de Empresa no Código Civil. A empresa e o empresário. Noção econômica e jurídica de empresa. Empresário e sociedade empresária. A atividade empresarial. Capacidade. Empresário rural. Obrigações gerais dos empresários.	4	2	6	3
3 Registro Público de Empresas Mercantis e Atividades Afins. Escrituração e demonstrações contábeis periódicas.	3	1	1	0
4. Estabelecimento empresarial. Nome empresarial.	8	5	7	0
5. Disciplina jurídica da concorrência. Concorrência desleal. Repressão civil e penal. Infração da ordem econômica. Sanções por infração da ordem econômica.	6	0	2	0

Ponto	CESPE	FCC	VUNESP	FGV
6. Teoria Geral do Direito Societário. Ato constitutivo das sociedades. Classificação das sociedades. Da sociedade não personificada e personificada. Sociedades simples e sociedades empresárias. Registro Público das sociedades. Sociedade rural. Desconsideração da personalidade jurídica.	15	5	9	3
7. Sociedade limitada.	3	4	8	3
8. Sociedade anônima (Lei 6.404/76).	8	7	13	6
9. Teoria Geral dos Títulos de Crédito. Títulos de crédito no Código Civil. Letra de câmbio, nota promissória, cheque, duplicata. Títulos de crédito impróprios. Títulos bancários. Títulos do agronegócio. Títulos eletrônicos ou virtuais.	14	19	26	5
10. Teoria Geral do direito dos contratos. O Comércio eletrônico. Contratos empresariais. Compra e venda mercantil. Contratos de colaboração.	10	3	12	0
11. Contratos bancários. Mútuo, fiança, penhor e seguro. Arrendamento mercantil. Fomento Mercantil. Franquia. Alienação fiduciária em garantia. Cartões de Crédito. Transporte de carga, fretamento e armazenagem. Agenciamento de publicidade.	5	1	3	0
12. O empresário e a relação de consumo. Da tutela contratual dos consumidores.	1	0	1	0
13. Teoria Geral da Falência. Falência na Lei nº 11.101/2005 e alterações. Órgãos da falência. Efeitos da falência. Processo de falência. Pedidos de restituição. Da ineficácia e da revogação de atos praticados antes da falência. Realização do ativo. Classificação e pagamento dos credores. Encerramento da falência. Liquidação extrajudicial de instituições financeiras e entidades equiparadas.	12	9	9	10
14. Teoria Geral da Recuperação da empresa. Recuperação judicial e recuperação extrajudicial. Órgãos da recuperação judicial. Processo da recuperação. Verificação dos créditos. Lei nº 11.101/2005 e alterações.	7	8	9	10

Ponto	CESPE	FCC	VUNESP	FGV
15. Empresa individual de responsabilidade limitada.	2	3	1	0
16. Microempresa e empresa de pequeno porte.	2	1	1	1
17. Direito de Propriedade industrial (Lei 9.279, de 14/5/1996).	7	4	5	1
18. Mudanças trazidas pela Lei n. 14.195/2021 – Lei do Ambiente de Negócios, sobre a facilitação para abertura de empresas, proteção de acionistas minoritários, facilitação do comércio exterior, criação do Sistema Integrado de Recuperação de Ativos, consolidação da Sociedade Limitada Unipessoal e extinção da EIRELI.	0	0	0	0
19. Lei n. 14.193/2021 – SAF – Sociedade Anônima do Futebol.	0	0	1	0
20. Lei Complementar n° 182/2021 - Marco Legal das Startups.	0	0	0	0

Considerando o total de questões de cada ponto, verifica-se o seguinte resultado:

Ponto	Total
1. Origens e história do Direito Comercial. Teoria dos atos de comércio. Teoria da empresa e atividade empresarial e mercado. O Direito Civil e o Direito Comercial: autonomia ou unificação. Fontes do Direito Comercial. Os perfis do mercado. Princípios constitucionais econômicos e sua instrumentalidade para o funcionamento do mercado.	1
2. Direito de Empresa no Código Civil. A empresa e o empresário. Noção econômica e jurídica de empresa. Empresário e sociedade empresária. A atividade empresarial. Capacidade. Empresário rural. Obrigações gerais dos empresários.	15
3 Registro Público de Empresas Mercantis e Atividades Afins. Escrituração e demonstrações contábeis periódicas.	5
4. Estabelecimento empresarial. Nome empresarial.	20
5. Disciplina jurídica da concorrência. Concorrência desleal. Repressão civil e penal. Infração da ordem econômica. Sanções por infração da ordem econômica.	8

Ponto	Total
6. Teoria Geral do Direito Societário. Ato constitutivo das sociedades. Classificação das sociedades. Da sociedade não personificada e personificada. Sociedades simples e sociedades empresárias. Registro Público das sociedades. Sociedade rural. Desconsideração da personalidade jurídica.	32
7. Sociedade limitada.	18
8. Sociedade anônima (Lei 6.404/76).	34
9. Teoria Geral dos Títulos de Crédito. Títulos de crédito no Código Civil. Letra de câmbio, nota promissória, cheque, duplicata. Títulos de crédito impróprios. Títulos bancários. Títulos do agronegócio. Títulos eletrônicos ou virtuais.	64
10. Teoria Geral do direito dos contratos. O Comércio eletrônico. Contratos empresariais. Compra e venda mercantil. Contratos de colaboração.	25
11. Contratos bancários. Mútuo, fiança, penhor e seguro. Arrendamento mercantil. Fomento Mercantil. Franquia. Alienação fiduciária em garantia. Cartões de Crédito. Transporte de carga, fretamento e armazenagem. Agenciamento de publicidade.	9
12. O empresário e a relação de consumo. Da tutela contratual dos consumidores.	2
13. Teoria Geral da Falência. Falência na Lei nº 11.101/2005 e alterações. Órgãos da falência. Efeitos da falência. Processo de falência. Pedidos de restituição. Da ineficácia e da revogação de atos praticados antes da falência. Realização do ativo. Classificação e pagamento dos credores. Encerramento da falência. Liquidação extrajudicial de instituições financeiras e entidades equiparadas.	40
14. Teoria Geral da Recuperação da empresa. Recuperação judicial e recuperação extrajudicial. Órgãos da recuperação judicial. Processo da recuperação. Verificação dos créditos. Lei nº 11.101/2005 e alterações.	34
15. Empresa individual de responsabilidade limitada.	6
16. Microempresa e empresa de pequeno porte.	5
17. Direito de Propriedade industrial (Lei 9.279, de 14/5/1996).	17
18. Mudanças trazidas pela Lei n. 14.195/2021 – Lei do Ambiente de Negócios, sobre a facilitação para abertura de empresas, proteção de acionistas minoritários, facilitação do comércio exterior, criação do Sistema Integrado de Recuperação de Ativos, consolidação da Sociedade Limitada Unipessoal e extinção da EIRELI.	0
19. Lei n. 14.193/2021 – SAF – Sociedade Anônima do Futebol.	1
20. Lei Complementar n° 182/2021 – Marco Legal das Startups.	0

Ressalte-se, ainda, que, na análise das questões, aquelas que exigiram conhecimento de mais de um ponto, foram incluídas em todos os pontos envolvidos, para que esta pesquisa seja a mais completa e fidedigna possível.

Consideradas todas as provas analisadas dos últimos 9 anos, observa-se que as matérias com maior incidência em provas são:

1) Teoria Geral dos Títulos de Crédito. Títulos de crédito no Código Civil. Letra de câmbio, nota promissória, cheque, duplicata. Títulos de crédito impróprios. Títulos bancários. Títulos do agronegócio. Títulos eletrônicos ou virtuais (66 vezes).

2) Teoria Geral da Falência. Falência na Lei nº 11.101/2005 e alterações. Órgãos da falência. Efeitos da falência. Processo de falência. Pedidos de restituição. Da ineficácia e da revogação de atos praticados antes da falência. Realização do ativo. Classificação e pagamento dos credores. Encerramento da falência. Liquidação extrajudicial de instituições financeiras e entidades equiparadas (40 vezes).

3) Teoria Geral da Recuperação da empresa. Recuperação judicial e recuperação extrajudicial. Órgãos da recuperação judicial. Processo da recuperação. Verificação dos créditos. Lei nº 11.101/2005 e alterações (34 vezes).

4) Sociedade anônima (Lei 6.404/76) (34 vezes).

5) Teoria Geral do Direito Societário. Ato constitutivo das sociedades. Classificação das sociedades. Da sociedade não personificada e personificada. Sociedades simples e sociedades empresárias. Registro Público das sociedades. Sociedade rural. Desconsideração da personalidade jurídica (32 vezes).

Em uma análise de banca, verifica-se uma variação pequena nos temas que têm maior incidência:

⊛ a) CESPE

1. Teoria Geral do Direito Societário. Ato constitutivo das sociedades. Classificação das sociedades. Da sociedade não personificada e personificada. Sociedades simples e sociedades empresárias. Registro Público das sociedades. Sociedade rural. Desconsideração da personalidade jurídica.

2. Teoria Geral dos Títulos de Crédito. Títulos de crédito no Código Civil. Letra de câmbio, nota promissória, cheque, duplicata.

Títulos de crédito impróprios. Títulos bancários. Títulos do agronegócio. Títulos eletrônicos ou virtuais.

3. Teoria Geral da Falência. Falência na Lei 11.101/2005 e alterações. Órgãos da falência. Efeitos da falência. Processo de falência. Pedidos de restituição. Da ineficácia e da revogação de atos praticados antes da falência. Realização do ativo. Classificação e pagamento dos credores. Encerramento da falência. Liquidação extrajudicial de instituições financeiras e entidades equiparadas.

b) FCC

1. Teoria Geral dos Títulos de Crédito. Títulos de crédito no Código Civil. Letra de câmbio, nota promissória, cheque, duplicata. Títulos de crédito impróprios. Títulos bancários. Títulos do agronegócio. Títulos eletrônicos ou virtuais.
2. Teoria Geral da Falência. Falência na Lei nº 11.101/2005 e alterações. Órgãos da falência. Efeitos da falência. Processo de falência. Pedidos de restituição. Da ineficácia e da revogação de atos praticados antes da falência. Realização do ativo. Classificação e pagamento dos credores. Encerramento da falência. Liquidação extrajudicial de instituições financeiras e entidades equiparadas.
3. Teoria Geral da Recuperação da empresa. Recuperação judicial e recuperação extrajudicial. Órgãos da recuperação judicial. Processo da recuperação. Verificação dos créditos. Lei nº 11.101/2005 e alterações.

c) Vunesp

1. Teoria Geral dos Títulos de Crédito. Títulos de crédito no Código Civil. Letra de câmbio, nota promissória, cheque, duplicata. Títulos de crédito impróprios. Títulos bancários. Títulos do agronegócio. Títulos eletrônicos ou virtuais.
2. Sociedade anônima (Lei 6.404/76).
3. Teoria Geral do direito dos contratos. O Comércio eletrônico. Contratos empresariais. Compra e venda mercantil. Contratos de colaboração.

d) FGV

1. Teoria Geral da Falência. Falência na Lei nº 11.101/2005 e alterações. Órgãos da falência. Efeitos da falência. Processo de

falência. Pedidos de restituição. Da ineficácia e da revogação de atos praticados antes da falência. Realização do ativo. Classificação e pagamento dos credores. Encerramento da falência. Liquidação extrajudicial de instituições financeiras e entidades equiparadas.

2. Teoria Geral da Recuperação da empresa. Recuperação judicial e recuperação extrajudicial. Órgãos da recuperação judicial. Processo da recuperação. Verificação dos créditos. Lei nº 11.101/2005 e alterações.

3. Sociedade anônima (Lei 6.404/76).

Passe-se, neste momento, a uma análise qualitativa das matérias cobradas nas provas anteriores.

4 PONTOS ESPECÍFICOS MAIS RELEVANTES DAS PROVAS OBJETIVAS

De posse da lista acima indicada, pode-se traçar um estudo mais aprofundado dos temas cobrados nos concursos da Magistratura Estadual.

a) Teoria Geral dos Títulos de Crédito. Títulos de crédito no Código Civil. Letra de câmbio, nota promissória, cheque, duplicata. Títulos de crédito impróprios. Títulos bancários. Títulos do agronegócio. Títulos eletrônicos ou virtuais.

Dentro deste tema, cobra-se muito a teoria geral, protesto, cheques e duplicatas. Veja-se, a exemplo, a seguinte questão do concurso do Tribunal de Justiça do Acre de 2019, promovido pela Vunesp:

QUESTÃO

Em relação ao instituto do cheque, é correto afirmar:

A Pago o cheque depois do protesto, pode este ser cancelado, a pedido exclusivo do credor, mediante arquivamento do original do título com a perfeita identificação de sua quitação pelo credor.

B O emitente ou o portador podem cruzar o cheque, mediante a aposição de dois traços paralelos no anverso do título, podendo o cruzamento especial ser convertido em geral, e a inutilização do cruzamento somente poderá ser feita pelo emitente, mediante declaração no verso do título.

C Feita a indicação da quantia em algarismos e por extenso, prevalece esta no caso de divergência, e, indicada a quantia mais de uma vez, quer por extenso, quer por algarismos, prevalece, no caso de divergência, a indicação da menor quantia.

D O pagamento do cheque pode ser garantido, no todo ou em parte, por aval prestado por terceiro, inclusive o sacado, ou mesmo por signatário do título, devendo o aval ser lançado obrigatoriamente no anverso do título e com indicação expressa do emitente.

A questão pode ser resolvida com base na Lei do Cheque (Lei 7.357/85).

A alternativa "A" está errada porque, pago o cheque depois do protesto, pode este ser cancelado, a pedido de qualquer interessado, mediante arquivamento de cópia autenticada da quitação que contenha perfeita identificação do título (art. 48, § 4º).

A alternativa "B" tem redação contrária à lei, que permite tanto ao emitente quanto ao portador cruzar o cheque, mediante a aposição de dois traços paralelos no anverso do título. O cruzamento é geral se entre os dois traços não houver nenhuma indicação ou existir apenas a indicação "banco", ou outra equivalente. O cruzamento é especial se entre os dois traços existir a indicação do nome do banco. O cruzamento geral pode ser convertido em especial, mas este não pode converter-se naquele. A inutilização do cruzamento ou a do nome do banco é reputada como não existente (art. 44).

A alternativa "D" está errada, de acordo com os artigos 29 e 30, que reputam que o pagamento do cheque pode ser garantido, no todo ou em parte, por aval prestado por terceiro, exceto o sacado, ou mesmo por signatário do título. O aval é lançado no cheque ou na folha de alongamento. Exprime-se pelas palavras "por aval", ou fórmula equivalente, com a assinatura do avalista. Considera-se como resultante da simples assinatura do avalista, aposta no anverso do cheque, salvo quando se tratar da assinatura do emitente.

Resta correta, portanto, a alternativa C, que está de acordo com o disposto no art. 12 da Lei do Cheque: "Feita a indicação da quantia em algarismos e por extenso, prevalece esta no caso de divergência. Indicada a quantia mais de uma vez, quer por extenso, quer por algarismos, prevalece, no caso de divergência, a indicação da menor quantia".

b) Teoria Geral do Direito Societário. Ato constitutivo das sociedades. Classificação das sociedades. Da sociedade não per-

sonificada e personificada. Sociedades simples e sociedades empresárias. Registro Público das sociedades. Sociedade rural. Desconsideração da personalidade jurídica.

Veja-se, sobre a temática, questão cobrada no Concurso do TJMG, promovido pela FGV, em 2022.

> João, brasileiro, casado sob o regime de comunhão universal de bens com Maria, residente e domiciliado em Minas Gerais, pretende constituir sociedade empresária com Carlos, brasileiro, solteiro, nascido em 2007, residente e domiciliado em São Paulo, para a consecução de compra e venda de produtos alimentícios.
>
> Com relação à hipótese apresentada, assinale a afirmativa correta.
>
> **A** João não pode ser sócio de Carlos, por ser casado sob o regime de comunhão universal de bens com Maria, o que, nos moldes legais o impede de exercer a atividade empresarial.
>
> **B** Carlos, por ser absolutamente incapaz, não poderá exercer a administração da sociedade, porém poderá dela fazer parte desde que seja devidamente representado e o capital social esteja totalmente subscrito e integralizado.
>
> **C** Se o representante ou assistente de Carlos for pessoa que, por disposição de lei, não puder exercer atividade de empresário, ele não poderá ser sócio da sociedade.
>
> **D** João, no exercício da atividade empresarial, não poderá gravar de ônus reais os imóveis que integrem o patrimônio da empresa sem a outorga conjugal de Maria.

A letra "A" está errada, à luz da dicção do art. 977 do Código Civil, ao prever que "faculta-se aos cônjuges contratar sociedade, entre si ou com terceiros, desde que não tenham casado no regime da comunhão universal de bens, ou no da separação obrigatória." Percebe-se, pois, que a vedação legal, em se tratando de regime da comunhão universal de bens, alcança os cônjuges, o que não é o cenário delimitado pela questão.

A letra "C" está inadequada, por violar a literalidade do art. 975 do Código Civil, ao preceituar que se o representante ou assistente do incapaz for pessoa que, por disposição de lei, não puder exercer atividade de empresário, nomeará, com a aprovação do juiz, um ou mais gerentes.

A letra "D" está em dissonância com o *quantum* previsto no art. 978, o qual aduz que o empresário casado pode, sem necessidade de outorga conjugal, qualquer que seja o regime de bens, alienar os imóveis que integrem o patrimônio da empresa ou gravá-los de ônus real.

O gabarito é, pois, a letra B, nos termos do art. 974, caput e § 3º, do Código Civil.

> Art. 974. Poderá o incapaz, por meio de representante ou devidamente assistido, continuar a empresa antes exercida por ele enquanto capaz, por seus pais ou pelo autor de herança.
>
> § 3º O Registro Público de Empresas Mercantis a cargo das Juntas Comerciais deverá registrar contratos ou alterações contratuais de sociedade que envolva sócio incapaz, desde que atendidos, de forma conjunta, os seguintes pressupostos:
>
> I – o sócio incapaz não pode exercer a administração da sociedade;
>
> II – o capital social deve ser totalmente integralizado;
>
> III – o sócio relativamente incapaz deve ser assistido e o absolutamente incapaz deve ser representado por seus representantes legais.

c) Teoria Geral da Falência. Falência na Lei 11.101/05. Órgãos da falência. Efeitos da falência. Processo de falência. Pedidos de restituição. Da ineficácia e da revogação de atos praticados antes da falência. Realização do ativo. Classificação e pagamento dos credores. Encerramento da falência. Liquidação extrajudicial de instituições financeiras e entidades equiparadas.

Veja-se, sobre a temática, questão cobrada no Concurso do TJSP, promovido pela VUNESP, em 2023.

> Em relação à alienação de bens no processo de falência, é correto afirmar que
>
> **A** em qualquer modalidade de alienação, o Ministério Público, as Fazendas Públicas e o Administrador Judicial serão intimados por meio eletrônico, nos termos da legislação vigente e respeitadas as respectivas prerrogativas funcionais, sob pena de nulidade.
>
> **B** a alienação por leilão eletrônico de bens poderá ocorrer em segunda chamada, dentro de 15 (quinze) dias, contados da primeira chamada, por qualquer preço.
>
> **C** poderão ser apresentadas impugnações por quaisquer credores, pelo devedor ou pelo Ministério Público, no prazo de 48 (quarenta e oito) horas da arrematação, sendo que, no caso de impugnação baseada no valor de venda, deverá vir

acompanhada de depósito caucionário equivalente a 10% (dez por cento) do valor oferecido.

D poderá se dar por pregão, desde que antecedido por publicação de anúncio em jornal de ampla circulação, com 15 (quinze) dias de antecedência, em se tratando de bens móveis, e com 30 (trinta) dias na alienação da empresa ou de bens imóveis, facultada a divulgação por outros meios que contribuam para o amplo conhecimento da venda.

A alternativa "A" está errada, porquanto não há previsão legal de intimação do Administrador Judicial. Nesse sentido, veja-se à dicção do art. 142, §7º, da Lei 11.101/2005, alterado pela Lei 14.112/2020: "em qualquer modalidade de alienação, o Ministério Público e as Fazendas Públicas serão intimados por meio eletrônico, nos termos da legislação vigente e respeitadas as respectivas prerrogativas funcionais, sob pena de nulidade."

A alternativa "B" está errada, considerando que a alienação por leilão eletrônico, presencial ou híbrido dar-se-á em segunda chamada, dentro de 15 (quinze) dias, contados da primeira chamada, por no mínimo 50% (cinquenta por cento) do valor de avaliação, na forma do art. 142, § 3º-A, II, da Lei 11.101/2005, incluído pela Lei 14.112/2020.

A alternativa "D" está equivocada, porquanto a Lei 14.112/2020, ao alterar substancialmente a Lei 11.101/2005, revogou a alienação por pregão. Na verdade, adotar-se-á leilão eletrônico, presencial ou híbrido; processo competitivo organizado promovido por agente especializado e de reputação ilibada, cujo procedimento deverá ser detalhado em relatório anexo ao plano de realização do ativo ou ao plano de recuperação judicial, conforme o caso; e qualquer outra modalidade, desde que aprovada nos termos da LRF (art. 142 da Lei 11.101/2005).

O gabarito é, pois, a letra C, nos termos do art. 143, *caput* e § 1º, da Lei 11.101/2005.

d) Sociedade Anônima

As questões sobre Sociedades Anônimas têm exigido mais conhecimento da lei, embora, vez ou outra, exige-se um conhecimento básico da doutrina e posicionamentos dos tribunais superiores. Neste caso, as questões envolvem assuntos recentemente julgados pelos tribunais, que podem ser acompanhados principalmente através dos informativos do STJ.

Veja-se, sobre a temática, questão cobrada no Concurso do TJMA, promovido pela CESPE, em 2022.

A respeito das espécies e classes das ações emitidas pelas sociedades anônimas, assinale a opção correta.

A As ações ordinárias asseguram ao seu titular prioridade na distribuição de dividendos.

B A emissão de ações ordinárias é facultativa, ao passo que a das preferenciais é obrigatória.

C As ações preferenciais sem direito a voto ou sujeitas a restrição no exercício desse direito podem atingir a totalidade das ações emitidas pela sociedade.

D As ações preferenciais de classe especial criadas nas companhias objeto de desestatização são de propriedade exclusiva do ente desestatizante.

E As ações ordinárias de companhia fechada não podem ser convertidas em ações preferenciais.

A alternativa "A" está errada, porquanto a prioridade na distribuição dos dividendos é vantagem que pode ser assegurada às ações preferenciais (art. 17, I, da Lei 6.404/1976).

A alternativa "B" está errada, em razão da essencialidade das ações ordinárias. Por outro lado, as ações preferenciais são de emissão facultativa. Percebe-se, pois, que o examinador inverteu as características dos institutos jurídicos.

A alternativa "C", por sua vez, é contrária à norma prevista no art. 17, § 2º, da Lei das Sociedades Anônimas, ao preconizar que o número de ações preferenciais sem direito a voto, ou sujeitas a restrição no exercício desse direito, não pode ultrapassar 50% do total das ações emitidas.

A letra "E" não é compatível com o art. 16, I, da Lei 6.404/1976, ao aduzir que as ações ordinárias de companhia fechada poderão ser de classes diversas, em função de conversibilidade em ações preferenciais.

O gabarito é, pois, a letra "D", ao tratar do que se denomina de "golden share". A opção está de acordo com o art. 17, § 7º, da Lei das Sociedades Anônimas. Veja-se: "*Nas companhias objeto de desestatização poderá ser criada ação preferencial de classe especial, de propriedade exclusiva do ente desestatizante, à qual o estatuto social poderá conferir os poderes que especificar, inclusive o poder de veto às deliberações da assembléia-geral nas matérias que especificar.*"

➔ e) Estabelecimento empresarial. Nome empresarial

Neste tópico, os pontos mais cobrados são o nome empresarial e o trespasse, exigindo-se bastante conhecimento da doutrina e da lei.

A questão apresentada no concurso do Tribunal de Justiça do Paraná de 2019, promovido pela CESPE, representa bem este tratamento:

QUESTÃO

O nome empresarial identifica o sujeito de direito; a marca identifica, direta ou indiretamente, produtos ou serviços. A respeito desses dois institutos – nome empresarial e marca –, assinale a opção correta.

Ⓐ O registro da marca no Instituto Nacional da Propriedade Industrial (INPI) garante, consequentemente, a proteção do nome empresarial, independentemente do registro deste nas juntas comerciais.

Ⓑ A proteção conferida ao nome empresarial se exaure nos limites do estado federado onde fica a junta comercial na qual se fez seu registro, sendo sua proteção nos demais estados condicionada ao seu registro nas respectivas juntas comerciais.

Ⓒ Devido ao princípio da especificidade, a proteção da marca de alto renome e do nome empresarial se restringe aos segmentos dos produtos ou serviços passíveis de dúvidas.

Ⓓ O direito de utilização exclusiva de marca se extingue em vinte anos, podendo ser prorrogado, ao passo que o do nome empresarial vigora por prazo indeterminado.

A alternativa A está incorreta, pois confunde o registro de marca com o nome empresarial, sendo que o tratamento legal e a forma de proteção são diferentes. A proteção do nome empresarial depende da sua inscrição nas juntas comerciais e está limitada à circunscrição do Estado onde foi realizado o registro (art. 1.166 do Código Civil). A marca é tema de propriedade industrial, protegida por meio de registro único no INPI, com consequências em todo território nacional (art. 129 da LPI).

A alternativa B está correta, de acordo como art. 1.166 do Código Civil: "Art. 1.166. A inscrição do empresário, ou dos atos constitutivos das pessoas jurídicas, ou as respectivas averbações, no registro próprio, asseguram o uso exclusivo do nome nos limites do respectivo Estado".

A alternativa C está incorreta, vez que o princípio da especificidade se aplica ao nome empresarial, mas não à marca de alto renome, conforme disposto no art. 125 da LPI: "À marca registrada no Brasil considerada de alto renome será assegurada proteção especial, em todos os ramos de atividade" e não especificamente ao segmento do produto ou serviço.

A alternativa D está incorreta, porque apresenta prazo de vigência do registro da marca incorreto, que pela lei é de 10 anos, podendo ser prorrogado por períodos iguais e sucessivos, enquanto o nome empresarial não tem limitação temporal, apenas circunstancial, nos termos do art. 1.168 do Código Civil.

5 DOUTRINA, JURISPRUDÊNCIA E "LEI SECA" NOS CONCURSOS DA MAGISTRATURA ESTADUAL

Observa-se, na pesquisa realizada nos últimos nove anos de concurso público para magistratura, nas principais bancas, que é essencial o estudo concomitante da letra da lei, da jurisprudência e da doutrina.

De acordo com a pesquisa realizada, o conhecimento exigido apresenta as seguintes proporções:

Conhecimento	CESPE	FCC	VUNESP	FGV
Doutrina	17%	24%	19%	10%
Jurisprudência	31%	25%	29%	20%
Lei	52%	51%	52%	70%

Importante ressaltar que, no cálculo realizado, as questões que exigiram múltiplo conhecimento foram incluídas em cada qual.

Em Direito Administrativo, o que se verifica é a essencialidade do leitor se aprofundar, concomitantemente, no estudo da doutrina, da legislação e da jurisprudência dos Tribunais Superiores.

6 ANÁLISE DE QUESTÕES DISSERTATIVAS

Nas questões dissertativas ou discursivas, os pontos mais cobrados são aqueles relacionados a julgamentos mais recentes dos Tribunais Superiores.

Os examinadores de Direito Empresarial têm sido bastante ponderados nas questões discursivas. O conhecimento prévio da matéria e o acesso à legislação têm sido, em regra, suficiente para responder as questões dos concursos.

Veja-se, a seguir, duas questões elaboradas no concurso da Magistratura do TJRJ, cuja prova discursiva fora aplicada em 2021.

> Determinada sociedade limitada estabelecida por prazo indeterminado e constituída por quatro sócios. Um dos sócios se afastou

da vida societária e, exercendo seu direito de retirada, no mesmo dia, ajuizou ação para recebimento dos valores referentes às suas cotas. Transcorridos 24 (vinte e quatro) meses, foi prolatada a sentença, julgando procedente a demanda e determinando a dissolução parcial da sociedade e apuração de haveres. O sócio nada recebeu durante o tempo da ação judicial. Qual a data base da apuração de haveres? O balanço especial de apuração de haveres deve considerar a mutação patrimonial gerada no período da ação judicial? Justifique.

No caso em destaque, é essencial que se transcreva, na íntegra, a resposta almejada pelo examinador.

> *"Trata-se de hipótese de dissolução parcial de sociedade empresária, sendo que, em se tratando de sociedade por prazo indeterminado, possível o desligamento do sócio retirante de maneira imotivada. Entretanto, o sócio retirante deveria ter notificado os demais sócios, com antecedência mínima de 60 (sessenta) dias, tendo em vista o que dispõe expressamente o art. 1.029, caput, do Código Civil. A notificação prévia ainda se faz necessária para que haja tempo hábil à preparação do balanço de determinação, a que a lei denomina balanço especialmente 'levantado à data da resolução', nos termos do art. 1.031, caput, do Código Civil.*
>
> *Porém, como o sócio retirante preferiu o ajuizamento da ação para apuração de seus haveres, a jurisprudência tem buscado suprir a lacuna legal, ao estabelecer como parâmetro para a fixação da data do balanço de determinação a data do ajuizamento da ação judicial, pois, nesta o retirante especificou formalmente o seu desejo de se retirar do empreendimento.*
>
> *Há precedentes considerando razoável a data de citação válida.*
>
> *Ainda que a formalização da retirada do sócio se opere somente com o trânsito em julgado da sentença, certo é que os efeitos do provimento judicial deverão alcançar situação anterior (efeitos ex tunc), momento em que, faticamente, houve o rompimento do vínculo societário.*
>
> *No caso, sem que o sócio retirante tenha concorrido para os resultados experimentados pela sociedade depois de sua retirada, não poderia colher o que não semeou, caso contrário isso denotaria enriquecimento sem causa.*
>
> *Contudo, uma ressalva deve ser feita. Na eventualidade da existência de contratos pendentes em favor da*

> *sociedade, quando do desligamento fático do sócio retirante do empreendimento, tem o mesmo direito à inclusão dos respectivos resultados patrimoniais no balanço. Há que se considerar, outrossim, a capacidade de lucros futuros (o goodwil). Assim, a mutação patrimonial posterior ao desligamento fático do sócio retirante poderá sim ser considerada, para fins de haveres."*

Após decretada a quebra da companhia Ticio S.A., o administrador judicial, transcorridos 30 (trinta) dias do termo de nomeação, apresentou o plano detalhado de realização dos ativos. Consta do auto de arrecadação apenas um prédio localizado no bairro de Ipanema, avaliado em R$100 milhões. O juiz determinou a alienação do bem na modalidade de leilão eletrônico. O ativo foi arrematado em terceira chamada por R$ 40 milhões. Um credor impugnou a alienação, arguindo o conceito de preço vil, embora reconheça que as formalidades do certame foram respeitadas. O credor não apresentou outra oferta superior, nem terceiros, apenas o argumento de que os credores poderiam ser prejudicados. Analise o pleito do credor, apresentando os fundamentos.

Pelo espelho de resposta apresentado pela banca, a resposta deveria estar fundamentada da seguinte forma:

> *"A Lei nº. 11.101/05, com as alterações promovidas pela Lei nº. 14.112/20, disciplina a matéria. Em qualquer das modalidades de alienação referidas no art. 142, poderão ser apresentadas impugnações por quaisquer credores, pelo devedor ou pelo Ministério Público, no prazo de 48 (quarenta e oito) horas de arrematação, hipótese em que os autos serão conclusos ao juiz, que, no prazo de 5 (cinco) dias, decidirá sobre as impugnações e, julgando-as improcedentes, ordenará a entrega dos bens ao arrematante, respeitadas as condições estabelecidas no edital.*
>
> *Conforme disposto no parágrafo 1º, do dispositivo legal citado, as impugnações baseadas no valor de venda do bem somente serão recebidas se acompanhadas de oferta firme do impugnante ou de terceiro para a aquisição do bem, respeitados os termos do edital, por valor presente superior ao valor de venda, e de depósito caucionário equivalente a 10% (dez por cento) do valor oferecido.*
>
> *Nos termos do art. 142, parágrafo 3º-A, da Lei nº. 11.101/05, a alienação por leilão eletrônico, presencial ou híbrido, dar-se-á: III – em terceira chamada, dentro de 15 (quinze) dias, contados da segunda chamada, por qualquer preço.*

> *O art. 142, parágrafo 2º-A, inciso V, reza que não estará a questão sujeita à aplicação do conceito de preço vil.*
>
> *Finalmente, na forma do art. 142, parágrafo 2º-A, inciso I, a alienação dar-se-á independentemente de a conjuntura do mercado no momento da venda ser favorável ou desfavorável, dado o caráter forçado da venda."*

7 DICAS FINAIS PARA OS CANDIDATOS

É tarefa árdua lograr aprovação em concursos para a magistratura estatual sem dominar, com profundidade, a lei, a doutrina e jurisprudência hodierna.

Atente-se ao fato de que, sempre que uma lei é alterada, há uma tendência de se incluí-la nas provas subsequentes, a fim de analisar se o candidato está devidamente atualizado.

Ainda, o estudo deve estar baseado em uma doutrina verticalizada, que traga à baila as principais controvérsias atuais, julgadas diuturnamente pelas Cortes Superiores.

Por derradeiro, o estudo da jurisprudência deve ser constante, por meio do acompanhamento dos informativos dos Tribunais Superiores.

Importante salientar que algumas Cortes possuem informativos ou boletins de jurisprudência, que auxiliam o candidato a tomar conhecimento dos temas mais atuais. Com efeito, uma visita ao sítio eletrônico do Tribunal para o qual o candidato realizará o concurso é essencial.

Direito

CIVIL

Gustavo Americano Freire

1 BIBLIOGRAFIA INDICADA

As disciplinas cobradas, nos concursos da Magistratura, vêm inseridas em blocos. Em regra, Direito Civil é uma disciplina prevista no Bloco 1, o qual é permeado, ao todo, por 30 questões, implicando em afirmar pela possibilidade de uma cobrança média de 10% do total do conteúdo programático somente no que tange a essa disciplina.

Em regra, as questões cobradas na fase objetiva do concurso gravitam em torno do conhecimento atinente à Legislação Seca, Jurisprudência das Cortes Superiores e conhecimento base de pontos doutrinários específicos.

Porém, por se tratar de disciplina com incidência em todas as etapas do certame (objetiva, discursiva, sentença e oral), necessário se faz um estudo completo, para além da Lei Seca e Jurisprudência, sendo indicado, também, o estudo **de uma das** seguintes obras:

1. Manual de Direito Civil. Volume Único, 2023. Cristiano Chaves de Farias, Felipe Braga Netto e Nelson Rosenvald.

2. Manual de Direito Civil. Volume Único. 2023. Luciano Figueiredo e Roberto Figueiredo.

3. Direito Civil Sistematizado. 2023. Cristiano Vieira Sobral Pinto.

As obras acima apontadas conseguem unir objetividade e profundidade no estudo do Direito Civil, sendo suficientes para o êxito em **todas** as etapas do certame.

Recomenda-se que o candidato eleja uma obra e a utilize como seu guia, sem se olvidar que o estudo da Lei Seca e da Jurisprudência se apresenta como fator diferencial e preponderante para a sua aprovação, somando, claro, a resolução de exercícios sobre os temas do edital.

2 CONTEÚDO PROGRAMÁTICO NOS EDITAIS

Nos últimos **8 anos**, foram aplicadas **32 provas** de Magistratura Estadual, assim discriminadas:

TRIBUNAL	ANO	BANCA
TJAM	2016	CEBRASPE
TJDFT	2016	CEBRASPE
TJRS	2016	FAURS
TJRJ	2016	VUNESP
TJPR	2017	CEBRASPE
TJSC	2017	FCC
TJSP	2017	VUNESP
TJCE	2018	CEBRASPE
TJMG	2018	CONSULPLAN
TJSP	2018	VUNESP
TJMT	2018	VUNESP
TJRS	2018	VUNESP
TJPA	2019	CEBRASPE
TJSC	2019	CEBRASPE
TJPR	2019	CEBRASPE
TJBA	2019	CEBRASPE
TJAL	2019	FCC
TJRJ	2019	VUNESP
TJRO	2019	VUNESP
TJAC	2019	VUNESP
TJMS	2020	FCC
TJSP	2021	VUNESP
TJGO	2021	FCC

TRIBUNAL	ANO	BANCA
TJPR	2021	FGV
TJSC	2022	FGV
TJAP	2022	FGV
TJRS	2022	FAURGS
TJMG	2022	FGV
TJPE	2022	FGV
TJMA	2022	CEBRASPE
TJDFT	2023	CEBRASPE
TJSP	2023	VUNESP

Civil

Assim, verifica-se o seguinte **cenário**: Cebraspe: 10 certames; FAURS: 2 certames; Vunesp: 9 certames; FCC: 4 certames; Consulplan: 1 certame; FGV: 5 certames.

Por questões didáticas e considerando a estatística acima, serão somente analisadas as questões das bancas CEBRASPE, FCC, FGV e VUNESP.

A maioria dos concursos teve na prova objetiva 100 questões (somente o TJRJ que faz concursos com 80 questões objetivas).

Para a disciplina de Direito Civil, foram direcionadas **uma média de 10 questões** em cada prova.

A depender da banca ou da instituição, o edital pode trazer pequenas modificações com a inclusão de um, ou outro assunto. E isso não altera o estudo geral, pré-edital para os concursos. Ao estudar quase a totalidade do edital antes de sua publicação, o assunto ou até uma disciplina surpresa no pós-edital não será um problema na aprovação do candidato, que ainda terá tempo para se dedicar à novidade se já estiver com o restante do conteúdo estudado.

Assim, analisando editais das bancas CEBRASPE, FCC, FGV e VUNESP apresentamos um conteúdo programático que inclui os assuntos em comum nos editais das quatro bancas que mais realizaram concursos de magistratura estadual. Vamos a eles:

1. Lei de Introdução às Normas do Direito Brasileiro; Aplicação da Lei no Tempo e no Espaço. Interpretação e Integração da Lei. Analogia. Princípios Gerais do Direito e Equidade. Usos e Costumes.

2. Pessoas naturais. Conceito. Início da pessoa natural. Personalidade. Capacidade. Direitos da personalidade. Nome civil. Estado civil. Domicílio. Ausência.
3. Pessoas jurídicas. Disposições Gerais. Conceito e Elementos Caracterizadores. Constituição. Extinção. Capacidade e direitos da personalidade. Domicílio. Sociedades de fato. Associações. Sociedades. Fundações. Grupos despersonalizados. Desconsideração da personalidade jurídica. Responsabilidade da pessoa jurídica e dos sócios.
4. Dos bens. Dos bens divisíveis e indivisíveis. Dos bens considerados em si mesmo. Dos bens fungíveis e infungíveis. Dos bens reciprocamente considerados. Dos bens públicos. Do bem de família.
5. Fato jurídico. Negócio jurídico. Disposições gerais. Classificação e interpretação. Elementos. Representação. Condição, termo e encargo. Defeitos do negócio jurídico. Existência, eficácia, validade, invalidade e nulidade do negócio jurídico. Simulação.
6. Atos jurídicos lícitos e ilícitos.
7. Prescrição e decadência.
8. Prova do fato jurídico.
9. Do direito das obrigações. Das modalidades das obrigações. Da transmissão das obrigações. Do adimplemento e extinção das obrigações. Do inadimplemento das obrigações. Mora, cláusula penal, perdas e danos.
10. Dos contratos em geral. Formação e extinção. Vícios redibitórios e evicção.
11. Das várias espécies de contrato.
12. Dos atos unilaterais.
13. Dos títulos de crédito.
14. Da responsabilidade civil em geral. Responsabilidade subjetiva e objetiva. Abuso do direito.
15. Das preferências e privilégios creditórios.
16. Da posse: aquisição, efeitos, perda. Os interditos possessórios. Usucapião.
17. Dos direitos reais. Da propriedade. Do condomínio. Da superfície. Das servidões. Do usufruto. Do uso. Da habitação. Do direito do promitente comprador. Do penhor, da hipoteca e da anticrese. Alienação fiduciária.
18. Do direito de família. Casamento. Do direito pessoal. Do direito patrimonial. Regime de bens. Da união estável. Da tutela e da curatela. Adoção. Poder familiar. Alimentos.
19. Do direito das sucessões. Da sucessão em geral. Da sucessão legítima. Da sucessão testamentária. Do inventário e da partilha.
20. Das disposições finais e transitórias do Código Civil Brasileiro, artigos 2.028 a 2.046.
21. Direito de empresa. Empresário. Empresa individual. Sociedade. Estabelecimento. Institutos complementares.

22. Registros públicos. (Lei nº 6.015, de 31 de dezembro de 1973).
23. Da alienação fiduciária (Decreto-Lei nº 911, de 1º de outubro de 1969).
24. Da locação de imóveis urbanos (Lei nº 8.245, de 18 de outubro de 1991).
25. Estatuto da Pessoa com Deficiência (Lei nº 13.146/2015).
26. Do Estatuto do Idoso (Lei nº 10.741, de 1º de outubro de 2003).
27. Direitos autorais.
28. Do condomínio em edificações e as incorporações imobiliárias (Lei nº 4.591, de 16 de dezembro de 1964), Lei nº 10.931, de 2 de agosto de 2004.

3 ANÁLISE GERAL DAS ÚLTIMAS PROVAS OBJETIVAS

Foram analisadas **296 questões** do Direito Civil, em **29 provas**, realizadas nos últimos 8 anos, das quatro bancas mais atuantes e selecionados os mais recorrentes pontos do edital, a saber:

Tópico do Conteúdo Programático	Quantidade de questões	
1. Lei de Introdução às Normas do Direito Brasileiro; Aplicação da Lei no Tempo e no Espaço. Interpretação e Integração da Lei. Analogia. Princípios Gerais do Direito e Equidade. Usos e Costumes.	Cebraspe	4
	FCC	1
	Vunesp	3
	FGV	1
	Total	**9**
2. Pessoas naturais. Conceito. Início da pessoa natural. Personalidade. Capacidade. Direitos da personalidade. Nome civil. Estado civil. Domicílio. Ausência.	Cebraspe	7
	FCC	4
	Vunesp	0
	FGV	4
	Total	**15**
3. Pessoas jurídicas. Disposições Gerais. Conceito e Elementos Caracterizadores. Constituição. Extinção. Capacidade e direitos da personalidade. Domicílio. Sociedades de fato. Associações. Sociedades. Fundações. Grupos despersonalizados. Desconsideração da personalidade jurídica. Responsabilidade da pessoa jurídica e dos sócios.	Cebraspe	0
	FCC	1
	Vunesp	2
	FGV	1
	Total	**4**

Tópico do Conteúdo Programático	Quantidade de questões	
4. Dos bens. Dos bens divisíveis e indivisíveis. Dos bens considerados em si mesmo. Dos bens fungíveis e infungíveis. Dos bens reciprocamente considerados. Dos bens públicos. Do bem de família.	Cebraspe	2
	FCC	1
	Vunesp	1
	FGV	1
	Total	5
5. Fato jurídico. Negócio jurídico. Disposições gerais. Classificação e interpretação. Elementos. Representação. Condição, termo e encargo. Defeitos do negócio jurídico. Existência, eficácia, validade, invalidade e nulidade do negócio jurídico. Simulação.	Cebraspe	6
	FCC	4
	Vunesp	8
	FGV	3
	Total	21
6. Prescrição e decadência.	Cebraspe	4
	FCC	4
	Vunesp	5
	FGV	2
	Total	15
7. Prova do fato jurídico.	Cebraspe	0
	FCC	1
	Vunesp	0
	FGV	0
	Total	1
8. Do direito das obrigações. Das modalidades das obrigações. Da transmissão das obrigações. Do adimplemento e extinção das obrigações. Do inadimplemento das obrigações. Mora, cláusula penal, perdas e danos.	Cebraspe	9
	FCC	7
	Vunesp	12
	FGV	5
	Total	33
9. Dos contratos em geral. Formação e extinção. Vícios redibitórios e evicção.	Cebraspe	5
	FCC	3
	Vunesp	5
	FGV	4
	Total	17

Tópico do Conteúdo Programático	Quantidade de questões	
10. Das várias espécies de contrato.	Cebraspe	12
	FCC	3
	Vunesp	10
	FGV	10
	Total	**35**
11. Dos títulos de crédito.	Cebraspe	2
	FCC	0
	Vunesp	0
	FGV	0
	Total	**2**
12. Da responsabilidade civil em geral. Responsabilidade subjetiva e objetiva. Abuso do direito.	Cebraspe	5
	FCC	1
	Vunesp	4
	FGV	6
	Total	**16**
13. Das preferências e privilégios creditórios.	Cebraspe	0
	FCC	1
	Vunesp	0
	FGV	0
	Total	**1**
14. Da posse: aquisição, efeitos, perda. Os interditos possessórios. Usucapião.	Cebraspe	5
	FCC	3
	Vunesp	5
	FGV	3
	Total	**16**
15. Dos direitos reais. Da propriedade. Do condomínio. Da superfície. Das servidões. Do usufruto. Do uso. Da habitação. Do direito do promitente comprador. Do penhor, da hipoteca e da anticrese. Alienação fiduciária.	Cebraspe	5
	FCC	4
	Vunesp	8
	FGV	6
	Total	**23**

Tópico do Conteúdo Programático	Quantidade de questões	
16. Do direito de família. Casamento. Do direito pessoal. Do direito patrimonial. Regime de bens. Da união estável. Da tutela e da curatela. Adoção. Poder familiar. Alimentos.	Cebraspe	16
	FCC	5
	Vunesp	15
	FGV	9
	Total	**45**
17. Do direito das sucessões. Da sucessão em geral. Da sucessão legítima. Da sucessão testamentária. Do inventário e da partilha.	Cebraspe	8
	FCC	5
	Vunesp	15
	FGV	9
	Total	**37**
18. Registros públicos. (Lei nº 6.015, de 31 de dezembro de 1973).	Cebraspe	4
	FCC	2
	Vunesp	4
	FGV	1
	Total	**11**
19. Do condomínio em edificações e as incorporações imobiliárias (Lei nº 4.591, de 16 de dezembro de 1964), Lei nº 10.931, de 2 de agosto de 2004.	Cebraspe	0
	FCC	1
	Vunesp	3
	FGV	0
	Total	**4**

A indicação dos conteúdos mais presentes nas questões permite que o candidato adote um estudo estratégico dando prioridade a esses temas, mas de forma alguma poderá se descuidar dos demais porque se está previsto no edital pode ser objeto de questão na prova.

E com base na exposição analítica acima, a conclusão que se chega com as informações acima expostas é a de que o Top 5 da Magistratura, em Direito Civil, é composto pelos seguintes institutos:

1º) Direito de Família;

2º) Direito das Sucessões;

3º) Contratos em Espécie;

4º) Direitos das Obrigações; e

5º) Direitos Reais.

4 ANÁLISE DE PONTOS ESPECÍFICOS MAIS RELEVANTES NAS PROVAS OBJETIVAS

Com fundamento na análise de questões do tópico acima, analisaremos como os conteúdos mais recorrentes são exigidos e como a candidato pode se preparar durante seus estudos.

1. Do direito de família. Casamento. Do direito pessoal. Do direito patrimonial. Regime de bens. Da união estável. Da tutela e da curatela. Adoção. Poder familiar. Alimentos.

Esse tópico do edital prevê diversos pontos diferentes para estudar. Como recomendação, após a análise das questões, indicamos que o candidato deve realizar uma leitura de Lei Seca em específico sobre casamento, sobre regime de bens e sobre tutela e curatela (atenção para as alterações mais recentes).

Além disso, deve fazer um estudo específico sobre regime de bens e união estável na jurisprudência e relaciona o assunto com o tema de sucessões também.

Por fim, fazer um estudo sobre alimentos (relacionando com o direito processual) na jurisprudência.

A seguir, passamos à análise de uma questão para o candidato poder ter um parâmetro de como as questões podem vir e orientar o seu estudo.

Questão 1: Ano: 2023. Banca: VUNESP. Órgão: TJ-SP. Juiz Substituto. Sobre os alimentos, nos termos da jurisprudência dominante e atual do Superior Tribunal de Justiça, é correto afirmar:

A O Código Civil prevê o dever de solidariedade alimentar decorrente do parentesco, facultando-se ao alimentando a possibilidade de formular novo pedido de alimentos direcionado a seus familiares, caso necessário.

B Os alimentos gravídicos visam a auxiliar a mulher gestante nas despesas decorrentes da gravidez, da concepção ao parto. A gestante é a beneficiária direta dos alimentos gravídicos, resguardando-se, assim, ainda que indiretamente, os direitos do próprio nascituro. Contudo, com o nascimento com vida da criança, esses alimentos são extintos ou perdem seu objeto, isto é, não podem ser convertidos automaticamente em pensão alimentícia.

C A obrigação alimentar do pai em relação aos filhos cessa automaticamente com o advento da maioridade.

D É irrenunciável o direito aos alimentos presentes e futuros, mas pode o credor renunciar aos alimentos pretéritos devidos e não prestados. A irrenunciabilidade atinge o direito e o seu exercício.

Comentários: A questão exige do Candidato conhecimento da Lei Seca, Jurisprudência, inclusive Enunciado Sumular.

Alternativa A: Os artigos 1.694 e 1.695 do Código Civil dispõem que "Art. 1.694. Podem os parentes, os cônjuges ou companheiros pedir uns aos outros os alimentos de que necessitem para viver de modo compatível com a sua condição social, inclusive para atender às necessidades de sua educação. §1º Os alimentos devem ser fixados na proporção das necessidades do reclamante e dos recursos da pessoa obrigada. §2º Os alimentos serão apenas os indispensáveis à subsistência, quando a situação de necessidade resultar de culpa de quem os pleiteia. Art. 1.695. São devidos os alimentos quando quem os pretende não tem bens suficientes, nem pode prover, pelo seu trabalho, à própria mantença, e aquele, de quem se reclamam, pode fornecê-los, sem desfalque do necessário ao seu sustento." E, interpretando a norma, o Superior Tribunal de Justiça, quando do julgamento do REsp 1608413/MG, decidiu que "[...] O ordenamento pátrio **prevê o dever de solidariedade alimentar decorrente do parentesco** (arts. 1.694 e 1.695 do Código Civil), remanescendo à alimentanda a possibilidade de formular novo pedido de alimentos direcionado a seus familiares se de fato ficar demonstrado não possuir condições de prover, parcial ou totalmente, a própria subsistência. [...]" [g.n.] STJ. 3ª Turma. Resp. 1608413/MG, Rel. Min. Ricardo Villas Bôas Cueva, julgado em 02/05/2017. Assim, a alternativa está correta.

Alternativa B: A Lei 11.804/2008 disciplina sobre o instituto dos Alimentos Gravídicos. E dispõe que convencido da existência de indícios da paternidade, o juiz fixará alimentos gravídicos que perdurarão até o nascimento da criança, sopesando as necessidades da parte autora e as possibilidades da parte ré. Em seu art. 6º, parágrafo único, dispõe que após o nascimento com vida os alimentos gravídicos ficam convertidos em pensão alimentícia. Assim, a alternativa está incorreta.

Alternativa C: A questão exige o conhecimento de enunciado Sumular do Superior Tribunal de Justiça, especialmente da Súmula 358, que assim dispõe: "O cancelamento de pensão alimentícia de filho que atingiu a maioridade está sujeito à decisão judicial, mediante contraditório, ainda que nos próprios autos." O Superior Tribunal de Justiça entende que a obrigação alimentar do pai em relação aos filhos não cessa automaticamente com o advento da maioridade, devendo ser franqueado ao Alimentando comprovar a impossibilidade de prover a própria subsistência ou necessidade de pensão para fins de conclusão de curso técnico, ou universitário. Assim, a alternativa está incorreta.

Alternativa D: Nos termos do art. 1.707 do Código Civil, "Pode o credor não exercer, porém lhe é vedado renunciar o direito a alimentos, sendo o respectivo crédito insuscetível de cessão, compensação ou penhora.". E interpretando a norma, de acordo com entendimento da 3ª Turma do Superior Tribunal de Justiça, é irrenunciável o direito aos alimentos presentes e futuros. Porém, o credor pode renunciar aos alimentos pretéritos devidos e não prestados. E a conclusão se dá pelo fato de que a irrenunciabilidade atinge o direito e não o seu exercício. Assim, a alternativa está incorreta.

Questão 2: 2019. Vunesp. Juiz de Direito Substituto. TJRO. Acerca dos alimentos, pode-se afirmar corretamente que:

A A constituição de nova família pelo alimentante acarreta a revisão automática da quantia estabelecida em favor dos filhos advindos de união anterior, devendo ser reduzido o valor, em decorrência do dever de sustento que se estende a todos os filhos.

B Os alimentos devidos entre ex-cônjuges devem ter caráter excepcional, transitório e devem ser fixados por prazo determinado, exceto quando um dos cônjuges não possui mais condições de reinserção no mercado de trabalho ou de readquirir sua autonomia financeira.

C São devidos alimentos ao filho maior quando comprovada a frequência em curso universitário, por força da obrigação parental de promover adequada formação profissional, mas não em caso de frequência a cursos técnicos.

D Os valores pagos a título de alimentos são insuscetíveis de compensação, mesmo quando configurado o enriquecimento sem causa do alimentando.

E A responsabilidade dos avôs de prestar alimentos aos netos apresenta natureza complementar e subsidiária, configurando-se sempre que não for cumprida adequadamente, independentemente da demonstração da insuficiência de recursos do genitor.

Comentários:

Alternativa A: Exigiu conhecimento da jurisprudência, pois ainda que seja possível a revisão da pensão alimentícia, esta não ocorre de forma automática, dependerá de provas produzidas e da análise do binômio capacidade/necessidade. Nesse sentido, é a jurisprudência do STJ: AGRAVO INTERNO NO AGRAVO EM RECURSO ESPECIAL - AÇÃO REVISIONAL DE ALIMENTOS - DECISÃO MONOCRÁTICA QUE NEGOU PROVIMENTO

AO RECLAMO. INSURGÊNCIA DA DEMANDADA. 1. Nos termos da jurisprudência desta Corte, a constituição de nova família, ou o nascimento de novos filhos, por si só, não implica a revisão de alimentos devidos aos filhos anteriores. Incidência da Súmula 83/STJ. 1.1. No caso, mesmo considerando o referido entendimento, as instâncias ordinárias, diante das diversas peculiaridades do caso concreto, concluíram ser devida a redução da prestação alimentícia. A revisão de tais conclusões encontra óbice na Súmula 7/STJ. 2. Agravo interno desprovido. (AgInt no AREsp 1453007/RS, Rel. Ministro MARCO BUZZI, QUARTA TURMA, julgado em 23/09/2019, DJe 26/09/2019). Assim, a alternativa está incorreta.

Alternativa B: Também exigiu o conhecimento da jurisprudência do STJ, que excepciona a obrigação alimentar entre ex-cônjuges. Essa deve ocorrer de forma transitória até a reinserção do ex-cônjuge no mercado de trabalho. Entretanto, sendo o caso de impossibilidade ou incapacidade laborativa, a pensão deve ser sem prazo definido. Nesse sentido é jurisprudência do STJ: AGRAVO INTERNO NO AGRAVO EM RECURSO ESPECIAL. EXONERAÇÃO DE ALIMENTOS. EX-CÔNJUGE. MANUTENÇÃO DA PENSÃO ALIMENTÍCIA. SÚMULA 7 DO STJ. RECURSO NÃO PROVIDO. 1. O STJ possui entendimento no sentido de que os alimentos devidos entre ex-cônjuges têm caráter excepcional e transitório, salvo quando presente a incapacidade laborativa ou a impossibilidade de inserção no mercado de trabalho. 2. No caso dos autos, o Tribunal de origem concluiu pela manutenção da pensão alimentícia, uma vez que não há evidência de que a ex-mulher possa se manter com o próprio trabalho, alegando alteração cardíaca e dores no joelho, e não há prova de que vem exercendo trabalho informal, restando, assim, confirmada a necessidade de continuidade da prestação alimentícia. Entender que a ora agravada não comprovou a impossibilidade de prover sua própria subsistência e, consequentemente concluir pela exoneração do dever de prestar alimentos, demandaria a incursão no acervo fático-probatório, o que encontra óbice na Súmula 7/STJ. 3. Agravo interno não provido. (AgInt no AREsp 1315051/SP, Rel. Ministro LUIS FELIPE SALOMÃO, QUARTA TURMA, julgado em 13/11/2018, DJe 20/11/2018). Assim, a alternativa está correta.

Alternativa C: Seu erro está em excluir a possibilidade de manutenção da obrigação alimentar para filho que está matriculado em curso técnico. A orientação do STJ é que a obrigação será mantida em caso de frequência em curso técnico ou universitário. Vejamos: AGRAVO INTERNO NO AGRAVO EM RECURSO ESPECIAL. AGRAVO DE INSTRUMENTO. DIVÓRCIO. ALIMENTOS. FILHA MAIOR DE IDADE. LEGITIMIDADE ATIVA. PEDIDOS. CUMULAÇÃO. POSSIBILIDADE. SÚMULA Nº 568/STJ. ART. 538

DO CPC/1973. MULTA. CABIMENTO. 1. Recurso especial interposto contra acórdão publicado na vigência do Código de Processo Civil de 1973 (Enunciados Administrativos nºs 2 e 3/STJ). 2. A filha maior de idade tem legitimidade ativa para postular alimentos do seu genitor. 3. A obrigação alimentar do pai em relação aos filhos não cessa automaticamente com o advento da maioridade, a partir da qual subsiste o dever de assistência fundada no parentesco sanguíneo, devendo ser dada a oportunidade ao alimentando de comprovar a impossibilidade de prover a própria subsistência ou a necessidade da pensão por frequentar curso técnico ou universitário. Precedentes. 4. Esta Corte admite a cumulação de pedidos, desde que sejam compatíveis, que o mesmo juiz seja competente para a sua apreciação e que, em caso de procedimento diverso para cada um, seja adotado o procedimento ordinário. 5. Não escapa a parte recorrente da imposição da multa de que trata o parágrafo único do art. 538 do Código de Processo Civil de 1973 ante a oposição de declaratórios de caráter manifestamente protelatório. 6. Agravo interno não provido. (AgInt no AREsp 970.461/RS, Rel. Ministro RICARDO VILLAS BÔAS CUEVA, TER-CEIRA TURMA, julgado em 27/02/2018, DJe 08/03/2018)

Alternativa D: A assertiva está incorreta porque não reconhece como exceção na insuscetibilidade da compensação de alimentos, mesmo no caso de enriquecimento ilícito, que é justamente uma das exceções previstas pela Jurisprudência do STJ, como se vê a seguir: PROCESSUAL CIVIL. AGRAVO INTERNO NO AGRAVO EM RECURSO ESPECIAL. AÇÃO DE EXECUÇÃO DE ALIMENTOS. EMBARGOS DE DECLARAÇÃO. OMISSÃO, CONTRADIÇÃO OU OBSCURIDADE. NÃO INDICAÇÃO. SÚMULA 284/STF. COMPENSAÇÃO. ALIMENTOS. VALOR DEPOSITADO A MAIOR. POSSIBILIDADE. SÚMULA 568/STJ. DISSÍDIO JURISPRUDENCIAL. COTEJO ANALÍTICO E SIMILITUDE FÁTICA. AUSÊNCIA. 1. A ausência de expressa indicação de obscuridade, omissão ou contradição nas razões recursais enseja o não conhecimento do recurso especial. 2. Em regra os valores pagos a título de alimentos não são suscetíveis de compensação, salvo em casos excepcionais, quando configurado o enriquecimento sem causa do alimentando, o que se verificou no presente feito. Precedentes. 3. O dissídio jurisprudencial deve ser comprovado mediante o cotejo analítico entre acórdãos que versem sobre situações fáticas idênticas. 4. Agravo interno no agravo em recurso especial não provido. (AgInt nos EDcl no AREsp 1315803/RS, Rel. Ministra NANCY ANDRIGHI, TERCEIRA TURMA, julgado em 25/02/2019, DJe 27/02/2019).

Alternativa E: O enunciado da Súmula 596 do STJ dispõe categoricamente que somente em casos de impossibilidade total ou parcial da satisfação da obrigação alimentar pelos pais que se deve arbitrar alimentos avoengos. Assim, a alternativa está incorreta.

➔ **2.** Do direito das sucessões. Da sucessão em geral. Da sucessão legítima. Da sucessão testamentária. Do inventário e da partilha.

No tema, o ponto mais específico que é objeto de questão é a Sucessão Legítima. Além da simples leitura dos artigos de lei, deve-se saber aplicar e interpretar em casos concretos, inclusive com o Estudo da Jurisprudência sobre o tema.

Conforme, observamos, a questão a seguir trouxe um caso hipotético e exigiu a solução do candidato baseando-se na subsunção legal de artigos do Código Civil que tratam sobre a matéria.

> **Questão 1: Ano: 2022 Banca: FGV TJSC. Juiz Substituto.** Genésio, casado com Hermenegilda pelo regime da comunhão parcial de bens, com quem teve dois filhos, Hugo e José Carlos, faleceu no início deste mês, tendo deixado bens particulares. Quando de sua morte, deixou vivos, além da esposa e de Hugo, seu pai, Heráclito, seu irmão, Alcebíades, e dois netos, Luiz e Paula. Seus dois netos são filhos de José Carlos, falecido no ano passado. Hermenegilda teve um filho antes de conhecer Genésio, chamado Artur. Considerando que Genésio não deixou testamento, sobre a sua sucessão, é correto afirmar que:
>
> **A** Alcebíades teria direito à herança se tanto Hugo como Luiz, Paula e Hermenegilda fossem pré-mortos;
>
> **B** Luiz e Paula não herdam, porque estando Hugo em grau mais próximo entre os descendentes, ele os exclui da herança;
>
> **C** Heráclito herdaria se Genésio não tivesse deixado descendentes vivos;
>
> **D** se Hermenegilda tivesse morrido antes de Genésio, Artur poderia pretender parte na herança dele;
>
> **E** Hermenegilda, Hugo, Luiz e Paula fazem jus a quinhões iguais da herança.

Comentários: A questão exige conhecimento de linha sucessória, com compreensão do papel da esposa, filho, filho pré-morto, netos, ascendente e colaterais. Bastando ter conhecimento das normas previstas nos art. 1.829, 1.833, 1.835, 1.852, 1.854 e 1.855 do Código Civil e promover sua adequação ao caso apresentado: **Art. 1.829.** A sucessão legítima defere-se na ordem seguinte: I. aos descendentes, em concorrência com o cônjuge sobrevivente, salvo se casado este com o falecido no regime da comunhão universal, ou no da separação obrigatória de bens (art. 1.640, parágrafo único); ou se, no regime da comunhão parcial, o autor da herança não houver deixado bens particulares. II. Aos ascendentes, em concorrência com o cônjuge; (...) **Art. 1.833.** Entre os descendentes, os em grau mais próximo excluem os mais remotos, salvo o direito de representação. **Art. 1.835.** Na linha descendente, os filhos sucedem por cabeça, e os outros descendentes, por cabeça ou por estirpe, conforme se achem ou não no mesmo grau. **Art. 1.852.** O direito de representação dá-se na linha reta descendente, mas nunca na ascendente. **Art. 1.854.** Os representantes só podem herdar, como tais, o que herdaria o representado, se vivo fosse. **Art. 1.855.** O quinhão do representado partir-se-á por igual entre os representantes.

Questão 2: 2019. FCC. TJAL. Juiz Substituto. André, solteiro, não teve filhos e morreu sem deixar ascendentes vivos. Por testamento, deixou todos os seus bens para o seu melhor amigo, Antônio, com quem não tinha nenhum grau de parentesco. Sentindo-se injustamente preteridos, os três únicos irmãos de André ajuizaram ação visando à declaração da nulidade total do testamento, argumentando que, devido ao parentesco, não poderiam ter sido excluídos da sucessão. O pedido deduzido nessa ação é:

A) Procedente, pois os irmãos de André são herdeiros necessários, devendo ser declarada a nulidade total do testamento.

B) Procedente em parte, pois os irmãos de André são herdeiros necessários, devendo ser declarada a nulidade parcial do testamento, apenas quanto a três quartos dos bens.

C) Procedente em parte, pois os irmãos de André são herdeiros necessários, devendo ser declarada a nulidade parcial do testamento, apenas quanto à metade dos bens.

D) Improcedente, pois os irmãos de André não são herdeiros necessários.

E) Improcedente, pois os irmãos de André, embora sejam herdeiros necessários, podem ser excluídos da sucessão mediante testamento.

Comentários: É um tipo de questão comum nos concursos públicos, é apresentado um caso hipotético criado pelo examinador em que exige do candidato a aplicação da legislação para a solução do problema apresentado. Como se percebe não cobra a literalidade da legislação, mas para resolução da questão basta conhecer a lei.

Para solucionar o caso, o candidato precisava conhecer o teor dos artigos 1.845, 1.846 e do § 1º do artigo 1.857, todos do Código Civil, que possuem os seguintes teores: **Art. 1.857.** Toda pessoa capaz pode dispor, por testamento, da totalidade dos seus bens, ou de parte deles, para depois de sua morte. §1º A legítima dos herdeiros necessários não poderá ser incluída no testamento. **Art. 1.845.** São herdeiros necessários os descendentes, os ascendentes e o cônjuge. **Art. 1.846.** Pertence aos herdeiros necessários, de pleno direito, a metade dos bens da herança, constituindo a legítima.

Portanto, pode-se extrair que os irmãos de André não são herdeiros necessários e nessa qualidade não têm direito ao respeito da legítima (reserva da herança) previsto no art. 1.846 do Código Civil. A alternativa correta é D, que considera que os irmãos não têm o direito que pleiteiam em juízo em razão de não serem herdeiros necessários e, portanto, a ação é improcedente.

➔ **3.** Do direito das obrigações. Das modalidades das obrigações. Da transmissão das obrigações. Do adimplemento e extinção das obrigações. Do inadimplemento das obrigações. Mora, cláusula penal, perdas e danos.

Aqui todos os tópicos são objetos de questão, necessário fazer a leitura integral dos artigos de lei correspondentes e na doutrina priorizar os conceitos e as classificações das obrigações para que a falta do conhecimento de terminologias não prejudique o acerto da questão. A título de exemplo, alguns termos presentes nas questões: *Haftung* sem *Schuld*, multa penitencial, solidariedade ativa e passiva, obrigações *in solidum* e obrigação portável.

Questão 01: 2023. CEBRASPE. TJDFT. Juiz de Direito Substituto. Em caso de atraso na entrega do imóvel por culpa da construtora, o prejuízo do promitente comprador:

- **A** Excluirá os lucros cessantes.
- **B** Deverá ser comprovado.
- **C** compreenderá o dano material e o moral, que é presumido.
- **D** será presumido e deverá corresponder à média do aluguel que o comprador deixaria de pagar.
- **E** compreenderá somente o dano moral.

Comentários: A assertiva correta é a letra D. Para acertar essa questão, o candidato deve ter conhecimento da jurisprudência sedimentada pela 3ª Turma do Superior Tribunal de Justiça, que consolidou o seguinte cenário: **Danos Morais:** O mero descumprimento do prazo de entrega do imóvel não gera, por si só, danos morais. Porém, excepcionalmente é possível sua configuração caso gere uma situação significativa e anormal que repercuta na esfera da dignidade do comprador. STJ. 3ª Turma. AgInt-REsp 1.913.570, Rel. Min. Ricardo Villas Boas Cueva, julgado em

15/06/2021. **Danos Materiais:** Sobre os danos materiais, necessário se faz a análise do Dano Emergente, que precisa ser comprovado pelo Comprador, bem como dos Lucros Cessantes, sendo presumidos e, no caso, cálculos com base na média do aluguel que o comprador deixaria de pagar. STJ. 3ª Turma. REsp 1662322/RJ, Rel. Min. Nancy Andrighi, julgado em 10/10/2017.

Questão 2. Ano 2019. Banca Cebraspe. TJPR. Juiz de Direito Substituto. De acordo com o Código Civil, nas consignações em pagamento, o ato de depósito efetuado pelo devedor faz cessar:

A Os riscos, mas os juros da dívida continuam a correr até a declaração de aceitação do credor.

B Os riscos e os juros da dívida, podendo o devedor requerer o levantamento do depósito mesmo após a aceitação do credor.

C Os juros da dívida e impede o levantamento do valor depositado pelo devedor até que seja aceito ou impugnado pelo credor.

D Os riscos e os juros da dívida; uma vez declarada a aceitação pelo credor, o depósito não mais pode ser levantado pelo devedor.

Civil

Comentários: A questão tratou do tema Consignações em Pagamento, dentro do Direito das Obrigações. Muitas questões do tópico exigem o conhecimento da literalidade do Código Civil. Portanto, o candidato deve ler e reler os artigos referentes ao Direito das Obrigações durante a sua preparação. A resolução da questão exigia o conhecimento e junção dos artigos 337 a 339 do Código Civil, vejamos: "**Art. 337.** O depósito requerer-se-á no lugar do pagamento, cessando, tanto que se efetue, para o depositante, os juros da dívida e os riscos, salvo se for julgado improcedente. **Art. 338.** Enquanto o credor não declarar que aceita o depósito, ou não o impugnar, poderá o devedor requerer o levantamento, pagando as respectivas despesas, e subsistindo a obrigação para todas as consequências de direito. **Art. 339.** Julgado procedente o depósito, o devedor já não poderá levantá-lo, embora o credor consinta, senão de acordo com os outros devedores e fiadores." Assim, pode-se concluir que o ato de depósito pelo devedor cessa os riscos e os juros da dívida, que o devedor pode levantar enquanto não aceito o depósito ou impugnado pelo credor e que após o julgamento procedente o devedor não poderá levantar mais o valor. Concluindo-se que a alternativa correta é a D.

4. Das várias espécies de contrato.

Aqui mais uma vez a leitura da legislação é essencial para o acerto das questões objetivas. Como o tema anterior, é importante entender conceitos e classificações como retrovenda, doação conjuntiva e venda *ad corpus* são exemplos de termos presentes nas questões anteriores. Além disso, indicamos o estudo de súmulas e jurisprudência sobre o contrato de Seguro.

O candidato deve conhecer não somente o texto da lei, mas também saber aplicá-lo ao caso hipotético, frequentemente presente na questão.

As espécies de contrato que mais foram objetos de questões e merecem atenção no estudo do candidato são: compra e venda, corretagem, transporte, seguro, fiança, troca ou permuta, contrato estimatório e doação, depósito, mandato, comissão, agência e empréstimo (comodato e mútuo).

Questão 1: Ano 2022. Banca FGV. TJPE. Juiz Substituto: Maria realiza contrato de financiamento com o Banco X e apresenta João como seu fiador, que, na oportunidade, anuiu expressamente. Maria não consegue pagar as parcelas e, de boa-fé, convida o Banco X a renegociar. Maria e o Banco X optam por realizar uma nova obrigação, que extinguiu a anterior, sendo que as novas prestações são compatíveis com as possibilidades financeiras de Maria. Quanto à situação do fiador João, é correto afirmar que:

- **A** Está exonerado, já que há nova obrigação e, quanto a esta, não anuiu;
- **B** Permanece obrigado como fiador, já que a nova obrigação se trata de novação, que, segundo a lei, não o exonera;
- **C** Permanece obrigado como fiador, já que a fiança é o exemplo típico de obrigação acessória e, como tal, deve seguir a obrigação principal;
- **D** Permanece obrigado como fiador, já que a segunda negociação é mera continuidade da primeira, não representando, tecnicamente, nova obrigação;
- **E** Permanece obrigado como fiador, já que a fiança é garantia pessoal, vinculando-o a Maria e seu contrato de financiamento com o Banco X, independentemente da obrigação.

Comentários: Para o acerto da questão, era necessário o conhecimento da Legislação Seca e, também, para afastar qualquer dúvida o conhecimento de Enunciado Sumular. Vejam: "*Art. 366. Importa exoneração do fiador a novação feita sem seu consenso com o devedor principal. Art. 838: O fiador, ainda que solidário, ficará desobrigado: I. se, sem consentimento seu, o credor conceder moratória ao devedor.*" E, também, Súmula 656-STJ: "*É válida a cláusula de prorrogação automática de fiança na renovação do contrato principal. A exoneração do fiador depende da notificação prevista no art. 835 do Código Civil.*" Assim, pela literalidade do texto legal, a assertiva correta é letra A.

Questão 2: 2019. Cebraspe. TJPA. Juiz de Direito Substituto. Considerando os entendimentos firmados em enunciados sumulares do STJ acerca de contratos e responsabilidade civil, assinale a opção correta.

Ⓐ A propositura de ação de revisão de contrato é fato impeditivo para a caracterização da mora do autor, obstando a sua inscrição imediata nos órgãos de proteção ao crédito.

Ⓑ Nos contratos de consórcio, é vedado às administradoras cobrar taxa de administração em percentual superior a 10%.

Ⓒ Nos contratos de seguro de vida, a embriaguez do segurado é causa necessária e suficiente para eximir a seguradora do pagamento da indenização.

Ⓓ A ausência do registro da transferência de veículo alienado, junto à repartição de trânsito, implica a responsabilidade solidária do antigo proprietário por danos resultantes de acidentes posteriores à tradição.

Ⓔ Em regra, os contratos de seguro por danos pessoais abrangem danos morais.

Comentários: Nota-se no próprio enunciado da questão que o conteúdo exigido está nas Súmulas do STJ. Às vezes, essa informação pode ser muito importante porque as alternativas podem trazer até outros entendimentos vigentes, mas do STF ou que não são sumulados e, portanto, devem ser excluídos como resposta da questão. Portanto, durante o estudo o candidato deve buscar memorizar de qual tribunal é o entendimento e se o entendimento é sumulado ou não.

Alternativa A: A alternativa A está incorreta porque vai de encontro ao previsto na Súmula 380 do STJ, que possui a seguinte teor: "*A simples propositura da ação de revisão de contrato não inibe a caracterização da mora do autor.*"

Alternativa B: A seguir, a alternativa B possui uma afirmação incorreta, considerando que a Súmula 538 do STJ expressamente permite que os administradores de consórcio tenham a total liberdade para fixação da taxa de administração, ainda que seja em percentual superior a 10% (dez por cento). A seguir o teor da Súmula mencionada:" As *administradoras de consórcio têm liberdade para estabelecer a respectiva taxa de administração, AINDA que fixada em percentual superior a dez por cento.*"

Alternativa C: A alternativa C exige uma interpretação mais acurada do teor da Súmula 620 do STJ que nos diz: "*A embriaguez do segurado não exime a seguradora do pagamento da indenização prevista em contrato de seguro de vida.*" Portanto, diferente do que a alternativa trouxe, a embriaguez por si só não é suficiente e nem necessária para a isenção da responsabilidade pela seguradora, outros aspectos devem ser avaliados e principalmente, se a embriaguez gerou o agravamento do risco e influenciou capitalmente na ocorrência do dano.

Alternativa D: A incorreção da alternativa D pode ser extraída da simples leitura da Súmula 132 do STJ que afirma que a ausência de registro da transferência não implica a responsabilidade do antigo proprietário por dano resultante de acidente que envolva o veículo alienado.

Alternativa E: A única alternativa correta é a E, que está em consonância com a Súmula 402 do STJ ao prever expressamente que o contrato de seguro por danos pessoais compreende os danos morais, salvo cláusula expressa de exclusão. Observa-se que as Súmulas que responderam à questão têm datas de edição bem diversas, portanto, o estudo deve ser de todas as súmulas ainda em vigor e não somente das mais recentes.

➔ **5.** Fato jurídico. Negócio jurídico. Disposições gerais. Classificação e interpretação. Elementos. Representação. Condição, termo e encargo. Defeitos do negócio jurídico. Existência, eficácia, validade, invalidade e nulidade do negócio jurídico. Simulação.

Dentro deste tópico as questões se concentram entre defeitos do negócio jurídico e existência, eficácia, validade, invalidade e nulidade do negócio jurídico.

Aqui é muito importante que consiga diferenciar cada dos defeitos e entender as consequências (nulidade ou anulabilidade), assim como diferença entre ato existe, eficaz e válido, indico a leitura de doutrina e dos artigos correspondentes do Código Civil.

Questão 1: 2023. VUNESP. TJSP. Juiz Substituto. Assinale a alternativa correta sobre os contratos de compra e venda. Alternativas:

A Da mesma forma que o Código Civil de 1916, o Código Civil de 2002 considera nula a venda de ascendente a descendente, salvo se os outros descendentes e o cônjuge do alienante houverem expressamente consentido. Em ambos os casos, dispensa-se o consentimento do cônjuge se o regime de bens for o da separação obrigatória.

B Sob pena de anulação, não podem ser comprados, ainda que em hasta pública, pelos juízes, secretários de tribunais, arbitradores, peritos e outros serventuários ou auxiliares da justiça, os bens ou direitos que estejam sob a sua esfera administrativa imediata.

C Anula-se a venda de ascendente a descendente, salvo se os outros descendentes e o cônjuge do alienante expressamente consentirem. Engloba-se nessa regra qualquer relação na linha reta. A anuência de netos e bisnetos será exigível apenas quando tiverem interesse sucessório direto. Desse modo, os netos devem consentir com a venda de um imóvel pelo avô ao seu tio se o pai já faleceu. Se os filhos estiverem vivos, os netos não serão chamados.

D As despesas de escritura e registro ficarão sempre a cargo do comprador; e a cargo do vendedor, as da tradição.

Comentários:

Alternativa A: O Superior Tribunal de Justiça, ao julgar o REsp 1.679.501, decidiu que "Diversamente do que se constatava no Código Civil de 1916 – que era omisso quanto à natureza do vício da venda de ascendente a descendente sem o consentimento dos demais descendentes –, o CC/2002 passou a definir, expressamente, que a hipótese seria de anulabilidade do ato jurídico, e não de nulidade de pleno direito, encerrando divergências doutrinárias e jurisprudenciais sobre sua específica natureza". Assim, alternativa incorreta.

Alternativa B: O art. 497, II e III, do Código Civil dispõe que: "Art. 497. Sob pena de nulidade, não podem ser comprados, ainda que em hasta pública: II. Pelos servidores públicos, em geral, os bens ou direitos da pessoa jurídica a que servirem, ou que estejam sob sua administração direta ou indireta; III. Pelos juízes, secretários de tribunais, arbitradores, peritos e outros serventuários ou auxiliares da justiça, os bens ou direitos sobre que se litigar em tribunal, juízo ou conselho, no lugar onde servirem, ou a que se estender a sua autoridade". Assim, alternativa incorreta.

Alternativa C: A questão, além do conhecimento do que dispõe o art. 496 e seu parágrafo único, exige, também, conhecimento de direito sucessório, mesmo que raso, haja vista que em caso de herdeiro por representação esse tem interesse sucessório direto. Art. 496. É anulável a venda de ascendente a descendente, salvo se os outros descendentes e o cônjuge do alienante houverem expressamente consentido. Parágrafo único. Em ambos os casos, dispensa-se o consentimento do cônjuge se o regime de bens for o da separação obrigatória. Assim, alternativa correta.

Alternativa D: Atenção ao fato de que a norma prevista no art. 490 do Código Civil permite o afastamento da regra legal, ao trazer "salvo cláusula em contrário". Art. 490 do CC. Salvo cláusula em contrário, ficarão as despesas de escritura e registro a cargo do comprador, e a cargo do vendedor as da tradição.

Questão 2: 2020. FCC. TJMS. Juiz Substituto. Verificando a condição culturalmente baixa de José Roberto, lavrador em Ribas do Rio Pardo, Glauco Silva adquire sua propriedade agrícola por R$ 500.000,00, quando o valor de mercado era o de R$ 2.000.000,00. A venda se deu por premente necessidade financeira de José Roberto. Essa situação caracteriza:

- **A** Erro por parte de José Roberto, em função de sua inexperiência e premente necessidade, anulando-se o negócio jurídico, sem convalidação por se tratar de erro substancial.
- **B** Estado de perigo, pela premente necessidade de José Roberto, que o fez assumir prejuízo excessivamente oneroso, anulando-se o negócio jurídico, sem possibilidade de convalidação.
- **C** Dolo de oportunidade de Glauco Silva, anulando-se o negócio jurídico por ser a conduta dolosa a causa da celebração do negócio jurídico, podendo este ser convalidado somente se for pago o valor correto, de mercado, pelo imóvel.
- **D** Lesão, pela manifesta desproporção entre o valor do bem e o que foi pago por ele, em princípio anulando-se o negócio jurídico, salvo se for oferecido suplemento suficiente por Glauco Silva, ou se este concordar com a redução do proveito.
- **E** Tanto lesão como estado de perigo, nulificando-se o negócio jurídico pela gravidade da conduta, sem possibilidade de ratificação ou convalidação pela excessiva onerosidade a José Roberto.

Comentários: Mais uma questão com caso hipotético que exige o conhecimento e aplicação da legislação para a resolução. A questão trata sobre defeitos no negócio jurídico, o candidato para acertar deveria conhecer os conceitos de erro, dolo, estado de perigo e lesão. Tais conceitos e distinções entre um defeito e o outro devem estar bem claros para o candidato do concurso público porque pode ser objeto de questões tanto objetivas como discursivas. As informações mais relevantes do enunciado são que José Roberto tinha uma condição culturalmente baixa e que a venda se deu por premente necessidade por um quarto do valor de mercado (desproporcional). Com base nessas informações e com o conhecimento do art. 157 do Código Civil, era possível a resolução da questão: "Ocorre a lesão quando uma pessoa, sob premente necessidade, ou por inexperiência, se obriga a prestação manifestamente desproporcional ao valor da prestação oposta. §1º Aprecia-se a desproporção das prestações segundo os valores vigentes ao tempo em que foi celebrado o negócio jurídico. §2º Não se decretará a anulação do negócio, se for oferecido suplemento suficiente, ou se a parte favorecida concordar com a redução do proveito." A única alternativa que identifica corretamente a lesão com o defeito é a alternativa D que foi considerada o gabarito da questão. A alternativa E trouxe, além da lesão, o estado de perigo também, entretanto não é possível identificar nenhuma situação de estado de perigo no enunciado da questão.

5 DOUTRINA, JURISPRUDÊNCIAS E "LEI SECA" NOS CONCURSOS DE MAGISTRATURA ESTADUAL

No levantamento estatístico abaixo será considerado como fator determinante o "fundamento do gabarito da questão", porém, quando eventual entendimento jurisprudencial ou doutrinário influenciar diretamente na resolução da questão, ele também será considerado e utilizado, também, como fator determinante.

	BANCA	FONTE	Nº de questões
CIVIL	CEBRASPE	Lei Seca	46
		Doutrina	22
		Jurisprudência	33
	FCC	Lei Seca	43
		Doutrina	01
		Jurisprudência	01
	VUNESP	Lei Seca	64
		Doutrina	10
		Jurisprudência	20
	FGV	Lei Seca	33
		Doutrina	3
		Jurisprudência	23

CEBRASPE	Lei Seca	46%
	Doutrina	22%
	Jurisprudência	33%

FCC	Lei Seca	96%
	Doutrina	02%
	Jurisprudência	02%

Civil

VUNESP	Lei Seca	68%
	Doutrina	11%
	Jurisprudência	22%

FGV	Lei Seca	56%
	Doutrina	5%
	Jurisprudência	39%

Compete ressaltar que algumas questões possuem mais de uma fonte exigida, mas que para fins da análise foi escolhida a alternativa correta. Assim como que as questões selecionadas como Lei Seca, não tratavam apenas do expresso teor dos artigos de lei, mas também da interpretação e aplicação a casos concretos.

Em Direito Civil, observa-se que o perfil das questões muda de banca para banca, mas sempre a leitura de Lei Seca com seu entendimento e a capacidade de aplicação da legislação a casos hipotéticos é a fonte de estudo mais recorrente.

A melhor forma do candidato se preparar após a publicação do edital é focar na banca escolhida para realização do certame e conhecer o seu perfil.

6 ANÁLISE DE QUESTÕES DISCURSIVAS

O conhecimento de direito civil é essencial não somente na prova objetiva, mas nas fases subsequentes (discursiva, sentenças e oral) também.

Quando o candidato está estudando para uma prova, como deve enxergar o certame em toda sua integralidade. Estudar para objetiva pensando na discursiva e sentenças porque o lapso temporal entre a primeira fase e segunda e terceira é exíguo.

QUESTÃO

2018 - CIVIL – TJMT – VUNESP

Responda, fundamentadamente, sobre o dano moral coletivo: conceito, diferenças entre o dano moral individual e o coletivo, condutas que podem causar o dano moral coletivo, forma de aferição de existência do dano moral coletivo e critérios para a fixação do valor de indenização do dano moral coletivo.

A resposta da questão deveria ser dada em até 60 linhas. É muito importante observar a quantidade de linhas disponíveis antes de planejar a sua resposta, principalmente, para não demandar muito espaço para parte da resposta e deixe a outra sem espaço suficiente.

Diferentemente da prova objetiva, nas provas discursivas e de sentença é comum exigência de conceitos e aspectos doutrinários para a resolução das questões.

Na questão trazida como exemplo, veio como uma questão de direito civil que no tópico de Responsabilidade Civil, mas sua fundamentação foge do conhecimento do Código Civil.

Para apresentar a resposta de forma coerente e fundamentada, o candidato deveria indicar o fundamento legal do Dano Moral Coletivo que está no art. 6º, VI, da Lei nº 8.078/90 (CDC), bem como no art. 1º, *caput*, da Lei nº 7.347/1985 (Lei da Ação Civil Pública).

Em seguida, deveria passar ao conceito de dano moral coletivo, enfatizando ser uma lesão extrapatrimonial que atingiu grupo ou comunidade a ponto de gerar repúdio e aversão na consciência coletiva.

Em continuação, o candidato também faria uma exposição sobre o dano moral individual, que por sua vez tem fundamentação nos artigos 186 e 944 do Código Civil e acontece quando há uma lesão aos direitos da personalidade a ponto de causar dor e sofrimento, diferentemente do dano moral coletivo que não tem ligação com o dano causado a uma pessoa, mas aos valores titularizados pela coletividade que não necessita que haja dor psíquica dos indivíduos.

O critério de aferição do dano moral coletivo deve ser feito pela análise conduta antijurídica que viola os interesses difusos e coletivos, atingindo um grau de reprovabilidade elevado, e será *in re ipsa*. Não necessita de comprovação de prejuízo, basta comprovação da ilicitude da conduta. Segundo a Ministra Nancy Andrighi (REsp nº 1.502.967 – RS) ficará somente caracterizado se ocorrer uma lesão a valores fundamentais da sociedade e se essa vulneração ocorrer de forma injusta e intolerável.

Com a leitura de acórdãos do STJ sobre o tema o candidato também conseguiria substrato teórico para atingir a resposta, vejamos trecho do RECURSO ESPECIAL Nº 1.502.967 – RS com relatora MINISTRA NANCY ANDRIGHI publicado em 14/08/2018:

> "[...] 12. O dano moral coletivo é categoria autônoma de dano que não se identifica com os tradicionais atributos da pessoa humana (dor, sofrimento ou abalo psíquico), mas com a violação injusta e intolerável de valores fundamentais titularizados pela coletividade (grupos,

> classes ou categorias de pessoas). Tem a função de: a) proporcionar uma reparação indireta à lesão de um direito extrapatrimonial da coletividade; b) sancionar o ofensor; e c) inibir condutas ofensivas a esses direitos transindividuais. 13. Se, por um lado, o dano moral coletivo não está relacionado a atributos da pessoa humana e se configura in re ipsa, dispensando a demonstração de prejuízos concretos ou de efetivo abalo moral, de outro, somente ficará caracterizado se ocorrer uma lesão a valores fundamentais da sociedade e se essa vulneração ocorrer de forma injusta e intolerável. [...]"

Portanto, pode-se perceber que a abordagem das questões discursivas é difere das questões objetivas e o candidato deve considerar isso no momento da preparação.

7 DICAS FINAIS PARA OS CANDIDATOS

Na preparação para os concursos de magistratura, na fase pré-edital, o candidato deve focar em fazer um estudo completo de lei seca, doutrina, jurisprudência e resoluções das questões de concursos anteriores, seja da magistratura ou de outras carreiras jurídicas, como Ministério Público, Defensoria Pública e Procuradorias.

Assim, para o candidato ter uma preparação adequada, ele deve escolher uma obra de doutrina, ler o Código Civil e leis esparsas em seu Vade Mecum, acompanhar os informativos nos sites do Supremo Tribunal Federal e no Superior Tribunal de Justiça, no site do Dizer o Direito ou no Vade Mecum de Jurisprudência do Márcio André Lopes Cavalcante e resolver questões de concursos anteriores por meio do Revisaço da Juspodivm ou sites de questões.

Além disso, também é importante reservar um tempo de estudo para treinar questões discursivas, a fim de tornar o processo criativo da escrita o mais automático possível no momento da prova.

Com a definição da banca e a publicação do edital, o estudo deve ser direcionado ao estilo da prova da banca organizadora, a fim de poupar tempo, conseguir estudar o máximo de conteúdo e realizar as revisões necessárias.

A análise acima das questões, com divisão dos conteúdos e prevalência da fonte, auxiliará o candidato a tomar melhores decisões no momento dos estudos.

Direito

PROCESSUAL CIVIL

Gustavo Americano Freire

Processual Civil

1 BIBLIOGRAFIA INDICADA

As disciplinas cobradas, nos concursos da **Magistratura**, vêm inseridas em blocos. Em regra, Direito Processual Civil é uma disciplina prevista no Bloco 1, o qual é permeado, ao todo, por 30 questões, implicando em afirmar pela possibilidade de uma cobrança média de **10%** do total do conteúdo programático somente no que tange a essa disciplina.

Em regra, as questões cobradas na fase **objetiva** do concurso gravitam em torno do conhecimento atinente à Legislação Seca, Jurisprudência das Cortes Superiores e conhecimento base de pontos doutrinários específicos, especialmente questões atinentes à Teoria Geral do Processo Civil, em temas como Condições da Ação e suas principais alterações perpetradas pelo Código de Processo Civil de 2015 e Jurisdição e Competência.

Porém, por se tratar de disciplina com incidência em todas as etapas do certame (objetiva, discursiva, sentença e oral), necessário se faz um estudo completo, para além da Lei Seca e Jurisprudência, mentalizando, desde o início, o estudo para a Sentença Cível.

É indicado o estudo **de uma das** seguintes obras:

1. Direito Processual Civil Esquematizado, 14ª edição, 2023, Marcus Vinicius Rios Gonçalves.

2. Manual de Direito Processual Civil, Volume Único, 2023, Daniel Amorim Assumpção Neves.

As obras acima apontadas conseguem unir objetividade e profundidade no estudo do Direito Civil, sendo suficientes para o êxito em **todas** as etapas do certame.

Recomenda-se que o candidato eleja uma obra e a utilize como seu guia, sem se olvidar que o estudo da Lei Seca e da Jurisprudência se apresenta como fator diferencial e preponderante para a sua aprovação, somando, claro, a resolução de exercícios sobre os temas do edital.

Por fim, quando do estudo específico para prova de Sentença Cível, indica-se a obra: Sentença Cível, 6ª edição, 2022, Jaylton Jackson de Freitas Lopes Júnior.

2 CONTEÚDO PROGRAMÁTICO NOS EDITAIS

Nos últimos **8 anos**, foram aplicadas **32 provas** de Magistratura Estadual, assim discriminadas:

TRIBUNAL	ANO	BANCA
TJAM	2016	CEBRASPE
TJDFT	2016	CEBRASPE
TJRS	2016	FAURS
TJRJ	2016	VUNESP
TJPR	2017	CEBRASPE
TJSC	2017	FCC
TJSP	2017	VUNESP
TJCE	2018	CEBRASPE
TJMG	2018	CONSULPLAN
TJSP	2018	VUNESP
TJMT	2018	VUNESP
TJRS	2018	VUNESP
TJPA	2019	CEBRASPE
TJSC	2019	CEBRASPE
TJPR	2019	CEBRASPE
TJBA	2019	CEBRASPE
TJAL	2019	FCC
TJRJ	2019	VUNESP

TRIBUNAL	ANO	BANCA
TJRO	2019	VUNESP
TJAC	2019	VUNESP
TJMS	2020	FCC
TJSP	2021	VUNESP
TJGO	2021	FCC
TJPR	2021	FGV
TJSC	2022	FGV
TJAP	2022	FGV
TJRS	2022	FAURGS
TJMG	2022	FGV
TJPE	2022	FGV
TJMA	2022	CEBRASPE
TJDFT	2023	CEBRASPE
TJSP	2023	VUNESP

Assim, verifica-se o seguinte **cenário**: Cebraspe: 10 certames; FAURS: 2 certames; Vunesp: 9 certames; FCC: 4 certames; Consulplan: 1 certame; FGV: 5 certames.

Por questões didáticas e considerando a estatística acima, serão somente analisadas as questões das bancas CEBRASPE, FCC, FGV e VUNESP.

A maioria dos concursos teve na prova objetiva 100 questões (somente o TJRJ que faz concursos com 80 questões objetivas).

Para a disciplina de Direito Processual Civil, foi direcionada **uma média de 10 questões** em cada prova.

A depender da banca ou da instituição, o edital pode trazer pequenas modificações com a inclusão de um, ou outro assunto. E isso não altera o estudo geral, pré-edital para os concursos. Ao estudar quase a totalidade do edital antes de sua publicação, o assunto ou até uma disciplina surpresa no pós-edital não será um problema na aprovação do candidato, que ainda terá tempo para se dedicar à novidade se já estiver com o restante do conteúdo estudado.

Assim, analisando editais das bancas CEBRASPE, FCC, FGV e VUNESP, apresentamos um conteúdo programático que inclui os assuntos em comum nos editais das quatro bancas que mais realizaram concursos de magistratura estadual. Vamos a eles:

1. Teoria Geral do Direito Processual Civil. Normas processuais civis. Fontes do Direito Processual Civil. Aplicação e interpretação da lei processual civil. Da norma processual no tempo e no espaço.

2. Da jurisdição. Conceito. Características. Princípios. Extensão. Poderes. Órgãos. Jurisdição contenciosa. Jurisdição voluntária.

3. Da ação. Natureza jurídica. Princípios. Elementos identificadores da ação. Condições da Ação. Classificação das Ações. Das Normas Fundamentais e da Aplicação das Normas Processuais.

4. Competência. Conceito. Competência interna. Critérios para definir a competência. Competência absoluta. Competência relativa. Das causas de modificações da competência: conexão, continência, prevenção. Casos de prorrogação legal da competência. Conflito de competência. Conflito de atribuições. *Perpetuatio jurisdicionis.*

5. Funções essenciais à Justiça. Magistratura. Ministério Público. Defensoria Pública. Advocacia Pública e Privada. Órgãos auxiliares da justiça. Assistência judiciária. Taxas judiciárias.

6. Meios alternativos de solução de conflitos: autotutela, autocomposição (conciliação e mediação).

7. Processo. Conceito. Classificação. Natureza Jurídica. Princípios informativos do processo civil. Princípios constitucionais do processo civil. As garantias constitucionais do processo civil. A relação processual. Características da relação processual. Sujeitos da relação jurídica: Sujeitos principais. Sujeitos secundários. Sujeitos Especiais. Pressupostos Processuais.

8. Dos atos processuais. Definição. Características dos atos processuais. Princípios dos atos processuais. Classificação dos atos processuais. Atos do Juiz. Atos das partes. Atos dos auxiliares das partes. Atos processuais simples e complexos. Documentação dos atos processuais. Local da prática dos atos processuais. Da forma dos atos processuais. Tempo para a prática dos atos processuais. Das comunicações dos atos processuais. Das cartas. Das citações. Das intimações. Das nulidades. De outros atos processuais. Da distribuição e do registro. Do valor da causa. Dos prazos. Conceito. Classificação. Princípios. Contagem. Prazos especiais. Preclusão. Espécies de Preclusão.

9. Sujeitos do processo. Capacidade processual e postulatória. Deveres das partes e procuradores. Procuradores. Sucessão das partes e dos procuradores. Litisconsórcio. Intervenção de terceiros.

10. Tutela provisória. Tutela de urgência e tutela de evidência. Estabilização da tutela Antecipada.

11. Formação, suspensão e extinção do processo. Processo de conhecimento. Procedimento comum. Disposições Gerais. Petição inicial. Improcedência liminar do pedido. Audiência de conciliação ou de mediação. Contestação, reconvenção e revelia. Providências preliminares e de saneamento. Julgamento conforme o estado do processo. Audiência de instrução e julgamento.
12. Provas. Teoria geral da prova. Objeto, fonte e meios. Admissibilidade. Provas típicas e atípicas. Provas ilícitas. Ônus da prova. Provas em espécie e sua produção.
13. Sentença. Conteúdo. Defeitos das sentenças. Reexame necessário. Coisa julgada. Limites subjetivos e objetivos. Relativização da coisa julgada. Julgamento liminar de improcedência.
14. Cumprimento de sentença e execução. Classificações. Pressupostos. Título executivo: espécies e requisitos. Liquidação.
15. Cumprimento de sentença para pagamento de quantia, para obrigação de fazer, não fazer e dar coisa certa. Cumprimento de sentença na obrigação de alimentos.
16. Execução por quantia certa contra devedor solvente. Procedimento. Penhora avaliação e expropriação. Satisfação do credor.
17. Defesa do executado no cumprimento de sentença e na execução de título extrajudicial. Ações autônomas de impugnação à execução. Exceção de pré-executividade.
18. Recursos em espécie: apelação agravo de instrumento, embargos de declaração, recursos extraordinário e especial, embargos de divergência, agravo interno. Julgamento estendido em caso de divergência.
19. Precedentes judiciais. Incidente de resolução de demandas repetitivas. Julgamento de recursos repetitivos nos tribunais superiores. Assunção de competência. Súmula Vinculante. Controle concentrado de constitucionalidade.
20. Recursos nos Tribunais Superiores. Regimento interno do STJ e STF. Lei nº 8.038/1990 e suas alterações.
21. Procedimentos especiais de jurisdição contenciosa. Ação de consignação em pagamento; ação de exigir contas; ações possessórias, ações de divisão e demarcação. Ação de dissolução parcial de sociedade.
22. Procedimentos especiais de jurisdição contenciosa: inventário e partilha, embargos de terceiro, oposição, ações de família, habilitação, restauração de autos, ação monitória, homologação de penhor legal, regulação de avaria grossa.
23. Arbitragem. Compromisso arbitral e cláusula compromissória. Tutelas de urgência antes, durante e depois do processo arbitral. Impugnação judicial da sentença arbitral. Meios alternativos de solução de conflito (Resolução nº 125 de 29 de novembro de 2010, do Conselho Nacional de Justiça). Instauração da Arbitragem. Ação para obtenção do compromisso arbitral. Impedimento e Substituição do Árbitro. Responsabilidade do Árbitro. Cooperação do Poder Judiciário com a Arbitragem.

24. A Fazenda Pública como parte no processo: polos ativo e passivo. Prerrogativas. Tutela antecipada, tutela específica. Ação de conhecimento e execução. A Fazenda nos procedimentos especiais. Juizados Especiais da Fazenda Pública Estadual.
25. Mandado de segurança. Habeas Corpus. Habeas Data. Mandado de Injunção. Ação popular. Ação civil pública. Processo coletivo. Tutela dos interesses transindividuais. Conceito. Espécies. Mecanismos processuais e respectivos procedimentos. Reclamação constitucional.
26. Juizados Especiais Cíveis (Lei nº 9.099/95).
27. Procedimentos Especiais de Jurisdição Voluntária. Características. Notificação e interpelação. Alienações Judiciais. Testamento e Codicilo. Herança Jacente. Bens dos Ausentes. Coisas Vagas. Tutela e curatela. Organização e Fiscalização das Fundações.
28. Ações locatícias. Ação de Despejo. Ação Renovatória. Ação Revisional. Ação Consignatória.
29. O processo da recuperação judicial e da falência.
30. Ação de Busca e Apreensão por alienação fiduciária (Decreto-Lei nº 911/69).

3 ANÁLISE GERAL DAS ÚLTIMAS PROVAS OBJETIVAS

Foram analisadas **309 questões** de Direito Processual Civil, em **29 provas**, realizadas nos últimos **8 anos**, das quatro bancas mais atuantes e selecionados os mais recorrentes pontos do edital.

Além disso, algumas questões exigiram conhecimento do Código de Processo Civil de 1973 e, diante disso, as que não puderam ser alocadas no conteúdo equivalente no Código de Processo Civil de 2015, encontravam-se desatualizadas sendo descartadas da análise.

Tópico do Conteúdo Programático	Quantidade de questões	
1. Teoria Geral do Direito Processual Civil. Normas processuais civis. Fontes do Direito Processual Civil. Aplicação e interpretação da lei processual civil. Da norma processual no tempo e no espaço.	Cebraspe	2
	FCC	0
	Vunesp	0
	FGV	1
	Total	3
2. Da jurisdição. Conceito. Características. Princípios. Extensão. Poderes. Órgãos. Jurisdição contenciosa. Jurisdição voluntária.	Cebraspe	2
	FCC	2
	Vunesp	0
	FGV	1
	Total	5

Tópico do Conteúdo Programático	Quantidade de questões	
3. Da ação. Natureza jurídica. Princípios. Elementos identificadores da ação. Condições da Ação. Classificação das Ações. Das Normas Fundamentais e da Aplicação das Normas Processuais.	Cebraspe	9
	FCC	0
	Vunesp	0
	FGV	0
	Total	**3**
4. Competência. Conceito. Competência interna. Critérios para definir a competência. Competência absoluta. Competência relativa. Das causas de modificações da competência: conexão, continência, prevenção. Casos de prorrogação legal da competência. Conflito de competência. Conflito de atribuições. *Perpetuatio jurisdicionis.*	Cebraspe	9
	FCC	0
	Vunesp	6
	FGV	7
	Total	**22**
5. Processo. Conceito. Classificação. Natureza Jurídica. Princípios informativos do processo civil. Princípios constitucionais do processo civil. As garantias constitucionais do processo civil. A relação processual. Características da relação processual. Sujeitos da relação jurídica: Sujeitos principais. Sujeitos secundários. Sujeitos Especiais. Pressupostos Processuais.	Cebraspe	1
	FCC	1
	Vunesp	1
	FGV	0
	Total	3
6. Dos atos processuais. Definição. Características dos atos processuais. Princípios dos atos processuais. Classificação dos atos processuais. Atos do Juiz. Atos das partes. Atos dos auxiliares das partes. Atos processuais simples e complexos. Documentação dos atos processuais. Local da prática dos atos processuais. Da forma dos atos processuais. Tempo para a prática dos atos processuais. Das comunicações dos atos processuais. Das cartas. Das citações. Das intimações. Das nulidades. De outros atos processuais. Da distribuição e do registro. Do valor da causa. Dos prazos. Conceito. Classificação. Princípios. Contagem. Prazos especiais. Preclusão. Espécies de Preclusão.	Cebraspe	10
	FCC	7
	Vunesp	6
	FGV	4
	Total	27
7. Sujeitos do processo. Capacidade processual e postulatória. Deveres das partes e procuradores. Procuradores. Sucessão das partes e dos procuradores. Litisconsórcio. Intervenção de terceiros.	Cebraspe	8
	FCC	1
	Vunesp	13
	FGV	6
	Total	**28**

Tópico do Conteúdo Programático	Quantidade de questões	
8. Tutela provisória. Tutela de urgência e tutela de evidência. Estabilização da tutela Antecipada.	Cebraspe	4
	FCC	3
	Vunesp	3
	FGV	3
	Total	**13**
9. Formação, suspensão e extinção do processo. Processo de conhecimento. Procedimento comum. Disposições Gerais. Petição inicial. Improcedência liminar do pedido. Audiência de conciliação ou de mediação. Contestação, reconvenção e revelia. Providências preliminares e de saneamento. Julgamento conforme o estado do processo. Audiência de instrução e julgamento.	Cebraspe	8
	FCC	4
	Vunesp	8
	FGV	1
	Total	**21**
10. Provas. Teoria geral da prova. Objeto, fonte e meios. Admissibilidade. Provas típicas e atípicas. Provas ilícitas. Ônus da prova. Provas em espécie e sua produção.	Cebraspe	4
	FCC	5
	Vunesp	6
	FGV	4
	Total	**19**
11. Sentença. Conteúdo. Defeitos das sentenças. Reexame necessário. Coisa julgada. Limites subjetivos e objetivos. Relativização da coisa julgada. Julgamento liminar de improcedência.	Cebraspe	4
	FCC	3
	Vunesp	5
	FGV	1
	Total	**13**
12. Cumprimento de sentença e execução. Classificações. Pressupostos. Título executivo: espécies e requisitos. Liquidação. Cumprimento de sentença para pagamento de quantia, para obrigação de fazer, não fazer e dar coisa certa. Cumprimento de sentença na obrigação de alimentos. Defesa do executado no cumprimento de sentença e na execução de título extrajudicial. Ações autônomas de impugnação à execução. Exceção de pré-executividade.	Cebraspe	7
	FCC	3
	Vunesp	11
	FGV	3
	Total	**24**
13. Execução por quantia certa contra devedor solvente. Procedimento. Penhora avaliação e expropriação. Satisfação do credor.	Cebraspe	4
	FCC	1
	Vunesp	3
	FGV	10
	Total	**28**

Tópico do Conteúdo Programático	Quantidade de questões	
14. Recursos. Recursos em espécie: apelação agravo de instrumento, embargos de declaração, recursos extraordinário e especial, embargos de divergência, agravo interno. Julgamento estendido em caso de divergência. Recursos nos Tribunais Superiores. Regimento interno do STJ e STF. Lei nº 8.038/1990 e suas alterações.	Cebraspe	8
	FCC	3
	Vunesp	13
	FGV	10
	Total	**34**
15. Precedentes judiciais. Incidente de resolução de demandas repetitivas. Julgamento de recursos repetitivos nos tribunais superiores. Assunção de competência. Súmula Vinculante. Controle concentrado de constitucionalidade.	Cebraspe	1
	FCC	0
	Vunesp	3
	FGV	2
	Total	**6**
16. Procedimentos especiais de jurisdição contenciosa. Ação de consignação em pagamento; ação de exigir contas; ações possessórias, ações de divisão e demarcação. Ação de dissolução parcial de sociedade. Procedimentos especiais de jurisdição contenciosa: inventário e partilha, embargos de terceiro, oposição, ações de família, habilitação, restauração de autos, ação monitória, homologação de penhor legal, regulação de avaria grossa.	Cebraspe	6
	FCC	4
	Vunesp	7
	FGV	5
	Total	**22**
17. A Fazenda Pública como parte no processo: polos ativo e passivo. Prerrogativas. Tutela antecipada, tutela específica. Ação de conhecimento e execução. A Fazenda nos procedimentos especiais. Juizados Especiais da Fazenda Pública Estadual.	Cebraspe	0
	FCC	0
	Vunesp	2
	FGV	0
	Total	**2**
18. Mandado de segurança. *Habeas Corpus. Habeas Data.* Mandado de Injunção. Ação popular. Ação civil pública. Processo coletivo. Tutela dos interesses transindividuais. Conceito. Espécies. Mecanismos processuais e respectivos procedimentos. Reclamação constitucional.	Cebraspe	10
	FCC	0
	Vunesp	4
	FGV	2
	Total	**16**
19. Juizados Especiais Cíveis (Lei nº 9.099/95).	Cebraspe	0
	FCC	4
	Vunesp	3
	FGV	3
	Total	**10**

Tópico do Conteúdo Programático	Quantidade de questões	
20. Procedimentos Especiais de Jurisdição Voluntária. Características. Notificação e interpelação. Alienações Judiciais. Testamento e Codicilo. Herança Jacente. Bens dos Ausentes. Coisas Vagas. Tutela e curatela. Organização e Fiscalização das Fundações.	Cebraspe	1
	FCC	1
	Vunesp	0
	FGV	2
	Total	4
21. Ações locatícias. Ação de Despejo. Ação Renovatória. Ação Revisional. Ação Consignatória.	Cebraspe	2
	FCC	0
	Vunesp	4
	FGV	0
	Total	6

A indicação dos conteúdos mais presentes nas questões permite que o candidato adote um estudo estratégico dando prioridade a esses temas, mas de forma alguma poderá se descuidar dos demais porque se está previsto no edital pode ser objeto de questão na prova.

E com base na exposição analítica acima, a conclusão que se chega com as informações acima expostas é a de que o Top 5 da Magistratura, em Direito Civil, é composto pelos seguintes institutos:

1º) Recursos. Recursos em espécie: apelação agravo de instrumento, embargos de declaração, recursos extraordinário e especial, embargos de divergência, agravo interno. Julgamento estendido em caso de divergência. Recursos nos Tribunais Superiores. Regimento interno do STJ e STF. Lei nº 8.038/1990 e suas alterações.

2º) Sujeitos do processo. Capacidade processual e postulatória. Deveres das partes e procuradores. Procuradores. Sucessão das partes e dos procuradores. Litisconsórcio. Intervenção de terceiros.

3º) Execução por quantia certa contra devedor solvente. Procedimento. Penhora avaliação e expropriação. Satisfação do credor.

4º) Dos atos processuais. Definição. Características dos atos processuais. Princípios dos atos processuais. Classificação dos atos processuais. Atos do Juiz. Atos das partes. Atos dos auxiliares das partes. Atos processuais simples e complexos. Documentação dos atos processuais. Local da prática dos atos processuais. Da forma dos atos processuais. Tempo para a prática dos atos processuais. Das comunicações dos atos processuais. Das cartas. Das citações. Das intimações. Das nulidades. De outros atos processuais. Da distribuição e do registro. Do valor da causa. Dos prazos. Conceito. Classificação. Princípios. Contagem. Prazos especiais. Preclusão. Espécies de Preclusão.

5º) Cumprimento de sentença e execução. Classificações. Pressupostos. Título executivo: espécies e requisitos. Liquidação. Cumprimento de sentença para pagamento de quantia, para obrigação de fazer, não fazer e dar coisa certa. Cumprimento de sentença na obrigação de alimentos. Defesa do executado no cumprimento de sentença e na execução de título extrajudicial. Ações autônomas de impugnação à execução. Exceção de pré-executividade.

4 ANÁLISE DE PONTOS ESPECÍFICOS MAIS RELEVANTES NAS PROVAS OBJETIVAS

Com fundamento na análise de questões do tópico acima, analisaremos como os conteúdos mais recorrentes são exigidos e como a candidato pode se preparar durante seus estudos.

1. Recursos. Recursos em espécie: apelação agravo de instrumento, embargos de declaração, recursos extraordinário e especial, embargos de divergência, agravo interno. Julgamento estendido em caso de divergência. Recursos nos Tribunais Superiores. Regimento interno do STJ e STF. Lei nº 8.038/1990 e suas alterações.

Questão 1. Ano: 2022, Banca: FGV, Órgão TJPE, Juiz Substituto. Em uma ação judicial, o juiz proferiu sentença julgando extinto o feito, sem resolução de mérito, acolhendo a preliminar de ilegitimidade ativa deduzida em contestação. Contra a sentença, o autor interpôs o recurso de apelação cível, requerendo que o juiz exercesse o juízo de retratação. Sobre o juízo de retratação, é correto afirmar que:

A Não é cabível em caso de extinção sem resolução de mérito, aplicando-se apenas em caso de improcedência liminar do pedido;

B Por se tratar de hipótese de indeferimento da petição inicial, é facultado ao juiz exercer o juízo de retratação no prazo de cinco dias;

C Após a vigência do Código de Processo Civil/2015, o juiz não tem mais a possibilidade de exercer juízo de retratação, devendo apenas remeter os autos ao tribunal;

Ⓓ Deverá ser realizado pelo juiz após a apresentação de contrarrazões de apelação pelo réu, na qual o demandado poderá impugnar tal pedido;

Ⓔ Depende do oferecimento de caução referente aos ônus sucumbenciais.

Comentários: O juízo de retratação pode ocorrer em três situações previstas no Código de Processo Civil, a saber: **Extinção do processo sem resolução do mérito:** Art. 485, § 7º. Interposta a apelação em qualquer dos casos de que tratam os incisos deste artigo, o juiz terá 5 (cinco) dias para retratar-se. **Indeferimento da Petição Inicial:** Art. 331. Indeferida a petição inicial, o autor poderá apelar, facultado ao juiz, no prazo de 5 (cinco) dias, retratar-se. **Improcedência liminar do pedido:** Art. 332. Nas causas que dispensem a fase instrutória, o juiz, independentemente da citação do réu, julgará liminarmente improcedente o pedido que contrariar: [...]; § 3º Interposta a apelação, o juiz poderá retratar-se em 5 (cinco) dias. Na situação posta na questão, o Réu já foi citado, portanto, ao Magistrado apenas será possível realizar a retratação após a integração do contraditório por parte do Apelado, que se aperfeiçoa com a apresentação das contrarrazões ao recurso de Apelação. Portanto, gabarito letra D.

2. Sujeitos do processo. Capacidade processual e postulatória. Deveres das partes e procuradores. Procuradores. Sucessão das partes e dos procuradores. Litisconsórcio. Intervenção de terceiros.

Questão 1. Ano: 2023, Banca: CEBRASPE, Órgão TJDFT, Juiz Substituto. A respeito da gratuidade de justiça, assinale a opção correta, de acordo com o CPC, o Regimento Interno do TJDFT e o provimento-geral da Corregedoria aplicado aos juízes e ofícios judiciais.

Ⓐ A concessão da gratuidade de justiça afasta do beneficiário o dever de pagar as multas processuais que lhe forem impostas no decorrer do processo.

Ⓑ A gratuidade da justiça compreende despesas com a realização de exame de código genético (DNA), caso seja necessário ao processo.

Ⓒ Findo o processo de natureza cível, os autos são remetidos à contadoria judicial, para elaboração do cálculo das custas finais, a que todos estão obrigados, salvo se beneficiário da justiça gratuita, não havendo a baixa do processo no sistema informatizado até que haja o pagamento das referidas custas.

Ⓓ A concessão da gratuidade de justiça afasta a responsabilidade do beneficiário pelo pagamento das despesas processuais e dos honorários advocatícios.

E) A justiça gratuita deferida no primeiro grau de jurisdição não engloba os recursos interpostos perante a segunda instância, devendo ser confirmada expressamente pelo desembargador relator.

Comentários: A questão exigia o conhecimento da letra da lei do Código de Processo Civil e Provimento Geral da Corregedoria. O candidato não deve se assustar com a cobrança de norma da Corregedoria local, haja vista que o acerto poderia se dar por eliminação, sendo necessário o conhecimento do seguinte cenário: **Art. 98.** A pessoa natural ou jurídica, brasileira ou estrangeira, com insuficiência de recursos para pagar as custas, as despesas processuais e os honorários advocatícios têm direito à gratuidade da justiça, na forma da lei. **§ 1º.** A gratuidade da justiça compreende: **V.** as despesas com a realização de exame de código genético - DNA e de outros exames considerados essenciais; **§ 2º.** A concessão de gratuidade não afasta a responsabilidade do beneficiário pelas despesas processuais e pelos honorários advocatícios decorrentes de sua sucumbência. **§ 4º** A concessão de gratuidade não afasta o dever de o beneficiário pagar, ao final, as cultas processuais que lhe sejam impostas. **Provimento da Corregedoria: Art. 100.** Findo o processo de natureza cível, os autos serão remetidos à contadoria judicial para a elaboração dos cálculos das custas finais, salvo se a parte responsável pelo pagamento for beneficiária da justiça gratuita. **Art. 101.** Escoado o prazo para o recolhimento das custas, a secretaria da vara deverá providenciar a baixa da parte requerida no sistema informatizado e o arquivamento dos autos, mesmo que não tenha havido o pagamento das custas. Portanto, gabarito letra B.

3. Execução por quantia certa contra devedor solvente. Procedimento. Penhora avaliação e expropriação. Satisfação do credor.

Questão 1. Ano: 2023, Banca: Vunesp, Órgão TJSP, Juiz Substituto. Maria ingressou com ação de conhecimento em face da concessionária de energia elétrica visando ao reconhecimento da inexigibilidade da "conta de luz" do mês de abril de 2022 no valor de R$ 1.500,00. O juiz julgou improcedente o pedido, reconhecendo a exigibilidade do valor cobrado pela concessionária. A sentença transitou em julgado. A concessionária pretende executar a sentença, afirmando ter título executivo judicial. Sobre os títulos executivos judiciais, indique a afirmativa correta.

A) Também são títulos judiciais: o crédito de auxiliar da justiça, a sentença penal condenatória, independentemente do trânsito em julgado e a sentença estrangeira homologada pelo Superior Tribunal de Justiça.

B) A decisão homologatória de autocomposição judicial constitui também título judicial. Adverte-se, contudo, que a autocomposição judicial não pode envolver sujeito estranho ao processo e não pode versar sobre relação jurídica que não tenha sido deduzida em juízo.

C As decisões proferidas no processo civil que reconheçam a exigibilidade de obrigação de pagar quantia, de fazer, de não fazer ou de entregar coisa também são títulos executivos judiciais. Em outras palavras, a lei acabou com o dogma de que só as sentenças condenatórias constituíam títulos executivos. Admite-se hoje a execução de uma sentença declaratória ou constitutiva.

D Também é título judicial a decisão interlocutória estrangeira, independentemente da concessão do exequatur à carta rogatória pelo Superior Tribunal de Justiça. Portanto, gabarito C.

Comentários: A questão exigia o conhecimento da letra da lei do Código de Processo Civil e entendimento do Superior Tribunal de Justiça. O acerto da questão passava pelos seguintes pontos de conhecimento: **Art. 515.** São títulos executivos judiciais, cujo cumprimento dar-se-á de acordo com os artigos previstos neste Título: **I.** as decisões proferidas no processo civil que reconheçam a exigibilidade de obrigação de pagar quantia, de fazer, de não fazer ou de entregar coisa; **VI.** a sentença penal condenatória transitada em julgado; **X.** a decisão interlocutória estrangeira, após a concessão do exequatur à carta rogatória pelo Superior Tribunal de Justiça; **§ 2º** A autocomposição judicial pode envolver sujeito estranho ao processo e versar sobre relação jurídica que não tenha sido deduzida em juízo. **TJSP citando entendimento do STJ:** Arrendamento mercantil. Veículo automotor. Demanda revisional ajuizada pelo arrendatário. Consideração no julgamento da retomada do bem, com determinação de acerto de contas quanto ao VRG com base no critério da Súmula nº 564 do STJ. Eventual constatação de saldo em favor do banco arrendador que autoriza a execução nos próprios autos. Art. 515, I, do CPC. Jurisprudência do STJ pacificada a respeito, inclusive em sede de julgamento de recurso repetitivo (REsp nº 1.324.152/SP, Corte Especial, Rel. Min. Luis Felipe Salomão, j. 4/5/2016, DJe 15/6/2016). Necessidade, entretanto, de efetiva apuração da existência de saldo em fase de liquidação de sentença. Obrigação que não se pode dizer desde logo líquida. Decisão da fase de conhecimento que simplesmente estabeleceu critérios gerais de cálculo, sem que em momento algum se tenham discutido nos autos valores em concreto, tampouco a eles fazendo referência a condenação judicial. Hipótese que não se pode dizer seja de singelos cálculos aritméticos a partir de dados numéricos já constantes do julgado. Necessidade além disso de consideração do valor da venda do bem, fato externo à decisão liquidanda e a ela posterior. Decisão agravada que se reforma para determinar a observância da fase de liquidação de sentença como requisito ao início da fase de cumprimento. Agravo de instrumento do autor parcialmente provido. (TJ--SP - AI: 21223737220188260000 SP 2122373-72.2018.8.26.0000, Relator: Fabio Tabosa, Data de Julgamento: 31/01/2019, 29ª Câmara de Direito Privado, Data de Publicação: 31/01/2019)

4. Dos atos processuais. Definição. Características dos atos processuais. Princípios dos atos processuais. Classificação dos atos processuais. Atos do Juiz. Atos das partes. Atos dos auxiliares das partes. Atos processuais simples e complexos. Documentação dos atos processuais. Local da prática dos atos processuais. Da forma dos atos processuais. Tempo para a prática dos atos processuais. Das comunicações dos atos processuais. Das cartas. Das citações. Das intimações. Das nulidades. De outros atos processuais. Da distribuição e do registro. Do valor da causa. Dos prazos. Conceito. Classificação. Princípios. Contagem. Prazos especiais. Preclusão. Espécies de Preclusão.

Questão 1. Ano: 2022, Banca: FGV, Órgão TJPE, Juiz Substituto. Em uma ação envolvendo direitos disponíveis, antes da decisão de organização e saneamento, as partes firmaram negócio jurídico processual, por meio do qual escolheram consensualmente o perito e estabeleceram que nenhuma das partes indicaria assistente técnico. Diante dessa situação jurídica, é correto afirmar que:

A Para a validade do referido negócio jurídico, este deve ser previamente homologado pelo juiz;

B O juiz deverá aceitar o perito escolhido consensualmente pelas partes, mas não poderá autorizar a dispensa de assistentes técnicos, por força de previsão legal;

C Para o referido negócio jurídico processual produzir efeitos, o juiz deve figurar como parte, por se tratar de disposição diretamente ligada à atividade jurisdicional;

D Diante da autonomia da vontade das partes, o juiz não poderá recusar o referido negócio jurídico processual, ainda que uma das partes se encontre em manifesta situação de vulnerabilidade;

E As partes podem convencionar sobre seus poderes por meio de negócio jurídico processual, o que lhes autoriza a indicar consensualmente o perito e a dispensar a indicação de assistente técnico.

Comentários: A doutrina majoritária, em Processo Civil, entende que o negócio jurídico processual independente de homologação judicial e o Magistrado deve apenas promover o controle de sua validade, merecendo destaque o Enunciado 133 do Fórum Permanente de

Processualistas Civis, segundo o qual "salvo nos casos expressamente previstos em lei, os negócios processuais do art. 190 não dependem de homologação judicial". E, ultrapassado esse ponto, a questão passava pelo conhecimento das seguintes normas processuais: **Art. 190.** Versando o processo sobre direitos que admitam autocomposição, é lícito às partes plenamente capazes estipular mudanças no procedimento para ajustá-lo às especificidades da causa e convencionar sobre os seus ônus, poderes, faculdades e deveres processuais, antes ou durante o processo. **Parágrafo único.** De ofício ou a requerimento, o juiz controlará a validade das convenções previstas neste artigo, recusando-lhes aplicação somente nos casos de nulidade ou de inserção abusiva em contrato de adesão ou em que alguma parte se encontre em manifesta situação de vulnerabilidade. Portanto, gabarito letra E.

⊖ 5. Cumprimento de sentença e execução. Classificações. Pressupostos. Título executivo: espécies e requisitos. Liquidação. Cumprimento de sentença para pagamento de quantia, para obrigação de fazer, não fazer e dar coisa certa. Cumprimento de sentença na obrigação de alimentos. Defesa do executado no cumprimento de sentença e na execução de título extrajudicial. Ações autônomas de impugnação à execução. Exceção de pré-executividade.

Questão 1. Ano: 2023, Banca: Vunesp, Órgão TJSP, Juiz Substituto. Carlos ingressou com ação de conhecimento com pedido condenatório em face de Raimundo. O réu foi citado pessoalmente para a audiência de tentativa de conciliação e constituiu advogado. Frustrada a tentativa de conciliação, o réu contestou a ação. O pedido foi acolhido em primeiro grau, após os articulados das partes e a produção de provas. A sentença transitou em julgado. Após um ano do trânsito em julgado, Carlos requereu a intimação do réu para cumprir a sentença. Considerando isso, responda como deverá ser a intimação nesse caso.

- **A** Pelo Diário da Justiça, na pessoa de seu advogado constituído nos autos.
- **B** Por Oficial de Justiça.
- **C** Por carta com aviso de recebimento.
- **D** Por edital, considerando que o réu mudou de endereço sem prévia comunicação ao juízo.

Comentários: A atenção na literalidade da norma é indispensável para o acerto das questões. O ponto de atenção dessa questão consistiu na atenção redobrada a norma prevista no art. 513, §4º, do Código de Processo Civil que prevê que: "Art. 513. O cumprimento da sentença será feito segundo as regras deste Título, observando-se, no que couber e conforme a natureza da obrigação, o disposto no Livro II da Parte Especial deste Código. §1º O cumprimento da sentença que reconhece o dever de pagar quantia, provisório ou definitivo, far-se-á a requerimento do exequente. **§ 4º.** Se o requerimento a que alude o § 1º for formulado após 1 (um) ano do trânsito em julgado da sentença, a intimação será feita na pessoa do devedor, por meio de carta com aviso de recebimento encaminhada ao endereço constante dos autos, observado o disposto no parágrafo único do art. 274 e no § 3º deste artigo". Portanto, gabarito Letra C. Para facilitar a memorização, segue um esquema sobre as formas de intimação do Executado no Cumprimento de Sentença: 1ª) Executado assistido por advogado: Intimação pelo Diário de Justiça, na pessoa do advogado. 2ª) Executado não assistido por advogado: Intimação por Carta, com aviso de recebimento. 3ª) Executado assistido pela Defensoria Pública: Intimação por Carta, com aviso de recebimento. 4ª) Executado revel na fase de conhecimento: Intimação por Edital.

5 DOUTRINA, JURISPRUDÊNCIAS E "LEI SECA" NOS CONCURSOS DE MAGISTRATURA ESTADUAL

No levantamento estatístico abaixo será considerado como fator determinante o "fundamento do gabarito da questão", porém, quando eventual entendimento jurisprudencial ou doutrinário influenciar diretamente na resolução da questão, ele também, será considerado e utilizado, também, como fator determinante.

	BANCA	FONTE	Nº de questões
PROCESSO CIVIL	FGV	Lei Seca	50
		Doutrina	1
		Jurisprudência	9
	CEBRASPE	Lei Seca	47
		Doutrina	17
		Jurisprudência	31
	FCC	Lei Seca	40
		Doutrina	06
		Jurisprudência	00
	VUNESP	Lei Seca	83
		Doutrina	02
		Jurisprudência	15

FGV	Lei Seca	83%
	Doutrina	2%
	Jurisprudência	15%

CEBRASPE	Lei Seca	49%
	Doutrina	18%
	Jurisprudência	31%

FCC	Lei Seca	87%
	Doutrina	13%
	Jurisprudência	0%

VUNESP	Lei Seca	83%
	Doutrina	2%
	Jurisprudência	15%

Em Direito Processual Civil, observa-se que o perfil das questões muda de banca para banca, mas sempre a leitura de Lei Seca com seu entendimento e a capacidade de aplicação da legislação a casos hipotéticos é a fonte de estudo mais recorrente.

A melhor forma do candidato se preparar após a publicação do edital é focar na banca escolhida para realização do certame e conhecer o seu perfil.

6 ANÁLISE DE QUESTÕES DISCURSIVAS

Apesar das questões objetivas terem como fonte de estudo principal a Lei Seca, nas fases seguintes o candidato precisa fazer um estudo de jurisprudência e de doutrina para conseguir responder de forma fundamentada as questões trazidas pela Banca examinadora. O tempo entre o resultado da fase objetiva e a aplicação da fase discursiva e de sentenças é curto, por isso a preparação das fases deve-se dar de forma concomitante. Ainda que seja priorizada a fase objetiva, não se pode olvidar da doutrina e da jurisprudência.

A VUNESP no concurso da Magistratura do TJRJ em 2016 trouxe um tema que exigiu conhecimento de doutrina e jurisprudência, vejamos:

QUESTÃO

Vunesp – Juiz de Direito – TJRJ – 2016 - PROCESSO CIVIL

O negócio jurídico processual previsto no artigo 190 do Novo CPC permite às partes convencionarem, com a concordância do juiz, que seja proferida uma sentença que reconheça uma inconstitucionalidade com efeito ablativo "erga omnes"? Tal ocorrendo, como juiz como procederia?

A questão exigiu do candidato conhecimento dos conceitos de negócio jurídico processual, conceito de efeito ablativo *erga omnes*, conhecimento da disposição legal sobre a possibilidade de modificação de competência por acordo entre partes e a impossibilidade em caso de competência absoluta. Por fim, ainda exigiu que o candidato falasse sofre os efeitos ou a ausência destes em caso de decretação de nulidade do negócio jurídico pelo juiz.

O negócio jurídico processual é instituto previsto no Código de Processo Civil pelo art. 190, que concede às partes a possibilidade de convencionarem sobre os seus ônus, poderes, faculdades e deveres processuais. Para tanto as partes devem ser capazes e a causa versar sobre direito que admita autocomposição.

Convém salientar que o negócio jurídico processual não depende de homologação do juiz para produzir efeitos, entretanto como qualquer negócio jurídico a legislação prevê que poderá o juiz realizar um controle de validade do negócio celebrado, seja de ofício ou a requerimento da parte. Como bem leciona Daniel Amorim Assumpção Neves[1], o juiz poderá recusar a aplicação do negócio jurídico processual realizado pelas partes, ou seja, anulá-lo, nos casos de nulidade ou de inserção abusiva em contrato de adesão ou em que alguma parte se encontre em manifesta situação de vulnerabilidade.

O conhecimento do termo "efeito ablativo *erga omnes*" foi essencial para resolução da questão a contento pelo candidato. Isso porque sem o conhecimento deste, o candidato não saberia que trata do efeito de reconhecer determinada lei com inconstitucional e retirá-la do ordenamento jurídico. O termo é utilizado na Constituição Alemã e poderia ter chegado ao conhecimento por meio da leitura do voto do relator na ADI 2240 do STF.

1 NEVES, Daniel Amorim Assumpção. Manual de Direito Processual Civil. Volume único. 9ª ed. – Salvador: Ed. Juspodivm, 2017. p. 394.

Assim, sabendo do que se tratava o termo o candidato poderia perceber a clara impossibilidade de haver um negócio jurídico com tais efeitos. Como é cediço é de competência exclusiva do Supremo Tribunal Federal, nos termos do art. 102, I, "a" da Constituição Federal. Portanto, tratando-se de competência funcional que é absoluta, não há possibilidade de alteração pelas partes.

A resposta deve ser complementada pela informação de que o artigo 63 do CPC prevê a possibilidade de modificação pelas partes da competência quando a competência for determinada pelo valor ou pelo território, o que não é o caso da competência funcional.

7 DICAS FINAIS PARA OS CANDIDATOS

De forma geral, o candidato que se prepara para carreiras jurídicas como magistratura estadual deve iniciar seu estudo meses antes da publicação do edital, e nessa fase deve fazer um estudo integral das fontes do direito (legislação, doutrina e jurisprudência), visando à aprovação em todas as fases do concurso.

A indicação de material para preparação é a escolha de um livro de doutrina, um *Vade Mecum* para leitura do CPC e da legislação extravagante, assim como a leitura dos informativos nos sítios oficiais dos Tribunais Superiores, do Dizer o Direito ou *Vade Mecum* de Jurisprudência do Márcio André Lopes Cavalcante. E por fim, a resolução de questões de concursos anteriores, seja da mesma banca ou de outras bancas para carreiras jurídicas.

Entre as habilidades exigidas aos candidatos, esta a capacidade de escrever respostas fundamentadas para questões discursivas e de sentenças, portanto, indico a realização de treinos e leitura de questões discursivas/sentenças anteriores para conseguir tornar o processo de escrita natural.

Espera-se que com a análise das questões de concursos anteriores, o candidato possa tomar decisões mais acertadas durante a sua preparação, sem perder tempo estudado temas ou por materiais que não são imprescindíveis para sua aprovação.

Direito DO CONSUMIDOR

Gustavo Americano Freire

1 BIBLIOGRAFIA INDICADA

As disciplinas cobradas, nos concursos da **Magistratura**, vêm inseridas em blocos. Em regra, Direito Civil é uma disciplina prevista no Bloco 1, o qual é permeado, ao todo, por 30 questões, implicando em afirmar pela possibilidade de uma cobrança média de **5%** do total do conteúdo programático somente no que tange a essa disciplina.

A cobrança, na primeira etapa do certame, no que diz respeito a essa disciplina, gravita, em torno, basicamente, da Legislação Seca e Jurisprudência das Cortes Superiores. Questões doutrinárias são cobradas, em regra, apenas nas demais etapas do certame.

Qualquer uma das obras doutrinárias abaixo, consegue preparar o candidato para todas as etapas do certame por terem a profundidade exata exigida, ressaltando que não se faz necessário o estudo de todas elas, mas **apenas de uma**, a que mais se adapte ao estilo do Leitor:

1. Leis Especiais Para Concursos - V.1 – 2022 – Direito do Consumidor – Leonardo Garcia.

2. Manual de Direito do Consumidor – À luz da jurisprudência do STJ – 2023 – Felipe Braga Netto.

Para os candidatos que desejam ou gostam de Códigos Comentados recomendamos o Código da Defesa do Consumidor Comentado Artigo por Artigo, de autoria do prof. - Leonardo Garcia.

2 CONTEÚDO PROGRAMÁTICO NOS EDITAIS

Nos últimos **8 anos**, foram aplicadas **32 provas** de Magistratura Estadual, assim discriminadas:

TRIBUNAL	ANO	BANCA
TJAM	2016	CEBRASPE
TJDFT	2016	CEBRASPE
TJRS	2016	FAURS
TJRJ	2016	VUNESP
TJPR	2017	CEBRASPE
TJSC	2017	FCC
TJSP	2017	VUNESP
TJCE	2018	CEBRASPE
TJMG	2018	CONSULPLAN
TJSP	2018	VUNESP
TJMT	2018	VUNESP
TJRS	2018	VUNESP
TJPA	2019	CEBRASPE
TJSC	2019	CEBRASPE
TJPR	2019	CEBRASPE
TJBA	2019	CEBRASPE
TJAL	2019	FCC
TJRJ	2019	VUNESP
TJRO	2019	VUNESP
TJAC	2019	VUNESP
TJMS	2020	FCC
TJSP	2021	VUNESP
TJGO	2021	FCC
TJPR	2021	FGV
TJSC	2022	FGV
TJAP	2022	FGV
TJRS	2022	FAURGS
TJMG	2022	FGV

TRIBUNAL	ANO	BANCA
TJPE	2022	FGV
TJMA	2022	CEBRASPE
TJDFT	2023	CEBRASPE
TJSP	2023	VUNESP

Assim, verifica-se o seguinte **cenário**: Cebraspe: 10 certames; FAURS: 2 certames; Vunesp: 9 certames; FCC: 4 certames; Consulplan: 1 certame; FGV: 5 certames.

Por questões didáticas e considerando a estatística acima, serão somente analisadas as questões das bancas CEBRASPE, FCC, FGV e VUNESP.

A maioria dos concursos teve na prova objetiva 100 questões (somente o TJRJ que faz concursos com 80 questões objetivas).

Para a disciplina de Direito do Consumidor, foram direcionadas **uma média de 4 a 6 questões** em cada prova.

Para a preparação antes do edital, o candidato precisa de um conteúdo para seguir, pensando nisso trouxemos uma compilação dos conteúdos programáticos previstos em editais das bancas CEBRASPE, FCC, FGV e VUNESP, responsáveis pela maioria dos concursos da carreira, para servir de norte aos que se preparam.

Convém salientar, que a lista de conteúdos abaixo inclui os conteúdos que estiveram presentes em editais das quatro bancas, sendo possível que uma ou outra exija conteúdos além destes, mas não de forma expressiva ou relevante, e que podem ser estudados em um momento pós-edital, se o candidato julgar necessário. Vamos a eles:

1. Do Código de Defesa do Consumidor. Dos direitos do consumidor. Das disposições gerais. Dos direitos básicos do consumidor.
2. Da qualidade de produtos e serviços. Da preservação e da reparação de danos (da proteção à saúde e segurança).
3. Da responsabilidade pelo fato do produto e do serviço. Da responsabilidade por vício do produto e do serviço.
4. Da decadência e da prescrição.
5. Da desconsideração da personalidade jurídica.
6. Das práticas comerciais (das disposições gerais). Da oferta. Da publicidade. Das práticas abusivas. Da cobrança de dívidas.

7. Da proteção contratual: disposições gerais. Das cláusulas abusivas. Dos contratos de adesão.
8. Da defesa do consumidor em juízo. Das disposições do Código de Defesa do Consumidor relacionadas à defesa do consumidor em juízo.
9. Das ações coletivas para a defesa de interesses individuais homogêneos.
10. Das ações de responsabilidade do fornecedor de produtos e serviços.
11. Da tutela específica nas obrigações de fazer ou não fazer.
12. Da sentença. Da coisa julgada. Da liquidação da sentença coletiva.
13. Do cumprimento da sentença. Noção de verossimilhança e hipossuficiência para facilitação da defesa em juízo dos direitos do consumidor, inclusive com a inversão do ônus da prova.
14. Sanções administrativas e penais: Da competência concorrente, multa, apreensão, inutilização, cassação de registro, proibição de fabricação, suspensão temporária de atividade, revogação ou cassação de concessão ou permissão, da interdição. Da Contrapropaganda.
15. O sistema nacional de defesa do consumidor: A política nacional de relações de consumo – SNDC e PROCON.
16. Sistema Nacional de Informações de Defesa do Consumidor.
17. Relação de consumo no serviço público.

3 ANÁLISE GERAL DAS ÚLTIMAS PROVAS OBJETIVAS

Foram analisadas **152 questões** de Direito do Consumidor, em **29 provas** das quatro bancas e selecionados os mais recorrentes pontos do edital.

Tópico do Conteúdo Programático	Quantidade de questões	
1. Do Código de Defesa do Consumidor. Dos direitos do consumidor. Das disposições gerais. Dos direitos básicos do consumidor.	Cebraspe	9
	FCC	2
	Vunesp	0
	FGV	3
	Total	**14**
2. Da qualidade de produtos e serviços. Da preservação e da reparação de danos (da proteção à saúde e segurança).	Cebraspe	2
	FCC	2
	Vunesp	2
	FGV	5
	Total	**11**

Tópico do Conteúdo Programático	Quantidade de questões	
3. Da responsabilidade pelo fato do produto e do serviço. Da responsabilidade por vício do produto e do serviço.	Cebraspe	2
	FCC	5
	Vunesp	4
	FGV	5
	Total	**16**
4. Da decadência e da prescrição.	Cebraspe	4
	FCC	2
	Vunesp	5
	FGV	2
	Total	**13**
5. Da desconsideração da personalidade jurídica	Cebraspe	1
	FCC	0
	Vunesp	1
	FGV	3
	Total	**5**
6. Das práticas comerciais (das disposições gerais). Da oferta. Da publicidade. Das práticas abusivas. Da cobrança de dívidas.	Cebraspe	8
	FCC	7
	Vunesp	7
	FGV	6
	Total	**28**
7. Da proteção contratual: disposições gerais. Das cláusulas abusivas. Dos contratos de adesão.	Cebraspe	14
	FCC	7
	Vunesp	12
	FGV	4
	Total	**37**
8. Da defesa do consumidor em juízo. Das disposições do Código de Defesa do Consumidor relacionadas à defesa do consumidor em juízo.	Cebraspe	6
	FCC	3
	Vunesp	4
	FGV	2
	Total	**15**

Tópico do Conteúdo Programático	Quantidade de questões	
9. Das ações coletivas para a defesa de interesses individuais homogêneos.	Cebraspe	2
	FCC	1
	Vunesp	3
	FGV	1
	Total	**7**
10. Das ações de responsabilidade do fornecedor de produtos e serviços.	Cebraspe	0
	FCC	0
	Vunesp	1
	FGV	0
	Total	**1**
11. Sanções administrativas e penais: Da competência concorrente, multa, apreensão, inutilização, cassação de registro, proibição de fabricação, suspensão temporária de atividade, revogação ou cassação de concessão ou permissão, da interdição. Da Contrapropaganda.	Cebraspe	2
	FCC	1
	Vunesp	1
	FGV	0
	Total	**4**
12. O sistema nacional de defesa do consumidor: A política nacional de relações de consumo – SNDC e PROCON.	Cebraspe	0
	FCC	1
	Vunesp	0
	FGV	0
	Total	**1**

A indicação dos conteúdos mais presentes nas questões permite que o candidato adote um estudo estratégico dando prioridade a esses temas, mas de forma alguma poderá se descuidar dos demais porque se está previsto no edital pode ser objeto de questão na prova.

E com base na exposição analítica acima, a conclusão que se chega com as informações acima expostas é a de que o Top 5 da Magistratura, em Direito do Consumidor, é composto pelos seguintes institutos:

> 1º) Da proteção contratual: disposições gerais. Das cláusulas abusivas. Dos contratos de adesão;
>
> 2º) Das práticas comerciais (das disposições gerais). Da oferta. Da publicidade. Das práticas abusivas. Da cobrança de dívidas;

3º) Da responsabilidade pelo fato do produto e do serviço. Da responsabilidade por vício do produto e do serviço;

4º) Da defesa do consumidor em juízo. Das disposições do Código de Defesa do Consumidor relacionadas à defesa do consumidor em juízo e;

5º) Do Código de Defesa do Consumidor. Dos direitos do consumidor. Das disposições gerais. Dos direitos básicos do consumidor.

4 ANÁLISE DE PONTOS ESPECÍFICOS MAIS RELEVANTES NAS PROVAS OBJETIVAS

Com fundamento na análise de questões do tópico acima, analisaremos como os conteúdos mais recorrentes são exigidos e como a candidato pode se preparar durante seus estudos.

1. Da proteção contratual: disposições gerais. Das cláusulas abusivas. Dos contratos de adesão.

As questões referentes a esse tópico muitas vezes exigem conhecimento sobre as cláusulas abusivas, tanto sob a ótica Legal, quanto sob entendimento do Superior Tribunal de Justiça, conforme veremos:

Questão 1. Ano 2020. Banca FCC. Órgão TJMS. Juiz Substituto. Acerca das cláusulas abusivas, considere: **I.** São nulas de pleno direito as cláusulas que autorizem o fornecedor a cancelar o contrato unilateralmente, ainda que igual direito seja conferido ao consumidor. **II.** As multas de mora decorrentes do inadimplemento de obrigações no seu termo poderão ser de, no máximo, quatro por cento do valor da prestação. **III.** Desde que expressamente previsto no contrato, é assegurada ao consumidor a liquidação antecipada do débito, total ou parcialmente, mediante redução proporcional dos juros e demais acréscimos. **IV.** Qualquer consumidor pode, individualmente, requerer ao Ministério Público que ajuíze a competente ação para ser declarada a nulidade de cláusula contratual que não assegure o justo equilíbrio entre direitos e obrigações das partes. **V.** São válidas as cláusulas que obriguem o consumidor a ressarcir os custos de cobrança de sua obrigação se igual direito lhe for conferido contra o fornecedor. De acordo com o Código de Defesa do Consumidor, está correto o que se afirma APENAS em:

A I e II.

B I e III.

C II e IV.

D) III e V.

E) IV e V.

Comentários: Item I: O Item I está incorreto, pois se for conferido igual direito ao consumidor não torna nula a cláusula que autoriza o fornecedor a cancelar o contrato unilateralmente, nos termos do inciso XI do art. 51. **Item II:** O item II exige conhecimento do texto do § 1º do art. 52 do CDC que prevê como limite 2% (dois por cento) e não 4%. **Item III:** O item III tem sua resposta no § 2º do art. 52 do CDC que não exige para a possibilidade de liquidação antecipada do débito expressa previsão no contrato. **Itens IV e V:** Os itens IV e V são cópias do § 4º do artigo 52 e do inciso XII do art. 51, respectivamente e estão corretos. Nesse sentido, alternativa correta é E.

Questão 2. Ano 2023. Banca Vunesp. Órgão TJSP. Juiz Substituto. É correto afirmar que:

A) o fornecedor não está obrigado a informar o valor aproximado correspondente à totalidade dos tributos incidentes sobre a venda ao consumidor de mercadorias ou serviços.

B) o provedor de conteúdo de internet responde objetivamente pelo conteúdo inserido pelo usuário.

C) a teoria do adimplemento substancial pode ser aplicada nos contratos de alienação fiduciária, regidos pelo Decreto-lei no 911, de 1969.

D) é lícito o uso de escore de crédito (credit scoring) para concessão de crédito ao consumidor.

Comentários:

Alternativa A: Art. 6º, São direitos básicos do consumidor: **[...]; III.** A informação adequada e clara sobre os diferentes produtos e serviços, com especificação correta de quantidade, características, composição, qualidade, tributos incidentes e preço, bem como sobre os riscos que apresentem.

Alternativa B: Art. 21, Lei 12.965/2014: O provedor de aplicações de internet que disponibilize conteúdo gerado por terceiros será responsabilizado **subsidiariamente** pela violação da intimidade decorrente da divulgação, sem autorização de seus participantes, de imagens, de vídeos ou de outros materiais contendo cenas de nudez ou de atos sexuais de caráter privado quando, após o recebimento de notificação pelo participante ou seu representante legal, deixar de promover, de forma diligente, no âmbito e nos limites técnicos do seu serviço, a indisponibilização desse conteúdo. **Parágrafo único**. A notificação prevista no caput deverá conter, sob pena de nulidade, elementos que permitam a identificação específica do material apontado como violador da intimidade do participante e a verificação da legitimidade para apresentação do pedido.

Alternativa C: **Recurso especial. Ação de busca e apreensão. contrato de financiamento de veículo, com alienação fiduciária em garantia regido pelo Decreto-lei 911/69. Incontroverso inadimplemento das quatro últimas parcelas (de um total de 48). Extinção da ação de busca e apreensão (ou determinação para aditamento da inicial, para transmudá-la em ação executiva ou de cobrança), a pretexto da aplicação da teoria do adimplemento substancial. Descabimento. 1. Absoluta incompatibilidade da citada teoria com os termos da lei especial de regência. Reconhecimento. 2. Remancipação do bem ao devedor condicionada ao pagamento da integralidade da dívida, assim compreendida como os débitos vencidos, vincendos e encargos apresentados pelo credor, conforme entendimento consolidado da segunda seção, sob o rito dos recursos especiais repetitivos (Resp n. 1.418.593/ms). 3. Interesse de agir evidenciado, com a utilização da via judicial eleita pela lei de regência como sendo a mais idônea e eficaz para o propósito de compelir o devedor a cumprir com a sua obrigação (agora, por ele reputada ínfima), sob pena de consolidação da propriedade nas mãos do credor fiduciário. 4. Desvirtuamento da teoria do adimplemento substancial, considerada a sua finalidade e a boa-fé dos contratantes, a ensejar o enfraquecimento do instituto da garantia fiduciária. Verificação. 5. Recurso especial provido.** 1. A incidência subsidiária do Código Civil, notadamente as normas gerais, em relação à propriedade/titularidade fiduciária sobre bens que não sejam móveis infungíveis, regulada por leis especiais, é excepcional, somente se afigurando possível no caso em que o regramento específico apresentar lacunas e a solução ofertada pela "lei geral" não se contrapuser às especificidades do instituto regulado pela lei especial (ut Art. 1.368-A, introduzido pela Lei n. 10931/2004). 1.1 Além de o Decreto-Lei n. 911/1969 não tecer qualquer restrição à utilização da ação de busca e apreensão em razão da extensão da mora ou da proporção do inadimplemento, é expresso em exigir a quitação integral do débito como condição imprescindível para que o bem alienado fiduciariamente seja remancipado. Em seus termos, para que o bem possa ser restituído ao devedor, livre de ônus, não basta que ele quite quase toda a dívida; é insuficiente que pague substancialmente o débito; é necessário, para esse efeito, que quite integralmente a dívida pendente. 2. Afigura-se, pois, de todo incongruente inviabilizar a utilização da ação de busca e apreensão na hipótese em que o inadimplemento revela-se incontroverso desimportando sua extensão, se de pouca monta ou se de expressão considerável, quando a lei especial de regência expressamente condiciona a possibilidade de o bem ficar com o devedor fiduciário ao pagamento da integralidade da dívida pendente. Compreensão diversa desborda, a um só tempo, do diploma legal exclusivamente aplicável à questão em análise (Decreto-Lei n. 911/1969), e, por via transversa, da própria orientação firmada pela Segunda Seção, por ocasião do julgamento do citado Resp n. 1.418.593/MS, representativo da controvérsia, segundo a qual a restituição do bem ao devedor fiduciante é condicionada ao pagamento, no prazo de cinco dias contados da execução da liminar de busca e apreensão, da integralidade da dívida pendente, assim compreendida como as parcelas vencidas e não pagas, as parcelas vincendas e os encargos, segundo os valores apresentados pelo credor fiduciário na inicial. 3. Impor-se ao credor a preterição da ação de busca e apreensão (prevista em lei, segundo a garantia fiduciária a ele conferida) por outra via judicial, evidentemente menos eficaz, denota absoluto descompasso com o sistema processual. Inadequado, pois, extinguir ou obstar a medida de busca e apreensão corretamente ajuizada, para que o credor, sem poder se valer de garantia fiduciária dada (a qual, diante do inadimplemento, conferia-lhe, na verdade, a condição de proprietário do bem), intente ação executiva ou de cobrança, para só então adentrar no patrimônio do devedor, por meio de constrição judicial que poderá, quem sabe (respeitada o ordem legal), recair sobre esse mesmo bem (naturalmente, se o devedor, até lá, não tiver dele se desfeito). 4. A teoria do adimplemento substancial tem por objetivo precípuo impedir que o credor resolva a relação contratual em razão de inadimplemento de ínfima parcela da obrigação. A via judicial para esse fim é a ação de resolução contratual. Diversamente, o credor fiduciário, quando promove ação de busca e apreensão, de modo algum pretende extinguir a relação contratual. Vale-se da ação de busca e apreensão com o propósito imediato de dar cumprimento aos termos do contrato, na medida em que se utiliza da garantia fiduciária ajustada para compelir o devedor fiduciante a dar cumprimento às obrigações faltantes, assumidas contratualmente (e agora, por ele, reputadas ínfimas). A consolidação da propriedade fiduciária nas mãos do credor apresenta-se como consequência da renitência do devedor fiduciante de honrar seu dever contratual, e não como objetivo imediato da ação. E, note-se que, mesmo nesse caso, a extinção do contrato dá-se pelo cumprimento da obrigação, ainda que de modo compulsório, por meio da garantia fiduciária ajustada. 4.1 É questionável, se não inadequado, supor que a boa-fé contratual estaria ao lado de devedor fiduciante que deixa de pagar uma ou até algumas parcelas por ele reputadas ínfimas mas certamente de expressão considerável, na ótica do credor, que já cumpriu integralmente a sua obrigação, e, instado extra e judicialmente para honrar o seu dever contratual, deixa de fazê-lo, a despeito de ter a mais absoluta ciência dos gravosos consectários legais advindos da propriedade fiduciária. A aplicação da teoria do adimplemento substancial, para obstar a utilização da ação de busca e apreensão, nesse contexto, é um incentivo ao inadimplemento das últimas parcelas contratuais, com o nítido propósito de desestimular o credor - numa avaliação de custo-benefício – de satisfazer seu crédito por outras vias judiciais, menos eficazes, o que, a toda evidência, aparta-se da boa-fé contratual propugnada. 4.2. A propriedade fiduciária, concebida pelo legislador justamente para conferir segurança jurídica às concessões de crédito, essencial ao desenvolvimento da economia nacional, resta comprometida pela aplicação deturpada da teoria do adimplemento substancial. 5. Recurso Especial provido. **(REsp 1622555/MG, Rel. Ministro MARCO BUZZI, Rel. p/ Acórdão Ministro MARCO AURÉLIO BELLIZZE, SEGUNDA SEÇÃO, julgado em 22/02/2017, DJe 16/03/2017)**

Alternativa D: Tema 710/STJ: I - O sistema "credit scoring" é um método desenvolvido para avaliação do risco de concessão de crédito, a partir de modelos estatísticos, considerando diversas variáveis, com atribuição de uma pontuação ao consumidor avaliado (nota do risco de crédito). II - Essa prática comercial é lícita, estando autorizada pelo art. 5º, IV, e pelo art. 7º, I, da Lei n. 12.414/2011 (lei do cadastro positivo). III - Na avaliação do risco de crédito, devem ser respeitados os limites estabelecidos pelo sistema de proteção do consumidor no sentido da tutela da privacidade e da máxima transparência nas relações negociais, conforme previsão do CDC e da Lei n. 12.414/2011. IV - Apesar de desnecessário o consentimento do consumidor consultado, devem ser a ele fornecidos esclarecimentos, caso solicitados, acerca das fontes dos dados considerados (histórico de crédito), bem como as informações pessoais valoradas. V - O desrespeito aos limites legais na utilização do sistema "credit scoring", configurando abuso no exercício desse direito (art. 187 do CC), pode ensejar a responsabilidade objetiva e solidária do fornecedor do serviço, do responsável pelo banco de dados, da fonte e do consulente (art. 16 da Lei n. 12.414/2011) pela ocorrência de danos morais nas hipóteses de utilização de informações excessivas ou sensíveis (art. 3º, § 3º, I e II, da Lei n. 12.414/2011), bem como nos casos de comprovada recusa indevida de crédito pelo uso de dados incorretos ou desatualizados.

➔ **2.** Das práticas comerciais (das disposições gerais). Da oferta. Da publicidade. Das práticas abusivas. Da cobrança de dívidas.

Nas questões desse tópico são frequentes questionamentos sobre o tema de publicidade (enganosa/abusiva), sobre repetição de indébito, sobre práticas que são consideradas abusivas e banco de dados e cadastro de consumidores. Do estudo de direito do Consumidor, e em especial nesse ponto do edital, o foco deve ser no Estudo da Jurisprudência e da Lei Seca. As questões costumam trazer casos hipotéticos e exigir uma solução que vem da própria legislação ou da jurisprudência.

> **Questão 1. Ano 2020. Banca FCC. Órgão TJMS. Juiz Substituto.** Laura compareceu a uma loja de departamentos, onde comprou um aparelho de som, que seria entregue na sua casa no prazo de dez dias. Ao chegar em casa, pesquisou o preço do produto na internet, vindo então a descobrir que o mesmo aparelho de som estava em promoção numa outra loja, sendo anunciado pela metade do preço que pagou. Então, no mesmo dia, voltou à loja onde havia feito a compra, pleiteando o desfazimento do negócio e a restituição integral do preço. Nesse caso, de acordo com o Código de Defesa do Consumidor, Laura:
>
> **A** tem direito ao desfazimento do negócio, pois o consumidor pode desistir do contrato no prazo de 7 (sete) dias contados da sua celebração.
>
> **B** tem direito ao desfazimento do negócio, pois o consumidor pode desistir do contrato no prazo de 7 (sete) dias contados da data do recebimento do produto.
>
> **C** tem direito ao desfazimento do negócio, pois se reputa prática abusiva a venda de produto por preço igual ou superior ao dobro do praticado por concorrente.
>
> **D** tem direito ao desfazimento do negócio, mas somente se provar ter adquirido o produto anunciado pelo outro fornecedor.
>
> **E** não tem direito ao desfazimento do negócio por mero arrependimento.

Comentários: É o tipo de questão muito comum nas provas de Magistratura Estadual. O examinador apresenta um caso concreto hipotético e exige que o candidato solucione o problema com seus conhecimentos jurídicos, em muitas vezes bastando o conhecimento e a interpretação da legislação.

É o caso da questão apresentada, a informação mais importante do enunciado é que Laura compareceu a uma loja. Portanto, sua compra foi realizada dentro do estabelecimento comercial. Com tal percepção, e conhecimento do artigo 49 do CDC, era possível a resolução da questão de forma rápida.

O artigo 49 do CDC regulamenta o direito ao arrependimento, mas somente para compras realizadas fora do estabelecimento comercial, vejamos:

> **Art. 49.** O consumidor pode desistir do contrato, no prazo de 7 dias a contar de sua assinatura ou do ato de recebimento do produto ou serviço, sempre que a contratação de fornecimento de produtos e serviços ocorrer fora do estabelecimento comercial, especialmente por telefone ou a domicílio.

Portanto, a Laura não tem direito ao desfazimento do negócio porque o direito ao arrependimento não está previsto para as compras no estabelecimento comercial. A alternativa correta é a E.

Questão 2. Ano 2022. Banca FGV. Órgão TJPE. Juiz Substituto. Determinada publicidade televisiva sobre um produto eletrônico informava que os dados sobre preço e forma de pagamento pelo produto poderiam ser obtidos por meio de contato telefônico, que se realizava de modo tarifado. Instado a julgar o processo que descreveu na causa de pedir tais fatos, e considerando o direito à informação como garantia fundamental da pessoa humana e como algo que impacta na autodeterminação e liberdade de escolha do consumidor, seguindo o entendimento do Superior Tribunal de Justiça, é correto considerar que:

- **A** a situação narrada configura publicidade enganosa por omissão, mesmo se a compra não tiver sido concretizada;
- **B** o dever de informar é tratado como dever anexo às relações de consumo, e o caso não configura publicidade enganosa;
- **C** a modalidade omissiva não consagra publicidade enganosa, prevista na forma comissiva decorrente de uma afirmação;
- **D** a situação narrada configura publicidade abusiva por omissão, mas somente se a compra tiver sido concretizada;
- **E** a publicidade enganosa por omissão somente será caracterizada caso se concretize a compra do produto.

Comentários: A questão exige o conhecimento literal da norma prevista no art. 37, § 1º, do Código de Defesa do Consumidor, que dispõe que "É enganosa qualquer modalidade de informação ou comunicação de caráter publicitário, inteira ou parcialmente falsa, ou, por qualquer outro modo, mesmo por omissão, capaz de induzir em erro o consumidor a respeito da natureza, características, qualidade, quantidade, propriedades, origem, preço e quaisquer outros dados sobre produtos e serviços.", bem como conhecimento da decisão proferida no REsp 1.428.801/RJ, oportunidade na qual o Superior Tribunal de justiça entendeu que "É enganosa a publicidade televisiva que omite o preço e a forma de pagamento do produto, condicionando a obtenção dessas informações à realização de ligação telefônica tarifada.".

⊝ 3. Da responsabilidade pelo fato do produto e do serviço. Da responsabilidade por vício do produto e do serviço.

As questões sobre esse ponto exigem que o candidato consiga identificar qual o tipo de responsabilidade, solidária ou subsidiária, qual o prazo para reclamação, quem é o responsável pela reparação (fabricante ou comerciante), e saber distinguir quando é fato ou vício do produto ou serviço.

Questão 1. Ano 2019. Banca CEBRASPE. Órgão TJPR. Juiz Substituto. Se determinada mercadoria apresentar vício do produto poucos dias após a sua aquisição, o consumidor terá direito à reparação do vício:

A Diretamente pelo comerciante, por ser subsidiária a responsabilidade do fabricante.

B Pelo fabricante em até sete dias, caso a mercadoria seja essencial.

C No prazo prescricional de noventa dias, caso seja produto durável.

D Pelo comerciante, pela assistência técnica ou pelo fabricante, no prazo de trinta dias.

Comentários: O tipo de questionamento mais comuns nesse tópico do edital é saber quem será responsável pela reparação do vício, qual o tipo de responsabilidade e qual o prazo. Essa questão exige todo esse conhecimento. O enunciado já afirmou que se tratou de vício do produto, é importante o candidato saber que algumas questões trazem apenas a situação concreta e o candidato que deve distinguir o vício do produto do fato do produto. E em seguida, mesmo não tendo dito com quantos dias o vício apareceu, fala que ocorreu em poucos dias. Para resolução da questão, o candidato precisa conhecer o art. 18 e 26 e a jurisprudência do Superior Tribunal de Justiça.

Consoante o art. 18, a responsabilidade dos fornecedores ocorre de forma solidária com o fabricante. O prazo para reclamar de vícios é decadencial e não prescricional e nos termos do § 1º do art. 26 se inicia a partir da entrega efetiva do produto. Já a possibilidade de reparação de vício pelo comerciante, assistência técnica e pelo fabricante no prazo de 30 (trinta) dias, se confirmou pela interpretação do STJ que fixou o seguinte entendimento: "Cabe ao consumidor a escolha para exercer seu direito de ter sanado o vício do produto em 30 dias – levar o produto ao comerciante, à assistência técnica ou diretamente ao fabricante." **(STJ. 3ª Turma. REsp 1634851-RJ, Rel. Min. Nancy Andrighi, julgado em 12/09/2017)**

Pode-se perceber que com a junção da lei seca e jurisprudência chega-se a resposta correta com a alternativa D.

Questão 2. Ano 2022. Banca FGV. Órgão TJSC. Juiz Substituto. Vera é representante autônoma de determinada linha de produtos fornecidos por uma empresa de maquiagem. A vendedora apresentou um produto para Ana com indicação de promoção na compra acima de determinado número de itens, o que foi prontamente adquirido por Ana. No momento do pagamento, ajustado para uma semana depois, Ana foi surpreendida com a informação de não haver mais a promoção, tendo que pagar o valor integral dos itens, então já em uso. Vera alegou que se equivocou na informação anterior. Diante disso, Ana ajuizou ação em face de Vera e da empresa fornecedora da maquiagem, que foram regularmente citadas. Como julgador da causa, analisando a responsabilidade civil e a legitimidade passiva, é correto decidir haver:

A legitimidade da fornecedora da maquiagem, que é solidariamente responsável pelos atos de seus representantes autônomos;

B ilegitimidade da empresa, por ser Vera representante autônoma e quem agiu de forma imprudente;

C ilegitimidade da fornecedora da maquiagem, que responderia somente se a vendedora autônoma não pudesse ser encontrada;

D legitimidade de ambas as indicadas no polo passivo, sendo a responsabilidade de Vera de natureza subjetiva, e exige a comprovação do dolo;

E legitimidade da fornecedora da maquiagem e ilegitimidade de Vera, pois se trata de oferta, o que vincula apenas a fornecedora do produto e afasta a responsabilidade da vendedora.

Comentários: O acerto do enunciado correto [Letra A] passava apenas pelo conhecimento da norma prevista no art. 34 do Código de Defesa do Consumidor, que assim dispõe: "O fornecedor do produto ou serviço é solidariamente responsável pelos atos de seus prepostos ou representantes autônomos.".

4. Da defesa do consumidor em juízo. Das disposições do Código de Defesa do Consumidor relacionadas à defesa do consumidor em juízo.

Questão 1. Ano 2023. Banca CEBRASPE. Órgão TJDFT. Juiz Substituto. Acerca das disposições do CDC e à luz da jurisprudência do STF, julgue os itens a seguir. **I.** Os tratados internacionais limitadores da responsabilidade das transportadoras aéreas de passageiros, formalizados ou atualizados após o CDC, ainda que menos favoráveis ao consumidor, têm prevalência em relação a esse diploma legal. **II.** É inconstitucional lei distrital que disponha sobre a vedação do corte do fornecimento de energia elétrica residencial, em situações de inadimplemento e parcelamento do débito, em razão da pandemia de covid-19, porquanto invade a competência da União de legislar sobre normas gerais atinentes à proteção do consumidor. **III.** É válida lei distrital que estabeleça novas restrições, com base no CDC, quanto aos débitos que não podem ser inscritos nos cadastros de proteção ao crédito, em razão do fato de ser concorrente a competência dos estados e do Distrito Federal para legislar sobre direito do consumidor. Assinale a opção correta.

Ⓐ Apenas o item I está certo.

Ⓑ Apenas o item II está certo.

Ⓒ Apenas os itens I e III estão certos.

Ⓓ Apenas os itens II e III estão certos.

Ⓔ Todos os itens estão certos.

Comentários:

Item I: Tema de Repercussão Geral 210 "Nos termos do art. 178 da Constituição da República, as normas e os tratados internacionais limitadores da responsabilidade das transportadoras aéreas de passageiros, especialmente as Convenções de Varsóvia e Montreal, têm prevalência em relação ao CDC". Portanto, item correto.

Item II: São constitucionais as normas estaduais, editadas em razão da pandemia causada pelo novo coronavírus, pelas quais veiculados a proibição de suspensão do fornecimento do serviço de energia elétrica, o modo de cobrança, a forma de pagamentos dos débitos e a exigibilidade de multa e juros moratórios. **STF. Plenário ADI 6432/RR, Rel. Min. Cármen Lúcia, julgado em 7/4/2021 (Info 1012).** Portanto, item incorreto.

Item III: STF: Normas estaduais sobre inclusão e exclusão de consumidores em cadastros de proteção ao crédito. ADI 5224/SP, ADI 5252/SP, ADI 5273/SP e ADI 5978/SP. A adoção de sistema de comunicação prévia a consumidor inadimplente por carta registrada com aviso de recebimento configura desrespeito à Constituição Federal. No caso, a norma impugnada claramente transgride o modelo normativo geral criado pela União (Código de Defesa do Consumidor, art. 43, § 2º). Além disso, a disciplina normativa estadual afeta direta e ostensivamente relações comerciais e consumeristas que transcendem os limites territoriais do ente federado, bem como transfere todo o ônus financeiro da inadimplência da pessoa do devedor para a sociedade em geral. É inconstitucional a previsão, por lei estadual, de "prazo de tolerância" a impedir que o nome do consumidor inadimplente seja imediatamente inscrito em cadastro ou banco de dados. Isso porque, ao prever hipótese suspensiva dos efeitos do vencimento de dívida, o preceito normativo em questão dispõe sobre o tempo do pagamento e os efeitos da mora, intervindo na legislação federal sobre direito civil e comercial, matérias reservadas à União (Constituição Federal, art. 22, I). A supressão da verificação prévia quanto à existência do crédito, exigibilidade do título e inadimplência do devedor não caracteriza violação do princípio da vedação ao retrocesso. Com o advento da Lei estadual 16.624/2017, não é mais obrigatória a apresentação, pelos credores, de documentos capazes de atestar a existência da dívida, a exigibilidade e a insolvência. Agora, tais documentos somente serão exigidos na hipótese de solicitação, de caráter voluntário, pelo próprio devedor ou pela empresa administradora dos dados. Essa modificação legislativa não consubstancia ofensa à Constituição ou retrocesso social em desfavor dos consumidores. Nesses termos, o Plenário, por unanimidade, conheceu parcialmente das ações diretas de inconstitucionalidade e, na parte conhecida, julgou-as parcialmente procedentes. **ADI 5224/SP, relatora, Min. Rosa Weber, julgamento virtual finalizado em 8.3.2022 (terça-feira), às 23:59.** Portanto, item incorreto.

Assim, o gabarito da questão é a letra A.

Questão 2. Ano 2022. Banca CEBRASPE. Órgão TJMA. Juiz Substituto. Retrata o contexto de defesa e interesse de direito difuso:

- **A** a queda de uma prateleira de produtos postos à compra em um supermercado, em razão da qual haja vários consumidores vitimados.
- **B** o aumento abusivo das mensalidades escolares em determinada escola particular.
- **C** a inserção, em contrato de adesão, de cláusula abusiva que impeça os consumidores, em caso de desistência do produto, de pedir a restituição dos valores já pagos por ele.
- **D** a aquisição, por mulheres gestantes, de contraceptivo que se tenha mostrado ineficaz e não tenha impedido gravidez indesejada.
- **E** a exposição de publicidade enganosa que induza vários consumidores a erro a respeito das características de um produto.

Comentários: O gabarito da questão é letra E. Passa pelo conhecimento da diferenciação dos direitos difusos, coletivos em sentido estrito e individuais homogêneos, que vem prevista no art. 81 do Código de Defesa do Consumidor: "A defesa dos interesses e direitos dos consumidores e das vítimas poderá ser exercida em juízo individualmente, ou a título coletivo. Parágrafo único. A defesa coletiva será exercida quando se tratar de: I. interesses ou direitos difusos, assim entendidos, para efeitos deste código, os transindividuais, de natureza indivisível, de que sejam titulares pessoas indeterminadas e ligadas por circunstâncias de fato".

⊕ **5.** Do Código de Defesa do Consumidor. Dos direitos do consumidor. Das disposições gerais. Dos direitos básicos do consumidor.

As questões que tratam desse tópico trazem perguntas sobre o conceito de consumidor, aplicação do CDC a determinadas relações jurídicas, ônus de provas e suas espécies. Para se preparar para resoluções dessas questões, o estudo deve ser predominantemente da Lei Seca, como auxílio de doutrina para compreensão dos conceitos e jurisprudência do STJ.

Questão 1. Ano 2019. Banca Vunesp. Órgão TJAC. Juiz Substituto.

Almerinda da Silva foi a uma loja de eletrodomésticos e comprou um smartphone importado. Ao chegar em casa verificou que o manual de instruções estava redigido em inglês e por não conhecer a língua, não conseguiu sequer ligar o aparelho.

Essa situação indica a violação do seguinte direito básico do consumidor, nos termos do CDC:

A Educação e divulgação sobre o consumo adequado dos produtos e serviços, assegurando liberdade de escolha.

B Proteção contra a publicidade enganosa e abusiva no fornecimento de produtos e serviços.

C Efetiva prevenção e reparação de danos patrimoniais e morais.

D Informação adequada e clara sobre diferentes produtos e serviços.

Comentários: Mais uma questão que um caso hipotético é apresentado para o candidato fazer a correlação e interpretação com o texto da lei.

Os direitos básicos do consumidor estão devidamente previstos nos incisos do artigo 6º do CDC.

Todas as alternativas são princípios básicos do consumidor legalmente previstos, mas o que se relaciona com o enunciado e aqui que se torna essencial a correlação entre o caso da questão e a legislação é de que faltou a Almerinda informações adequadas e claras, pois, a linguagem do manual não era a mesma do local da compra e da consumidora. Portanto, a alternativa correta é a D.

Questão 2. Ano 2023. Banca Vunesp. Órgão TJSP. Juiz Substituto. Considerando que a vulnerabilidade do consumidor objetiva o estabelecimento da igualdade formal-material nas relações de consumo, é correto afirmar que:

(A) a vulnerabilidade técnica decorre da falta de conhecimento jurídico específico, ou da falta de conhecimento sobre contabilidade ou economia, e resguarda o consumidor não profissional e o consumidor pessoa natural.

(B) a vulnerabilidade fática ou socioeconômica é aquela em que o fornecedor, por sua posição de monopólio, fático ou jurídico, por seu poder econômico ou em face da essencialidade do serviço, impõe sua superioridade a todos que com ele contratam.

(C) a vulnerabilidade informacional está relacionada com a falta de conhecimentos específicos do consumidor sobre o produto ou serviço que está adquirindo, possibilitando que seja mais facilmente enganado quanto às características do bem ou quanto à sua utilidade.

(D) a vulnerabilidade jurídica ou científica deriva da propaganda ou publicidade sobre o produto ou serviço, envolvendo a apresentação de dados insuficientes capazes de influenciar no processo decisório de compra do consumidor.

Comentários: Trata-se de uma questão que exige conhecimento doutrinário, básico, sobre as espécies de vulnerabilidade existentes, que podem ser assim sistematizadas: **Técnica:** Falta de conhecimento específico sobre o produto ou serviço. **Jurídica/Cientifica**: Falta de conhecimento jurídico, contábil ou econômico sobre o produto, ou serviço. **Fática/Econômica:** Insuficiência econômica, física ou psicológica do consumidor frente ao fornecedor. **Informacional:** Insuficiência de informação sobre o produto ou serviço a influenciar no processo decisório da relação de consumo. Portanto, o gabarito é a letra B.

5 DOUTRINA, JURISPRUDÊNCIAS E "LEI SECA" NOS CONCURSOS DE MAGISTRATURA ESTADUAL

No levantamento estatístico abaixo será considerado como fator determinante o "fundamento do gabarito da questão", porém, quando eventual entendimento jurisprudencial ou doutrinário influenciar diretamente na resolução da questão, ele também, será considerado e utilizado, também, como fator determinante.

	BANCA	FONTE	Nº de questões
CONSUMIDOR	CEBRASPE	Lei Seca	15
		Doutrina	07
		Jurisprudência	31

	BANCA	FONTE	Nº de questões
CONSUMIDOR	FCC	Lei Seca	27
		Doutrina	02
		Jurisprudência	02
	VUNESP	Lei Seca	23
		Doutrina	02
		Jurisprudência	27
	FGV	Lei Seca	12
		Doutrina	3
		Jurisprudência	10

CEBRASPE	Lei Seca	28%
	Doutrina	13%
	Jurisprudência	59%

FCC	Lei Seca	87%
	Doutrina	6%
	Jurisprudência	7%

VUNESP	Lei Seca	44%
	Doutrina	3%
	Jurisprudência	53%

FGV	Lei Seca	48%
	Doutrina	12%
	Jurisprudência	40%

Nessa disciplina, percebe-se que a depender da banca que elabora a prova, a fonte principal pode deixar de ser a Lei Seca e ser a jurisprudência, como a CEBRASPE que trouxe 59% das questões provenientes da Jurisprudência.

O estudo da Jurisprudência não deve se limitar aos estudos de súmulas, deve se aprofundar com acompanhamento dos informativos, teses de Jurisprudência no site do STJ e teses firmadas em sede de recurso repetitivo.

Com base nas informações acima, o candidato pode direcionar seus estudos para atingir o maior número de acertos com a escolha da banca após a publicação do edital.

6 ANÁLISE DE QUESTÕES DISCURSIVAS

Quando Direito do Consumidor está presente nas questões discursivas das provas de Magistratura Estadual exige do candidato uma interpretação da legislação, da jurisprudência e doutrina para fundamentação.

A seguir, questão extraída do concurso de Magistratura do TJPR aplicada em 2019 pela Banca Cebraspe:

> **Questão: TJPR. 2019. Direito do Consumidor.**
>
> Encontrando-se em recuperação de uma doença gástrica provocada por um quadro depressivo grave e cumprindo prescrição médica, Aline, dentista, profissional liberal, comprou em um supermercado, para consumir em suas refeições, cereais de aveia produzidos por determinado fabricante. Ao abrir a embalagem e colocar os cereais no prato para consumo, notou, no entanto, que o produto estava infestado de larvas — não nocivas à saúde humana — e, embora não tenha chegado a ingerir o produto, Aline, devido ao seu estado de saúde física e psicológica, foi acometida por fortes náuseas e repulsa ao alimento, com duração de duas semanas, o que a levou, por recomendação médica, ao repouso e, com isso, ao afastamento do trabalho durante esse período. Passados treze meses do fato, Aline decidiu ingressar em juízo em desfavor do supermercado, fornecedor direto, e do fabricante do produto, para obter de ambos:
>
> **i)** compensação por dano moral;
>
> **ii)** lucros cessantes, visto que ela deixou de lucrar com o atendimento a pacientes durante as duas semanas de afastamento do trabalho.
>
> A contestação do supermercado e a do fabricante do produto fundamentam-se nos seguintes termos:
>
> **1.** o comerciante defendeu que houve defeito do produto, razão pela qual não deveria responder por eventuais danos verificados, ao passo que o fabricante indicou a ocorrência de vício do produto, o que o eximiria dos supostos danos;
>
> **2.** ambos os réus afirmam que se operou a decadência, uma vez que Aline demorou mais de um ano para ingressar em juízo, não reclamando previamente do problema;
>
> **3.** ambos os réus defendem que, não tendo sido ingerido o produto, não ocorreu dano moral.

Ante a situação hipotética apresentada, elabore um texto, devidamente fundamentado na legislação de regência e na jurisprudência. Em seu texto, esclareça os seguintes questionamentos.

1. Houve defeito ou vício do produto?

2. A decadência e a prescrição regulam quais as hipóteses, defeito ou vício do produto?

3. O supermercado — fornecedor direto ou comerciante — responderá solidariamente caso seja verificado defeito do produto?

4. No caso de vício do produto, haverá responsabilidade solidária entre o fabricante e o fornecedor direto ou comerciante?

5. Foi configurado o dano moral?

6. O supermercado e o fabricante deverão responder por indenização dos lucros cessantes?

(Espaço para a resposta - 15 linhas)

Como se pode notar no enunciado da questão discursiva, um caso hipotético foi apresentado desde os fatos aos argumentos jurídicos utilizados no processo pelos requeridos. E ao final trouxe 06 perguntas para serem respondidas pelo candidato.

A primeira delas é que o examinado responda se houve defeito ou vício do produto. A resposta dessa primeira questão está no CDC, mas aqui exige sua interpretação e aplicação a um caso concreto.

De acordo com artigo 8º do CDC, os produtos colocados no mercado de consumo não acarretarão riscos à saúde e segurança dos consumidores. Em seguida, o §1º do artigo 12 do CDC prevê expressamente que produto é defeituoso quando não oferece a segurança que dele legitimamente se espera. Diante da situação apresentada, o produto comprado pela Aline possui um defeito.

A segunda pergunta depende do acerto da primeira, e questiona quando será utilizada a decadência ou prescrição. De acordo com os artigos 26 e 27 do CDC, aplica-se a decadência aos vícios do produto e a prescrição para fato do produto. Portanto, a Aline possuía o prazo de 05 anos para ajuizar ação de reparação pelos danos causados por fato do produto iniciando-se a contagem do prazo a partir do conhecimento do dano e de sua autoria.

Em seguida, é questionado se o supermercado (comerciante) possui responsabilidade solidária pelo defeito do produto junto com o fabricante. E a resposta está nos artigos 12 e 13 de CDC. A responsabilidade, em regra, é do fabricante pelo defeito do produto. Entretanto, o artigo 13 traz exceções nas quais o comerciante responderia e nenhuma delas se aplica ao caso apresentados. As exceções são:

I. o fabricante, o construtor, o produtor ou o importador não puderem ser identificados;

II. o produto for fornecido sem identificação clara do seu fabricante, produtor, construtor ou importador;

III. não conservar adequadamente os produtos perecíveis.

Em seguida, supõe que fosse vício do produto e questiona se haveria responsabilidade solidária entre o fabricante e comerciante direito e a resposta deve ser extraída do teor do art. 18 do CDC que ampliativamente diz que os fornecedores de produtos de consumo duráveis ou não duráveis respondem solidariamente pelos vícios do produto. De tal forma, sendo o comerciante e o fabricante considerados fornecedores, conforme o conceito do art. 3º do CDC, a responsabilidade entre eles é solidária.

A quinta questão é se no caso apresentado a Aline teria sofrido dano moral, a resposta para a pergunta está na jurisprudência do STJ. Há divergências sobre a configuração ou não de dano moral pelas turmas do STJ.

A 4ª turma se posiciona no sentido de que é necessária a ingestão do alimento com o corpo estranho para a configuração de danos morais.

Já a 3ª turma afirma que o simples ato de "levar à boca", mesmo que não ocorra a ingestão do alimento com corpo estranho, o alimento com corpo estranho gera dano moral *in re ipsa*.

Entretanto, o caso se assemelha muito ao apresentado no REsp 1744321/RJ, Rel. Min. Nancy Andrighi, julgado em 05/02/2019 em que haviam larvas no interior de um bombom e 3ª Turma, entendeu haver dano moral *in re ipsa*. Além disso, na situação apresentada, considerando o estado de saúde de Aline e as consequências apresentadas pelo enunciado como fortes náuseas e repulsa ao alimento, com duração de duas semanas e afastamento do trabalho em decorrência disso, demonstra que no caso, o dano foi além de um mero aborrecimento.

Portanto, a indicação aqui é que candidato pontue existir divergência jurisprudencial e analise o caso que indica sinais de repercussão severa na vida da autora.

E por último questiona se o supermercado e o fabricante deverão responder por indenização dos lucros cessantes. Como já visto, o supermercado não responderá nesse caso pelo fato do serviço, somente o fabricante. Para a responsabilidade pelos lucros cessantes, deve haver um nexo entre o prejuízo (deixar de trabalhar) e a conduta do fabricante (colocar no mercado um produto sem segurança para consumo). No caso apresentado, ficou demonstrado o nexo causal, portanto deve o fabricante arcar com a indenização pelos lucros cessantes dos dias em que Aline deixou de trabalhar e consequentemente deixou de receber sua remuneração.

7 DICAS FINAIS PARA OS CANDIDATOS

O candidato ao se preparar para os concursos de magistratura estadual precisar considerar que a disciplina "Direito do Consumidor" é recorrente em todas as fases dos concursos. A extensão de seu conteúdo comparada às outras disciplinas é pequena portanto, o conhecimento de toda a matéria é fácil de ser atingido e o que levará a acertos das questões e aumento da pontuação.

De acordo com todas as informações coletadas e já expostas acima, o candidato deve realizar um estudo baseado na legislação, na jurisprudência, e também na doutrina (esta última a depender da banca pode ser dispensada). Além disso, a resolução de questões de provas já aplicadas da magistratura estadual e de outras carreiras jurídicas deve fazer parte da preparação do candidato, em site de questões ou livros de questões comentadas, a exemplo do Revisaço – Magistratura Estadual da Juspodivm.

Portanto, ao iniciar o estudo deve-se reservar o Código de Defesa do Consumidor atualizado, que está presente no Vade Mecum. Assim como realizar o estudo de Súmulas e Informativos no Superior Tribunal de Justiça, ou no site do Dizer o Direito, ou no Vade Mecum de Jurisprudência do Márcio André Lopes Cavalcante.

Como observado, a disciplina também pode ser objeto de questões discursivas ou tema da sentença cível, portanto é salutar que candidato treine sua escrita por meio de questões anteriores. Não se deve subestimar a fase discursiva e o treino deve ser concomitante ao da primeira fase.

Se o candidato já tiver conhecimento da banca examinadora contratada ou o edital já tiver sido publicado, poderá fazer um estudo mais direcionado com base nas análises apresentadas para otimizar seu estudo e conseguir realizar o maior número de revisões.

Direito DA CRIANÇA E DO ADOLESCENTE

Gustavo Americano Freire

1 BIBLIOGRAFIA INDICADA

As disciplinas cobradas, nos concursos da **Magistratura**, vêm inseridas em blocos. Em regra, Direito Civil é uma disciplina prevista no Bloco 1, o qual é permeado, ao todo, por 30 questões, implicando em afirmar pela possibilidade de uma cobrança média de **5%** do total do conteúdo programático somente no que tange a essa disciplina.

Sua maior presença é na primeira e segunda fases do certame [fase objetiva e discursiva]. E a cobrança, especialmente na primeira etapa do certame, gravita, em torno, basicamente, da Legislação Seca e Jurisprudência das Cortes Superiores.

A disciplina faz parte da vida profissional do Magistrado estadual e seu conhecimento vai além dos concursos. Portanto, durante a preparação o Candidato deve ter em vista que não é um estudo apenas para aprovação, mas uma preparação para o exercício do cargo.

Qualquer uma das obras doutrinárias abaixo, consegue preparar o candidato para todas as etapas do certame por terem a profundidade exata exigida, ressaltando que não se faz necessário o estudo de todas elas, mas **apenas de uma**, a que mais se adapte ao estilo do Leitor:

1. Sinopses para Concursos – v. 36 – Direito da Criança e do Adolescente (ECA) (2023) – Guilherme Freire de Melo Barros.
2. Estatuto da Criança e do Adolescente – Doutrina e Jurisprudência (2022) – Váter Kenju Ishida.

As duas obras apresentam a profundida adequada para o concurso da Magistratura, sendo, qualquer delas, suficiente para o bom êxito nessa disciplina.

2 CONTEÚDO PROGRAMÁTICO NOS EDITAIS

Nos últimos **8 anos**, foram aplicadas **32 provas** de Magistratura Estadual, assim discriminadas:

TRIBUNAL	ANO	BANCA
TJAM	2016	CEBRASPE
TJDFT	2016	CEBRASPE
TJRS	2016	FAURS
TJRJ	2016	VUNESP
TJPR	2017	CEBRASPE
TJSC	2017	FCC
TJSP	2017	VUNESP
TJCE	2018	CEBRASPE
TJMG	2018	CONSULPLAN
TJSP	2018	VUNESP
TJMT	2018	VUNESP
TJRS	2018	VUNESP
TJPA	2019	CEBRASPE
TJSC	2019	CEBRASPE
TJPR	2019	CEBRASPE
TJBA	2019	CEBRASPE
TJAL	2019	FCC
TJRJ	2019	VUNESP
TJRO	2019	VUNESP
TJAC	2019	VUNESP

TRIBUNAL	ANO	BANCA
TJMS	2020	FCC
TJSP	2021	VUNESP
TJGO	2021	FCC
TJPR	2021	FGV
TJSC	2022	FGV
TJAP	2022	FGV
TJRS	2022	FAURGS
TJMG	2022	FGV
TJPE	2022	FGV
TJMA	2022	CEBRASPE
TJDFT	2023	CEBRASPE
TJSP	2023	VUNESP

Assim, verifica-se o seguinte **cenário**: Cebraspe: 10 certames; FAURS: 2 certames; Vunesp: 9 certames; FCC: 4 certames; Consulplan: 1 certame; FGV: 5 certames.

Por questões didáticas e considerando a estatística acima, serão somente analisadas as questões das bancas CEBRASPE, FCC, FGV e VUNESP.

A maioria dos concursos teve na prova objetiva 100 questões (somente o TJRJ que faz concursos com 80 questões objetivas).

Para a disciplina de Criança e Adolescente, foi direcionada **uma média de 4 a 6 questões** em cada prova.

Para a preparação antes do edital, o candidato precisa de um conteúdo para seguir, pensando nisso trouxemos uma compilação dos conteúdos programáticos previstos em editais das bancas CEBRASPE, FCC, FGV e VUNESP, responsáveis pela maioria dos concursos da carreira, para servir de norte aos que se preparam.

Convém salientar que a lista de conteúdos abaixo inclui os conteúdos que estiveram presentes em editais das quatro bancas, sendo possível que uma ou outra exija conteúdos além destes, mas não de forma expressiva ou relevante, e que podem ser estudados em um momento pós-edital, se o candidato julgar necessário. Vamos a eles:

1. História da proteção jurídica e social da infância brasileira. Evolução histórico sociológica da infância e da juventude. Aspectos gerais do Direito da Criança e do Adolescente. A proteção da infância no Brasil. Legislação. Constituição. Lei nº 8.069/1990 e suas alterações (Estatuto da Criança e do Adolescente). Disposições preliminares, direitos fundamentais, prevenção, medidas de proteção, perda e suspensão do poder familiar, destituição de tutela, colocação em família substituta. Normas de interpretação do ECA. Normas esparsas.

2. Direito da Criança e do Adolescente. Doutrinas Jurídicas de Proteção: Doutrina da Situação Irregular e Doutrina da Proteção Integral. Princípio da Prioridade Absoluta. Princípio do melhor interesse para a criança e o adolescente.

3. Bases constitucionais e legais do Direito da Criança e do Adolescente. Convenção Internacional sobre os Direitos da Criança.

4. Responsabilidade civil decorrente de ato ilícito praticado por criança e adolescente.

5. Direito à vida. Proteção ao nascituro e da primeira infância.

6. Direitos fundamentais: direito à vida e à saúde; direito à liberdade, ao respeito e à dignidade.

7. Direito de crianças e adolescente à imagem, opinião e participação, reunião, associação, liberdade de expressão e locomoção. Capacidade/incapacidade civil decorrente da condição etária.

8. Direito à convivência familiar e comunitária. Parentesco. Parentalidade biológica e socioafetiva. Multiparentalidade. Poder familiar.

9. Colocação em família substituta: Guarda tutela e adoção. Acolhimento institucional e acolhimento familiar. Adoção nacional e internacional.

10. Do Direito à Educação, à Cultura, ao Esporte e ao Lazer. Os direitos infanto-juvenis na LDB (Lei nº 9.294/1996 atualizada). Direito à educação inclusiva.

11. O direito à profissionalização e à proteção no trabalho urbano e rural do adolescente. Trabalho infantil doméstico.

12. Direito à saúde da criança e do adolescente. Atendimento de crianças e adolescentes com transtornos mentais e/ou usuários de substâncias psicoativas.

13. A Justiça da Infância e Juventude. Competência. Aspectos processuais. Procedimentos especiais previstos na Lei nº 8069/1990 e na Lei nº 12.594/2012. Audiências concentradas - Provimento 32/2013 da Corregedoria Nacional de Justiça do CNJ.

14. O papel da equipe interprofissional, do Ministério Público, da Advocacia e da Defensoria Pública. A rede de proteção, o Sistema de Garantia de Direitos da Criança e do Adolescente e o Poder Judiciário.

15. Medidas de proteção. Medidas pertinentes aos pais ou responsável. Linhas de ação e diretrizes da política de atendimento. Entidades de atendimento: espécies, obrigações, fiscalização e sanções.

16. A prevenção geral e especial no Estatuto. Classificação indicativa. Publicidade direcionada a crianças e adolescentes.

17. Crimes e Infrações Administrativas contra a criança e o adolescente: espécies e procedimentos.
18. Ato Infracional e medidas socioeducativas. Natureza e objetivos da medida socioeducativa Procedimentos, garantias processuais e substanciais do adolescente nas fases de apuração de ato infracional e de execução de medidas socioeducativas.
19. Justiça Restaurativa e práticas restaurativas. Conceitos e aplicabilidade nos procedimentos de competência da Justiça da Infância e Juventude.
20. Conselho Tutelar. Conselhos de direitos da criança e do adolescente. Fundos da Infância e Adolescência.
21. Lei Federal nº 12.594/2012. Sistema Nacional de Atendimento Socioeducativo. Programas Socioeducativos.
22. Lei Federal nº 8742/1993 e atualizações posteriores - Lei Orgânica da Assistência Social.
23. Exploração sexual de crianças e adolescentes. Violência e abuso sexual contra crianças e adolescentes. Lei 13.431 de 4 de abril de 2017 - Sistema de garantia de direitos da criança e do adolescente vítima ou testemunha de violência.

3 ANÁLISE GERAL DAS ÚLTIMAS PROVAS OBJETIVAS

Foram analisadas **117 questões** do Direito da Criança e do Adolescentes, em **29 provas**, realizadas nos últimos 8 anos, das quatro bancas mais atuantes e selecionados os mais recorrentes pontos do edital, a saber:

Tópico do Conteúdo Programático	Quantidade de questões	
1. Direito da Criança e do Adolescente. Doutrinas Jurídicas de Proteção: Doutrina da Situação Irregular e Doutrina da Proteção Integral. Princípio da Prioridade Absoluta. Princípio do melhor interesse para a criança e o adolescente.	Cebraspe	1
	FCC	0
	Vunesp	2
	FGV	0
	Total	**3**
2. Bases constitucionais e legais do Direito da Criança e do Adolescente. Convenção Internacional sobre os Direitos da Criança.	Cebraspe	1
	FCC	1
	Vunesp	1
	FGV	0
	Total	**3**

Tópico do Conteúdo Programático	Quantidade de questões	
3. Responsabilidade civil decorrente de ato ilícito praticado por criança e adolescente.	Cebraspe	0
	FCC	0
	Vunesp	1
	FGV	0
	Total	**1**
4. Direito à vida. Proteção ao nascituro e da primeira infância.	Cebraspe	1
	FCC	0
	Vunesp	2
	FGV	1
	Total	**4**
5. Direitos fundamentais: direito à vida e à saúde; direito à liberdade, ao respeito e à dignidade. Direito de crianças e adolescente à imagem, opinião e participação, reunião, associação, liberdade de expressão e locomoção. Capacidade/incapacidade civil decorrente da condição etária. Direito à convivência familiar e comunitária. Parentesco. Parentalidade biológica e socioafetiva. Multiparentalidade. Poder familiar.	Cebraspe	3
	FCC	2
	Vunesp	7
	FGV	1
	Total	**13**
6. Colocação em família substituta: Guarda tutela e adoção. Acolhimento institucional e acolhimento familiar. Adoção nacional e internacional.	Cebraspe	6
	FCC	1
	Vunesp	11
	FGV	4
	Total	**22**
7. Do Direito à Educação, à Cultura, ao Esporte e ao Lazer. Os direitos infanto-juvenis na LDB (Lei nº 9.294/1996 atualizada). Direito à educação inclusiva.	Cebraspe	1
	FCC	1
	Vunesp	1
	FGV	0
	Total	**3**
8. A Justiça da Infância e Juventude. Competência. Aspectos processuais. Procedimentos especiais previstos na Lei nº 8069/1990 e na Lei nº 12.594/2012. Audiências concentradas - Provimento 32/2013 da Corregedoria Nacional de Justiça do CNJ.	Cebraspe	2
	FCC	2
	Vunesp	5
	FGV	5
	Total	**8**

Tópico do Conteúdo Programático	Quantidade de questões	
9. O papel da equipe interprofissional, do Ministério Público, da Advocacia e da Defensoria Pública. A rede de proteção, o Sistema de Garantia de Direitos da Criança e do Adolescente e o Poder Judiciário.	Cebraspe	4
	FCC	
	Vunesp	2
	FGV	1
	Total	**7**
10. Medidas de proteção. Medidas pertinentes aos pais ou responsável. Linhas de ação e diretrizes da política de atendimento. Entidades de atendimento: espécies, obrigações, fiscalização e sanções.	Cebraspe	3
	FCC	1
	Vunesp	1
	FGV	0
	Total	**5**
11. A prevenção geral e especial no Estatuto. Classificação indicativa. Publicidade direcionada a crianças e adolescentes.	Cebraspe	1
	FCC	0
	Vunesp	4
	FGV	0
	Total	**5**
12. Crimes e Infrações Administrativas contra a criança e o adolescente: espécies e procedimentos.	Cebraspe	3
	FCC	2
	Vunesp	2
	FGV	1
	Total	**8**
13. Ato Infracional e medidas socioeducativas. Natureza e objetivos da medida socioeducativa Procedimentos, garantias processuais e substanciais do adolescente nas fases de apuração de ato infracional e de execução de medidas socioeducativas.	Cebraspe	4
	FCC	2
	Vunesp	10
	FGV	1
	Total	**17**
14. Conselho Tutelar. Conselhos de direitos da criança e do adolescente. Fundos da Infância e Adolescência.	Cebraspe	4
	FCC	0
	Vunesp	4
	FGV	4
	Total	**8**

Tópico do Conteúdo Programático	Quantidade de questões	
15. Lei Federal nº 12.594/2012. Sistema Nacional de Atendimento Socioeducativo. Programas Socioeducativos.	Cebraspe	4
	FCC	5
	Vunesp	0
	FGV	0
	Total	**9**
16. Exploração sexual de crianças e adolescentes. Violência e abuso sexual contra crianças e adolescentes. Lei 13.431 de 4 de abril de 2017 - Sistema de garantia de direitos da criança e do adolescente vítima ou testemunha de violência.	Cebraspe	0
	FCC	1
	Vunesp	0
	FGV	0
	Total	**1**

A indicação dos conteúdos mais presentes nas questões permite que o candidato adote um estudo estratégico dando prioridade a esses temas, mas de forma alguma poderá se descuidar dos demais porque se está previsto no edital pode ser objeto de questão na prova.

E com base na exposição analítica acima, a conclusão que se chega com as informações acima expostas é a de que o Top 5 da Magistratura, em Direito da Criança e do Adolescente, é composto pelos seguintes institutos:

1º) Colocação em família substituta: Guarda, tutela e adoção. Acolhimento institucional e acolhimento familiar. Adoção nacional e internacional.

2º) Ato Infracional e medidas socioeducativas. Natureza e objetivos da medida socioeducativa Procedimentos, garantias processuais e substanciais do adolescente nas fases de apuração de ato infracional e de execução de medidas socioeducativas.

3º) Direitos fundamentais: direito à vida e à saúde; direito à liberdade, ao respeito e à dignidade. Direito de crianças e adolescente à imagem, opinião e participação, reunião, associação, liberdade de expressão e locomoção. Capacidade/incapacidade civil decorrente da condição etária. Direito à convivência familiar e comunitária. Parentesco. Parentalidade biológica e socioafetiva. Multiparentalidade. Poder familiar.

4º) Lei Federal nº 12.594/2012. Sistema Nacional de Atendimento Socioeducativo. Programas Socioeducativos.

5º, 6º 7º [Mesmo número de questões]

5º) A Justiça da Infância e Juventude. Competência. Aspectos processuais. Procedimentos especiais previstos na Lei nº 8069/1990 e na Lei nº 12.594/2012. Audiências concentradas - Provimento 32/2013 da Corregedoria Nacional de Justiça do CNJ.

6º) Crimes e Infrações Administrativas contra a criança e o adolescente: espécies e procedimentos.

7º) Conselho Tutelar. Conselhos de direitos da criança e do adolescente. Fundos da Infância e Adolescência.

4 ANÁLISE DE PONTOS ESPECÍFICOS MAIS RELEVANTES NAS PROVAS OBJETIVAS

Com fundamento na análise de questões do tópico acima, analisaremos como os conteúdos mais recorrentes são exigidos e como a candidato pode se preparar durante seus estudos.

1. Colocação em família substituta: Guarda tutela e adoção. Acolhimento institucional e acolhimento familiar. Adoção nacional e internacional.

Dentre os temas do presente tópico, o que esteve mais presente entre as questões analisadas foi o tema adoção nacional e internacional. A maioria delas exigiu apenas o conhecimento da literalidade os artigos do ECA e as outras pediram entendimentos jurisprudenciais sobre o tema. Veja-se na análise da questão, a seguir:

Questão 1. Ano 2023. Banca Vunesp. TJSP. Juiz Substituto.

Pedro, criança de 4 anos, com pais desconhecidos, vive em uma instituição de menores abandonados. Em razão de sua aparência física (branco e de olhos claros) despertou o interesse na adoção por um casal alemão. Entretanto, outro casal brasileiro, regularmente cadastrado para adoção na forma da lei, também manifestou interesse em adotar Pedro. Acerca do caso hipotético, assinale a alternativa correta.

A Deverá ser dada preferência ao casal estrangeiro, tendo em vista que a adoção irá representar a Pedro a possibilidade de ser cidadão da comunidade europeia, o que significa uma manifesta vantagem em seu interesse.

B Deverá ser deferida a adoção ao casal que melhor apresentar condições de satisfazer os interesses da criança.

C Deverá ser dada preferência ao casal brasileiro, se este apresentar perfil compatível com a criança.

- **D** Pedro deverá previamente ser inserido no programa de apadrinhamento e, apenas no caso de insucesso deste, poderá ser deferida a adoção, com preferência ao casal brasileiro.
- **E** Caso seja deferida a adoção ao casal alemão, a saída de Pedro do território nacional somente poderá ocorrer a partir da publicação da decisão proferida pelo juiz em primeira instância, mesmo sem o trânsito em julgado, vedada a concessão de tutela provisória.

Comentários: É muito comum das provas de Magistratura questões nas quais o examinador apresenta um caso hipotético e pergunta a solução correta ao candidato. Para tanto, o candidato deve conhecer e saber aplicar a legislação.

A questão exigia conhecimentos sobre adoção internacional, principalmente, que se trata de medida excepcional, nos termos do artigo 31 do ECA e que somente após a consulta dos habilitados residentes no país que se buscará estrangeiros, de acordo com o §10 do art. 50 do ECA. Além disso, o inciso II do §1º do artigo 51 do ECA determina que somente quando esgotadas todas as possibilidades de colocação da criança ou adolescente em família adotiva brasileira que será possível a adoção estrangeira. E que até mesmo a brasileiros residentes no estrangeiro têm prioridade em relação a pretendentes estrangeiros, como o casal alemão, nos termos do §2º do art. 51 do ECA.

Por fim, convém demonstrar que a alternativa E está incorreta porque permite a saída da criança adotada antes trânsito em julgado da decisão que concedeu a adoção estrangeira, o que é vedado pelo teor do art. 52, § 8º do ECA.

Questão 2. Ano 2023. Banca Vunesp. TJSP. Juiz Substituto. A adoção de criança ou adolescente residente no Brasil, realizada por brasileiro residente no exterior, deve:

- **A** ser considerada mista, dependendo de autorização da Autoridade Central Administrativa Federal – ACAF.
- **B** ser considerada adoção nacional, devido à nacionalidade do adotante e residência do adotando em território nacional.
- **C** ser considerada adoção internacional se o país de residência do adotante for signatário da Convenção da Haia, e nacional se o país de residência do adotante não for signatário da Convenção da Haia.
- **D** ser considerada adoção internacional.

Comentários: Inicialmente, sobre a letra A, necessário destacar que o Estatuto da Criança e do Adolescente não traz a previsão dessa espécie de adoção. Sobre as demais alternativas, necessário se fazia o conhecimento da norma prevista no art. 51 do Estatuto da Criança e do Adolescente, que dispõe que "Considera-se adoção internacional aquela na qual o pretendente possui residência habitual em país-parte da Convenção de Haia, de 29 de maio de 1993, Relativa à Proteção das Crianças e à Cooperação em Matéria de Adoção Internacional, promulgada pelo Decreto n o 3.087, de 21 junho de 1999, e deseja adotar criança em outro país-parte da Convenção.", podendo ser acrescentado, também, a preferência conferida aos brasileiros nessa situação pelo §2º da mesma norma: "Os brasileiros residentes no exterior terão preferência aos estrangeiros, nos casos de adoção internacional de criança ou adolescente brasileiro.". Portanto, gabarito letra D.

→ **2.** Ato Infracional e medidas socioeducativas. Natureza e objetivos da medida socioeducativa Procedimentos, garantias processuais e substanciais do adolescente nas fases de apuração de ato infracional e de execução de medidas socioeducativas.

As questões do tópico giram em torno das questões procedimentais dos atos infracionais, em especial sobre remissão e espécies de medidas a serem aplicadas pelo magistrado. A fonte das respostas é a legislação e a jurisprudência.

Observa-se a seguir como a questão exigiu conhecimentos das duas fontes citadas.

Questão 1. Ano 2019. Banca Cebraspe. TJBA. Juiz Substituto.

No que tange a atos infracionais e medidas socioeducativas, assinale a opção correta, com base no ECA e na jurisprudência do STJ.

A A superveniência da maioridade penal interfere na apuração de ato infracional cometido antes dos dezoito anos completos e na aplicabilidade de medida socioeducativa em curso.

B É ilegal a determinação de cumprimento da medida socioeducativa de liberdade assistida antes do trânsito em julgado da sentença condenatória.

C O ato infracional análogo ao tráfico de drogas autoriza, por si só, a imposição de medida socioeducativa de internação do adolescente em razão da gravidade da conduta delitiva.

D Por ser uma consequência natural do processo de ressocialização, a progressão da medida socioeducativa prescinde do juízo de convencimento do magistrado, que fica vinculado ao relatório multidisciplinar individual do adolescente.

E É possível a aplicação de medida socioeducativa de liberdade assistida no caso de ato infracional análogo a furto qualificado, porém essa medida deve atender à atualidade, observando-se a necessidade e a adequação.

Comentários: O enunciado da questão já sinalizou ao candidato que para a resolução da questão é necessário o conhecimento do ECA e da jurisprudência do STJ. Alertando que o candidato na sua preparação deve se preocupar com o estudo da jurisprudência.

A primeira alternativa contraria o disposto na Súmula 605 do STJ, que afirma: "A superveniência da maioridade penal não interfere na apuração de ato infracional nem na aplicabilidade de medida socioeducativa em curso, inclusive na liberdade assistida, enquanto não atingida a idade de 21 anos". Portanto, está incorreta.

Em relação à possibilidade do início do cumprimento da medida socioeducativa de liberdade assistida imposta por sentença antes do trânsito em julgado, o STJ entende pela legalidade do cumprimento imediato, vejamos:

> AGRAVO REGIMENTAL. HABEAS CORPUS. ESTATUTO DA CRIANÇA E DO ADOLESCENTE. ATO INFRACIONAL EQUIPARADO AO CRIME DE ROUBO MAJORADO. MEDIDA SOCIOEDUCATIVA DE LIBERDADE ASSISTIDA. EXECUÇÃO PROVISÓRIA DA MEDIDA. POSSIBILIDADE. APELAÇÃO SOMENTE NO EFEITO DEVOLUTIVO. AUSÊNCIA DE CONSTRANGIMENTO ILEGAL. AGRAVO REGIMENTAL IMPROVIDO. 1. Não há constrangimento ilegal na determinação da execução imediata da medida socioeducativa de liberdade assistida, ainda que o paciente tenha permanecido em liberdade no curso de processo, haja vista o escopo ressocializador das medidas socioeducativas e a observância ao princípio da proteção integral da criança e do adolescente e da atualidade na aplicação das medidas socioeducativas. 2. Agravo regimental improvido. (AgRg no HC 472.186/SC, Rel. Ministro NEFI CORDEIRO, SEXTA TURMA, julgado em 07/02/2019, DJe 22/02/2019)

Assim, pode-se concluir pelo erro da alternativa B.

Em seguida, analisando a alternativa C verifica-se que está incorreta porque a Súmula 492 do STJ afirma categoricamente que o ato infracional análogo ao tráfico de drogas, por si só, não conduz obrigatoriamente à imposição de medida socioeducativa de internação do adolescente.

Com relação à alternativa D, é necessário abrir um parêntese para lembrar o candidato que a banca CEBRASPE costuma utilizar o verbo

PRESCINDIR com muita frequência e que alguns candidatos não estão familiarizados com o termo e acabam confundido. Uma dica para memorizar é que prescindir é o equivalente a "não precisa".

Nesse sentido, já se pode verificar que o erro está na afirmação que para a progressão da medida socioeducativa não precisaria da formação do convencimento do magistrado, assim como vincular o convencimento do magistrado ao relatório multidisciplinar que é apenas informativo. Nesse sentido é a jurisprudência do STJ, vejamos:

> "A existência de relatório técnico favorável à progressão de medida socioeducativa não vincula o magistrado, que pode, em face do princípio do livre convencimento motivado, justificar a continuidade da internação do menor com base em outros dados e provas constantes dos autos (HC 323.690/SP – 5ª T. – unânime – Rel. Min. Felix Fischer – DJe 01/10/2015)."

Por fim, a alternativa correta é a E. O exato sentido da assertiva encontramos seguinte julgado do STJ:

> "ESTATUTO DA CRIANÇA E DO ADOLESCENTE. HABEAS CORPUS. ATO INFRACIONAL EQUIPARADO AO DELITO DE FURTO QUALIFICADO. MEDIDA SOCIOEDUCATIVA DE LIBERDADE ASSISTIDA. VIOLAÇÃO AO PRINCÍPIO DA ATUALIDADE, EM RAZÃO DO TRANSCURSO DE MAIS DE 2 (DOIS) ANOS DA PRÁTICA DO ATO INFRACIONAL. CONSTRANGIMENTO ILEGAL EVIDENCIADO. HABEAS CORPUS CONCEDIDO. 1. Em se tratando de ato infracional análogo a furto qualificado, é possível a aplicação de medida socioeducativa de liberdade assistida, tendo em vista o expresso permissivo constante do inciso 112, inciso IV, do Estatuto da Criança e do Adolescente. 2. Não obstante, há que ser reconhecida a ausência de atualidade da medida, pois aplicada sem a baliza da necessidade e da adequação, em consonância com seus fins pedagógicos, tendo em vista o transcurso do tempo – mais 2 (dois) anos – desde a data do fato, e mais de 1 ano após a sentença absolutória, devendo ser revogada a liberdade assistida. 3. Habeas corpus concedido para revogar a medida de liberdade assistida. (HC 447.600/SP, Rel. Ministro NEFI CORDEIRO, SEXTA TURMA, julgado em 16/10/2018, DJe 05/11/2018)".

Questão 2. Ano 2023. Banca Vunesp. TJSP. Juiz Substituto. Em relação à remissão,

A pode ser concedida antes ou depois de iniciado o processo de apuração do ato infracional.

- **B** sua concessão é privativa do Ministério Público, como forma de exclusão do processo, atendendo às circunstâncias e consequências do fato.
- **C** implica, necessariamente, no reconhecimento da responsabilidade pelo adolescente.
- **D** pode ser incluída a aplicação de qualquer das medidas socioeducativas previstas em lei, a ser devidamente cumprida pelo adolescente.

Comentários: A questão, que tem como gabarito a letra A, passa pelo conhecimento do instituto da remissão, que pode atuar como forma de exclusão do processo ou forma de suspensão, ou extinção do processo. Como forma de exclusão do processo, é previsto na fase pré-processual, concedida pelo membro do Ministério Público. Como forma de suspensão ou extinção do processo é concedida na fase processual, pelo Magistrado, e, apesar do membro do Ministério Público ter de ser ouvido, seu parecer não é vinculante. O instituto vem previsto no artigo 126 do Estatuto da Criança e do Adolescente com a seguinte redação: "Art. 126. Antes de iniciado o procedimento judicial para apuração de ato infracional, o representante do Ministério Público poderá conceder a remissão, como forma de exclusão do processo, atendendo às circunstâncias e consequências do fato, ao contexto social, bem como à personalidade do adolescente e sua maior ou menor participação no ato infracional. Parágrafo único. Iniciado o procedimento, a concessão da remissão pela autoridade judiciária importará na suspensão ou extinção do processo.".

3. Direitos fundamentais: direito à vida e à saúde; direito à liberdade, ao respeito e à dignidade. Direito de crianças e adolescente à imagem, opinião e participação, reunião, associação, liberdade de expressão e locomoção. Capacidade/incapacidade civil decorrente da condição etária. Direito à convivência familiar e comunitária. Parentesco. Parentalidade biológica e socioafetiva. Multiparentalidade. Poder familiar.

Questão 1. Ano 2023. Banca Cebraspe. TJDFT. Juiz Substituto. Ana, divorciada, tem três filhos: uma menina de dois anos de idade; uma menina de três anos de idade; e um adolescente de quinze anos de idade. Ana é a única provedora do lar, já que não recebe pensão alimentícia nem apoio do pai biológico das crianças ou de quaisquer outras pessoas. Ela e as crianças moram em uma região administrativa do Distrito Federal. Visando ter tempo para trabalhar, ela tem buscado vagas em creches e pré-escolas públicas para as filhas menores, porém, sem sucesso, pois a única resposta que vem recebendo é a de que não é possível o atendimento às crianças. O filho mais velho de Ana informou à mãe que pretende ajudar financeiramente a família. Na situação hipotética apresentada, em relação aos filhos de Ana, o Estado tem o dever constitucional de assegurar:

A o atendimento às duas meninas em creche ou pré-escola, sendo vedado ao adolescente exercer qualquer atividade remunerada.

B o atendimento às duas meninas em creche, podendo o adolescente exercer atividade como aprendiz, assegurados a ele direitos trabalhistas e previdenciários.

C o atendimento à filha maior de Ana em pré-escola, mas não o atendimento à filha menor em uma creche, sendo vedado ao adolescente exercer qualquer atividade remunerada.

D o atendimento às duas meninas em pré-escola, podendo o adolescente exercer atividade como aprendiz, assegurados a ele somente direitos previdenciários.

E o atendimento às duas meninas em creche, podendo o adolescente exercer atividade como aprendiz, assegurados a ele somente direitos trabalhistas.

Comentários: Para acertar o gabarito da questão [Letra B], necessário era o conhecimento apenas dos arts. 54 e 65 do Estatuto da Criança e do Adolescente, que possuem as seguintes redações: "Art. 54. É dever do Estado assegurar à criança e ao adolescente: I - ensino fundamental, obrigatório e gratuito, inclusive para os que a ele não tiveram acesso na idade própria; II - progressiva extensão da obrigatoriedade e gratuidade ao ensino médio; III - atendimento educacional especializado aos portadores de deficiência, preferencialmente na rede regular de ensino; IV – atendimento em creche e pré-escola às crianças de zero a cinco anos de idade; Art. 65. Ao adolescente aprendiz, maior de quatorze anos, são assegurados os direitos trabalhistas e previdenciários.".

Questão 2. Ano 2021. Banca Vunesp. TJSP. Juiz Substituto. Entre os direitos fundamentais previstos no Estatuto da Criança e do Adolescente, assinale quais se relacionam mais diretamente à importância do papel do núcleo familiar na formação e criação dos filhos menores.

A Princípio da responsabilidade parental e da prevalência da família.

B Princípio da prevalência da família e princípio da obrigatoriedade da informação.

C Princípio da obrigatoriedade da informação e princípio da responsabilidade parental.

D Princípio do interesse superior da criança e do adolescente e princípio da intervenção mínima.

Comentários: O acerto da questão [Letra A] passava pelo conhecimento do art. 100, parágrafo único, IX e X, do Estatuto da Criança e do Adolescente, que traz a definição dos Princípios da Responsabilidade Parental e da Prevalência da Família, da seguinte forma: "IX - responsabilidade parental: a intervenção deve ser efetuada de modo que os pais assumam os seus deveres para com a criança e o adolescente; X - prevalência da família: na promoção de direitos e na proteção da criança e do adolescente deve ser dada prevalência às medidas que os mantenham ou reintegrem na sua família natural, ou extensa ou, se isso não for possível, que promovam a sua integração em família adotiva;".

➔ **4.** Lei Federal nº 12.594/2012. Sistema Nacional de Atendimento Socioeducativo. Programas Socioeducativos.

Esse tópico exige a leitura integral da Lei n° 12.594/2012 (Lei do Sinase). A grande maioria das questões exigiu tão somente a literalidade da lei, enquanto outras exigiram aspectos jurisprudenciais que devem ser estudados durante a preparação.

Questão 1. Ano 2019. Banca FCC. TJAL. Juiz Substituto.

Segundo disposição expressa da Lei n° 12.594/2012 (Lei do SINASE) e/ou Lei n° 8.069/1990 (Estatuto da Criança e do Adolescente), deve ser fundamentada em parecer técnico a decisão que

- **A** substitui a medida socioeducativa mais branda por medida mais gravosa.
- **B** declara extinta a medida socioeducativa pela realização de sua finalidade.
- **C** autoriza as saídas externas de adolescentes em cumprimento de medida socioeducativa privativa de liberdade.
- **D** impõe, em situações excepcionais, sanção disciplinar de isolamento a adolescente interno.
- **E** aplica medida socioeducativa de liberdade assistida a adolescente a quem se atribui autoria de ato infracional.

Comentários: Conforme visto na análise dos temas das questões dos últimos concursos, é comum que além dos dispositivos do ECA, a banca exija também o conhecimento da Lei n° 12.594/2012 (SINASE).

Apesar das questões sobre SINASE cobrarem praticamente a literalidade dos artigos, é necessário o entendimento de como funciona a execução da medida socioeducativa.

A questão acima exigiu somente o conhecimento do inciso I do §4º do art. 43 da Lei 12.594/2012:

"§4º A substituição por medida mais gravosa somente ocorrerá em situações excepcionais, após o devido processo legal, inclusive na hipótese do inciso III do art. 122 da Lei nº 8.069, de 13 de julho de 1990 (Estatuto da Criança e do Adolescente), e deve ser:

I - fundamentada em parecer técnico;"

Portanto, gabarito letra A.

Questão 1. Ano 2022. Banca FGV. TJMG. Juiz Substituto. Quanto à proteção judicial dos interesses individuais, difusos e coletivos de crianças e adolescentes, assinale a afirmativa correta.

A) O juiz condenará a associação autora a pagar ao réu os honorários advocatícios quando reconhecer que a pretensão é manifestamente infundada, sendo que, em caso de litigância de má-fé, a associação autora e os diretores responsáveis pela propositura da ação serão condenados, individualmente, ao dobro das custas, além de incidirem em responsabilidade civil e criminal.

B) As multas não recolhidas após decorridos 30 (trinta) dias do trânsito em julgado da decisão poderão ser exigidas através de execução promovida pelo Ministério Público, no prazo máximo de 10 (dez) dias, em autos apartados aos do processo principal, cabendo igual iniciativa aos demais legitimados após o transcurso do aludido prazo.

C) Decorridos 60 (sessenta) dias do trânsito em julgado da sentença condenatória sem que a associação autora lhe promova a execução, deverá fazê-lo o Ministério Público, facultada igual iniciativa aos demais legitimados.

D) Nas ações que tratam da proteção judicial dos interesses individuais, difusos e coletivos, haverá adiantamento de honorários periciais, mediante requerimento da parte interessada e com antecedência de 5 (cinco) dias.

Comentários: Para o acerto da questão [Letra D], bastava o conhecimento da norma prevista no art. 4º da Lei 12.594/2021, que dispõe que compete aos estados: "III - criar, desenvolver e manter programas para a execução das medidas socioeducativas de semiliberdade e internação".

5. A Justiça da Infância e Juventude. Competência. Aspectos processuais. Procedimentos especiais previstos na Lei nº 8069/1990 e na Lei nº 12.594/2012. Audiências concentradas - Provimento 32/2013 da Corregedoria Nacional de Justiça do CNJ. 6. Crimes e Infrações Administrativas contra a criança e o adolescente: espécies e procedimentos. 7. Conselho Tutelar. Conselhos de direitos da criança e do adolescente. Fundos da Infância e Adolescência.

Questão 1. Ano 2022. Banca FGV. TJMG. Juiz Substituto. Quanto à proteção judicial dos interesses individuais, difusos e coletivos de crianças e adolescentes, assinale a afirmativa correta.

A O juiz condenará a associação autora a pagar ao réu os honorários advocatícios quando reconhecer que a pretensão é manifestamente infundada, sendo que, em caso de litigância de má-fé, a associação autora e os diretores responsáveis pela propositura da ação serão condenados, individualmente, ao dobro das custas, além de incidirem em responsabilidade civil e criminal.

B As multas não recolhidas após decorridos 30 (trinta) dias do trânsito em julgado da decisão poderão ser exigidas através de execução promovida pelo Ministério Público, no prazo máximo de 10 (dez) dias, em autos apartados aos do processo principal, cabendo igual iniciativa aos demais legitimados após o transcurso do aludido prazo.

C Decorridos 60 (sessenta) dias do trânsito em julgado da sentença condenatória sem que a associação autora lhe promova a execução, deverá fazê-lo o Ministério Público, facultada igual iniciativa aos demais legitimados.

D Nas ações que tratam da proteção judicial dos interesses individuais, difusos e coletivos, haverá adiantamento de honorários periciais, mediante requerimento da parte interessada e com antecedência de 5 (cinco) dias.

Comentários: Todas as assertivas são resolvidas com o conhecimento da legislação seca. Vejamos: **Letra A.** Incorreta. Fundamento: Art. 218. O juiz condenará a associação autora a pagar ao réu os honorários advocatícios arbitrados na conformidade do § 4º do art. 20 da Lei n.º 5.869, de 11 de janeiro de 1973 (Código de Processo Civil), quando reconhecer que a pretensão é manifestamente infundada. Parágrafo único. Em caso de litigância de má-fé, a associação autora e os diretores responsáveis pela propositura da ação serão solidariamente condenados ao décuplo das custas, sem prejuízo de responsabilidade por perdas e danos. **Letra B.** Incorreta. Fundamento: Art. 214, § 1º. As multas não recolhidas até trinta dias após o trânsito em julgado da decisão serão exigidas através de execução promovida pelo Ministério Público, nos mesmos autos, facultada igual iniciativa aos demais legitimados. **Letra C.** Correta. Fundamento: Art. 217. Decorridos sessenta dias do trânsito em julgado da sentença condenatória sem que a associação autora lhe promova a execução, deverá fazê-lo o Ministério Público, facultada igual iniciativa aos demais legitimados. **Letra D.** Incorreta. Fundamento: Art. 219. Nas ações de que trata este Capítulo, não haverá adiantamento de custas, emolumentos, honorários periciais e quaisquer outras despesas.

Questão 2. Ano 2022. Banca FGV. TJPE. Juiz Substituto. Diante da notícia de violação de direitos praticados contra criança, o Conselho Tutelar aplica aos pais a medida de encaminhamento a tratamento psicológico prevista no Art. 129, III, da Lei nº 8.069/1990 (ECA). Inconformados com essa decisão administrativa, os genitores a descumprem, procurando a Defensoria Pública em busca de orientações. Ao ser comunicado acerca de tal situação e ciente do descumprimento da decisão exarada pelo Conselho Tutelar, o promotor de justiça oferece Representação por Infração Administrativa ao Art. 249 do ECA em face dos pais, in fine. Considerando o disposto na Lei nº 8.069/1990 (ECA), é correto afirmar que:

A o Conselho Tutelar não poderá aplicar a medida de encaminhamento a tratamento psicológico aos pais, a qual é de competência exclusiva do juiz, no bojo de ação contenciosa;

B os pais poderão requerer ao Poder Judiciário a revisão da decisão administrativa exarada pelo Conselho Tutelar, na forma prevista pelo ECA;

C o Ministério Público não possui legitimidade para o ajuizamento de Representação por Infração Administrativa, em conformidade com o disposto no ECA;

D é vedado ao Conselho Tutelar aplicar a medida de encaminhamento a tratamento psicológico aos pais, sem prévio laudo médico que a fundamente, conforme previsto no ECA;

E as decisões do Conselho Tutelar não têm eficácia plena ou são passíveis de execução imediata, razão pela qual seria incabível a Representação por Infração Administrativa proposta pelo Ministério Público.

Comentários: Todas as assertivas são resolvidas com o conhecimento da legislação seca. Vejamos: **Letra A.** Incorreta. Fundamento: Art. 136. São atribuições do Conselho Tutelar: II - atender e aconselhar os pais ou responsável, aplicando as medidas previstas no art. 129, I a VII; Art. 129. São medidas aplicáveis aos pais ou responsável: III – encaminhamento a tratamento psicológico ou psiquiátrico; **Letra B.** Correta. Fundamento: Art. 137. As decisões do Conselho Tutelar somente poderão ser revistas pela autoridade judiciária a pedido de quem tenha legítimo interesse. **Letra C.** Incorreta. Fundamento: Art. 201. Compete ao Ministério Público: X - representar ao juízo visando à aplicação de penalidade por infrações cometidas contra as normas de proteção à infância e à juventude, sem prejuízo da promoção da responsabilidade civil e penal do infrator, quando cabível; **Letra D.** Incorreta. Fundamento: Não existe essa previsão no ECA. **Letra E.** Incorreta. Fundamento: Art. 136. São atribuições do Conselho Tutelar: III - promover a execução de suas decisões, podendo para tanto: a) requisitar serviços públicos nas áreas de saúde, educação, serviço social, previdência, trabalho e segurança; b) representar junto à autoridade judiciária nos casos de descumprimento injustificado de suas deliberações. IV - encaminhar ao Ministério Público notícia de fato que constitua infração administrativa ou penal contra os direitos da criança ou adolescente; Art. 249. Descumprir, dolosa ou culposamente, os deveres inerentes ao poder familiar ou decorrente de tutela ou guarda, bem assim determinação da autoridade judiciária ou Conselho Tutelar: Pena - multa de três a vinte salários de referência, aplicando-se o dobro em caso de reincidência.

5 DOUTRINA, JURISPRUDÊNCIAS E "LEI SECA" NOS CONCURSOS DE MAGISTRATURA ESTADUAL

No levantamento estatístico abaixo será considerado como fator determinante o "fundamento do gabarito da questão", porém, quando eventual entendimento jurisprudencial ou doutrinário influenciar diretamente na resolução da questão, ele também será considerado e utilizado, também, como fator determinante.

	BANCA	FONTE	Nº de questões
DIREITO DA CRIANÇA E DO ADOLESCENTE	CEBRASPE	Lei Seca	30
		Doutrina	02
		Jurisprudência	15
	FCC	Lei Seca	20
		Doutrina	00
		Jurisprudência	05
	VUNESP	Lei Seca	49
		Doutrina	01
		Jurisprudência	06
	FGV	Lei Seca	25
		Doutrina	0
		Jurisprudência	3

CEBRASPE	Lei Seca	64%
	Doutrina	04%
	Jurisprudência	32%

FCC		
	Lei Seca	80%
	Doutrina	00%
	Jurisprudência	20%

VUNESP		
	Lei Seca	88%
	Doutrina	01%
	Jurisprudência	11%

FGV		
	Lei Seca	89%
	Doutrina	00%
	Jurisprudência	11%

Em todas as bancas a fonte do direito que prevaleceu nas questões foi a Lei Seca, pois as questões exigiam a literalidade da lei, interpretação ou aplicação em casos concretos hipotéticos. E em segundo lugar foi a jurisprudência.

Pelos percentuais baixíssimos de questões retiradas da doutrina que estiveram presentes nas provas, pode-se afirmar que o Estudo para a prova objetiva pode acontecer pela Leitura da legislação acompanhada da jurisprudência.

Ainda assim, recomenda-se a leitura da doutrina na parte introdutória e histórica da disciplina para resolução e fundamentação de questões discursivas, como a que analisaremos a seguir.

6 ANÁLISE DE QUESTÕES DISCURSIVAS

Quando o direito da criança e do adolescente é objeto de questão discursiva, é geralmente correlacionado com outros temas do direito, e exige conhecimento de doutrina e jurisprudência, além da interpretação da legislação.

QUESTÃO 4 – DIREITO CONSTITUCIONAL E DIREITO DA CRIANÇA E DO ADOLESCENTE – TJMT – VUNESP – 2018

Com base no sistema especial de proteção à infância, pensado pelo legislador constituinte, o Brasil adotou no texto constitucional de 88 a chamada doutrina da proteção integral, estatuindo-a em seu art. 227. É possível, com base em referida doutrina e no princípio da prioridade absoluta, com assento constitucional, inclusive, declarar a validade de interceptação telefônica obtida sem autorização judicial em ação de destituição de poder

> familiar? Justifique sua resposta, explicando a forma pela qual poderá suposto conflito ser resolvido, dado o quanto previsto no art. 5º, LVI, da CF. Conceitue também em sua resposta a doutrina da proteção integral sem repetir o texto legal/constitucional atinente à espécie, trazendo ainda seus conhecimentos sobre a evolução e/ou antecedentes históricos do instituto no Brasil.

A escolha dessa questão se deu pelo fato de ser uma questão sobre um tema não pacificado e que a adoção de uma ou outra posição não acarretou a diminuição da nota.

A banca VUNESP exigiu para a integralidade da nota que a resposta tivesse levantado sobre a validade da prova ilícita e sua explicação tivesse utilizado o princípio da proporcionalidade como método de resolução de conflitos de princípios. Exigiu o conceito da doutrina de Proteção Integral e antecedentes históricos da proteção integral no Brasil.

Portanto, para a resolução da questão foi exigido estudo de doutrina aliado à criação de raciocínio jurídico.

A resposta ao questionamento sobre a possibilidade do aproveitamento da prova ilícita não era a única coisa relevante da resposta e ainda foi aceita pela banca tanto a resposta da possibilidade como da impossibilidade, desde que fundamentadas. O padrão de resposta disse: "em relação à correção das provas, por se tratar de questão nada pacífica, foram consideradas também corretas resposta quanto à impossibilidade da prova ilícita, desde que fundamentada referida impossibilidade, e com base no princípio da proporcionalidade."

A primeira coisa que o candidato deve se atentar é que enunciado já informou haver um conflito entre princípios e questiona como pode ser resolvido tal conflito.

Portanto, a resposta deveria fazer o sopesamento dos princípios da proteção integral da criança e adolescente *versus* princípio da inadmissibilidade das provas obtidas por meios ilícitos. Não sendo possível a prevalência pela hierarquia de princípios constitucionais, o intérprete deve se utilizar do princípio da proporcionalidade no caso concreto para chegar conclusão de qual princípio deverá prevalecer.

Por isso que a banca admitiu uma ou outra resposta, desde que o raciocínio jurídico tenha sido feito da forma correta. Inclusive, no padrão de resposta deixou uma observação sobre o que esperavam da resposta "[...] o principal, que era o posicionamento do candidato, eis que deveria demonstrar nesta etapa, seu conhecimento e domínio da norma."

Em seguida, com relação ao conceito de doutrina da Proteção Integral, o enunciado também deixou claro que a resposta não deveria repetir o texto legal/constitucional. As provas discursivas de magistratura são feitas com consulta à legislação, portanto, a transcrição do texto legal é totalmente desnecessária e pode parecer enrolação pelo candidato que não tem conteúdo ou não sabe a resposta. Portanto, a prática é extremamente desaconselhada.

Caberia ao candidato trazer o conceito e definição que a doutrina ensina, assim como fazer um levantamento histórico como o ordenamento jurídico brasileiro passou da doutrina da situação irregular para a doutrina da proteção integral.

Aqui o principal era demonstrar que a criança e o adolescente hoje são sujeitos de direitos, destinatários de absoluta prioridade e no seu tratamento deve ser respeitada a condição peculiar de pessoa em desenvolvimento.

7 DICAS FINAIS PARA OS CANDIDATOS

Por norma, o candidato inicia sua preparação para prova de concurso público de magistratura estadual com bastante antecedência da publicação do edital, e nesse momento tem em vista fazer um estudo completo da disciplina em todas as fontes disponíveis (legislação, doutrina e jurisprudência).

Sabendo da característica da disciplina de exigir mais ou menos uma fonte, o candidato deve dosar o tempo dedicado a cada uma delas, conforme sua exigência nas questões de concursos anteriores.

Portanto, no estudo do direito da Criança e do Adolescente, deve-se utilizar a doutrina como uma fonte secundária e dar a ela atenção especial apenas em aspectos bem teóricos do edital, a exemplo do tópico "Doutrinas Jurídicas de Proteção: Doutrina da Situação Irregular e Doutrina da Proteção Integral. Princípio da Prioridade Absoluta. Princípio do melhor interesse para a criança e o adolescente", que somente encontrará amparo na doutrina. Já nos outros tópicos que estão presentes na legislação, o estudo deve-se guiar pela leitura dos artigos, por meio de um Vade Mecum para leitura do ECA e da legislação extravagante, assim como a leitura dos informativos nos sítios oficiais dos Tribunais Superiores, do Dizer o Direito ou Vade Mecum de Jurisprudência do Márcio André Lopes Cavalcante.

Não se pode olvidar durante sua preparação do treino de questões objetivas e discursivas de concursos anteriores, que podem ser encontradas em sites de questões ou em livros de questões comentadas, como Revisaço – Magistratura Estadual da Editora Juspodivm.

Um aspecto que, por vezes, é subestimado pelos candidatos, mas que faz uma diferença mais adiante do certame é a capacidade de dissertar, portanto, o treino auxiliará na preparação para as questões discursivas/sentenças.

Por fim, de poder de todas as informações deste livro, o candidato pode tomar decisões adequadas que economizará tempo despendido com estudo de assuntos/fontes que não serão objetos de questão em sua prova.

NOÇÕES
DE DIREITO E FORMAÇÃO HUMANÍSTICA

Marcel Ferreira dos Santos

1 BIBLIOGRAFIA INDICADA

A preparação para o concurso público da magistratura estadual, independentemente do Estado e do estilo de prova respectivo, está a exigir uma coordenação, por parte do candidato, nos estudos das disciplinas que compõem o vasto conteúdo dos editais. A envolver um misto de leitura da lei seca, doutrina/cadernos sistematizados, jurisprudência e, ainda, realização de testes objetivos.

A depender da instituição organizadora do concurso, a incidência da jurisprudência na primeira fase objetiva é muito mais intensa, a exemplo do que ocorre com as provas realizadas pela respeitada instituição CEBRASPE.

Ao se tratar de formação humanística, a primeira observação a se fazer é que seu conteúdo passou a incidir na primeira fase do concurso a partir das alterações realizadas pela Resolução nº 423/2021 do Conselho Nacional de Justiça, na Resolução nº 75/2009 do Conselho Nacional de

Justiça, em especial aos artigos 6º e 47 da dita resolução, bem como ao seu Anexo IV. Há também cobrança de humanística na fase oral.

Portanto, a partir da Resolução nº 423/2021, as noções gerais de Direito e formação humanísticas estão incluídas no bloco três da primeira etapa objetiva do concurso.

Não raro, em uma ou outra disciplina, também é possível a incidência de questões objetivas com ponto de contato com a temática da formação humanística. Cite-se, por exemplo, questões de direito constitucional relacionadas a poder constituinte. É bem frequente a realização de questões desse tema tangenciando aspectos de Estado, Poder, Política, etc. Todos tratados com minucia na parte de teoria geral do direito (ponto específico da disciplina da formação humanística).

Outro exemplo envolve a disciplina de processo civil. O Código de Processo Civil de 2015 está assentado em 04 (quatro) premissas: 1) cooperação; 2) conciliação; 3) precedente e; 4) coisa julgada. Vê-se, a propósito, que o §3º do art. 3º do CPC estabelece que "a conciliação, a mediação e outros métodos de solução consensual de conflitos deverão ser estimulados por juízes, advogados, defensores públicos e membros do Ministério Público, inclusive no curso do processo judicial". Métodos alternativos de solução de conflitos, por isso, além de ser objeto de estudo da dogmática processual civil, têm recebido muita atenção por parte dos examinadores de processo civil em provas de concurso.

O interessante é que conciliação, mediação e transação são temas específicos que compõem, obrigatoriamente, a parte de formação humanística dos editais de concursos da magistratura estadual. Mais especificamente o item relacionado à psicologia jurídica. Circunstância que, naturalmente, permite que a cobrança de questões tanto na disciplina de processo civil – na prova objetiva, discursiva e oral – quanto na disciplina de formação humanística (na prova discursiva e oral).

Fixada a premissa acima, de se ver que a opção bibliográfica depende muito do gosto de cada candidato. Alguns fazem questão de estudar por obras mais completas. Outros preferem materiais mais resumidos.

Independentemente do caminho que o candidato irá seguir, é sempre adequado rememorar que material bom é aquele que você tem facilidade de manuseio e de fixação das ideias nele alocadas. Aquele que te dá, além de segurança nas provas, resultados.

Há inúmeros candidatos que estudam por cadernos montados a partir de resumo de artigos científicos, livros esquematizados, aulas etc.

Temos aí a construção de material realizada no tempo. Outros estudam por materiais formatados a partir da anotação de aulas de cursinhos específicos, acompanhados de complementação de doutrinas e/ou artigos.

Diferentemente das outras matérias cobradas no concurso da magistratura, a formação humanística exige um fatiamento didático para fins de indicação bibliográfica. É que ela envolve uma vastidão de conteúdo. Em resumo, são 5 (cinco) grandes blocos: a) filosofia; b) sociologia; c) psicologia jurídica; d) teoria geral do direito e da política; e e) direito e modernidade. A ética, muito cobrada nos concursos, insere-se dentro da filosofia.

Por isso, procederemos à indicação individualizada, sem prejuízo, ao final, de indicações bibliográficas mais resumidas envolvendo todo o conteúdo cobrado de formação humanística nos concursos da magistratura estadual.

Especificamente sobre filosofia do direito, é bem interessante e completa a obra "Curso de Filosofia do Direito", dos professores Eduardo C.B. Bittar e Guilherme Assis de Almeida (Editora Atlas). O Professor Paulo Nader tem obra festejada e de fácil leitura, qual seja, "Filosofia do Direito" (editora forense). Em razão do aumento do número de questões envolvendo hermenêutica, decisão judicial, dentre outros temas muito estuados na quadra da introdução ao estudo do direito, não pode ficar de fora a obra "Introdução ao Estudo do Direito. Técnica, Decisão, Dominação", do professor Tercio Sampaio Ferraz Jr. (Editora Atlas). Outra obra interessante é o "Manual de Filosofia e Teoria do Direito", do professor Bernardo Montalvão (Editora Juspodivm).

Considerando que o estudo da Ética é muito cobrado nos concursos da magistratura estadual, em complemento, sobressaem as obras do Prof. Renato Nalini. Ex-Presidente do Tribunal de Justiça do Estado de São Paulo. É indispensável a leitura da obra "Ética da Magistratura. Comentários ao Código de Ética da Magistratura Nacional – CNJ". A indispensabilidade da leitura decorre do fato de ser uma obra que trata um a um dos dispositivos do Código de Ética da Magistratura, cuja incidência é muito grande nas provas de segunda fase e, especialmente, orais. Também sugerimos a leitura, ao menos, de dois capítulos da obra "Rebelião da Toga" (editora revista dos tribunais), também do Prof. Renato Nalini. Os capítulos são: "Desafios filosóficos do Juiz Brasileiro" e "Desafios éticos do Juiz Brasileiro".

A respeito de psicologia jurídica, uma das melhores obras, sem dúvida, é o "Manual de Psicologia Jurídica para Operadores do Direito", do professor Jorge Trindade (Editora Livraria do Advogado). Particularmente, gosto muito dos escritos do professor Trindade. A depender da preferência do candidato, é muito interessante também a obra "Psicologia Judiciária para a carreira da magistratura", dos professores Jorge Trindade, Elise Karam Trindade e Fernanda Molinari (Editora Livraria do Advogado).

Por fim, sobre sociologia do direito, há o interessante "Manual de Sociologia Jurídica. Introdução a uma leitura externa do Direito", da professora Ana Lucia Sabadell (Editora Revista dos Tribunais). É muito festejada também a obra "Sociologia jurídica – Direito e Conjuntura", do professor José Eduardo Faria (Editora Saraiva).

Além das obras sugeridas acima, é preciso que o candidato esteja habituado com a leitura de atos normativos cuja incidência tem sido muito alta nas provas: a) código de ética da magistratura nacional; b) procedimento administrativo disciplinar (Res. 135/2011 do CNJ); c) sistema remuneratório da magistratura (Res. 13/2006 do CNJ); d) simetria entre magistratura e Ministério Público (Res. 133/2011); e) exercício do magistério (Res. 34/2007 do CNJ) e; f) planejamento e gestão estratégica (Res. 198/2014 do CNJ).

2 CONTEÚDO PROGRAMÁTICO NOS EDITAIS DE CADA TRIBUNAL DE JUSTIÇA

O conteúdo programático previsto nos editais dos concursos de ingresso na magistratura dos diversos Estados da Federação, em geral, traduz cópia do Anexo VI da Res. 75/2009 do Conselho Nacional de Justiça.

O art. 46 da Res. 75/2009 do CNJ estabelece que a segunda etapa do concurso será composta de 2 (duas) provas escritas, podendo haver consulta à legislação desacompanhada de anotação ou comentário, vedada a consulta a obras doutrinárias, súmulas e orientação jurisprudencial.

O art. 47 averbava previamente à Resolução nº 423 do CNJ que a primeira prova escrita seria discursiva e consistiria:

> I – de questões relativas a noções gerais de Direito e formação humanística previstas no Anexo VI;
>
> II – de questões sobre quaisquer pontos do programa específico do respectivo ramo do Poder Judiciário nacional.

Todavia, o artigo foi alterado e seus incisos revogados, passando a dispor que a primeira prova escrita será discursiva e consistirá de questões sobre quaisquer pontos do programa específico do respectivo ramo do Poder Judiciário Nacional, no caso da carreira da magistratura estadual e distrital, poderão ser selecionados quaisquer dos temas constantes no Anexo IV da Resolução nº 75/2009.

Para que o candidato entenda as razões pelas quais se passou a exigir, obrigatoriamente, nos concursos da magistratura em geral, a cobrança de questões relacionadas a noções gerais de direito e formação humanística, é preciso voltar um pouco no tempo.

Há bastante tempo se tem discutido a forma de ingresso nos concursos para a magistratura. Não raro, a comunidade jurídica questiona o caráter estritamente tecnicista e robótico das avaliações de conhecimentos aplicadas a concursos da magistratura nas últimas décadas. As provas de primeira fase são compostas por 100 (cem) questões objetivas envolvendo mais de 10 (dez) matérias. Em geral, há alta incidência de questões que reproduzem dispositivos da lei seca. O que acaba exigindo mais memorização e menos reflexão por parte dos concurseiros.

O que é preciso entender e aceitar é que as questões objetivas surgiram no cenário dos concursos públicos como uma exigência de ordem pragmática. Há algumas décadas, concursos da magistratura contavam apenas com aproximadamente 700 (setecentos) candidatos inscritos. Circunstância que autorizava, por exemplo, a realização de prova discursiva já na primeira fase do concurso. A prova discursiva já na primeira fase – ninguém discute – é apta a selecionar mais adequadamente candidatos para as fases seguintes. Desde o princípio, o examinador, por meio da avaliação da escrita, consegue extrair, além de conhecimento jurídico, capacidade de concatenação de ideias, temperança, linguagem escorreita etc.

Com o passar dos anos, no entanto, o número de inscritos sofreu significativo aumento. A título de exemplo, o concurso **188º da magistratura de São Paulo** registrou mais de 20 mil inscritos na 1ª fase, com oferta **310 vagas.** Diante desse quadro, é razoável concluir que a prova objetiva passou a ser um expediente de ordem prática nos concursos da magistratura. Um mal necessário!

O raciocínio acima ainda carece de uma complementação. A considerar o número de inscritos na fase objetiva, a lei seca passou a experimentar um papel significativo no processo de seleção de juízes e a ter uma cobrança infinitamente superior. Por uma razão simples. Questões objetivas baseadas em lei seca dificilmente abrem margem para a apresentação de recursos. Lembro-me de uma interessante questão formulada, no concurso de ingresso na magistratura do Estado de São Paulo, pelo então Des. José Roberto dos Santos Bedaque, do Tribunal de Justiça de São Paulo, envolvendo competência. A citada questão experimentou centenas de recursos na primeira fase objetiva. Todos improvidos pelo acerto do enunciado. Entretanto, em razão do enunciado não envolver a literalidade da lei, permitiu que a compreensão de um número acentuado de candidatos que erraram pudesse autorizar a feitura de muitos recursos. A literalidade da lei, por isso, espanca divergências interpretativas sobre as alíneas dispostas pelo examinador.

Nesse contexto, passamos, nas últimas décadas, a contar com concursos da magistratura estadual com primeiras fases com número muito acentuado de enunciados baseados na literalidade da lei. A leitura da lei seca passou a ser estratégia valiosíssima para a aprovação nas primeiras fases. Provas de Tribunais da Federação com nota de corte superior aos 80 (oitenta) pontos. Essa se tornou uma realidade. Isso acabou, em certa medida, afastando o perfil de juiz humanística.

Em 2009, o Conselho Nacional de Justiça, com o objetivo de uniformizar a realização de concursos para ingresso na magistratura nos Tribunais brasileiros, editou a Res. 75. Para além de uniformizar os procedimentos de realização de concursos no âmbito nacional envolvendo as diversas áreas do poder judiciário, a citada resolução trouxe anexos disciplinando a relação mínima de matérias para cada concurso da magistratura. Caminho semelhante foi tomado pelo CNMP.

O anexo VI é justamente o que traz as noções gerais de direito e formação humanística. É a parte da resolução que tem por objetivo oxigenar a forma de ingresso na magistratura, de modo a exigir conteúdo valorativo nas provas discursivas e orais. Noções de sociologia do direito, psicologia jurídica, filosofia e de teoria geral do direito e da política, sem dúvida, na atual quadra do neoconstitucionalismo, que tem como premissa a reaproximação do direito e da moral, com vistas a neutralizar o rigor científico do positivismo, ajudam a captar magistrados mais talhados.

Entretanto, com o passar do tempo, entre 2009 e 2021, surgiram novos debates quanto à insuficiência da cobrança das matérias propedêuticas e contextuais ao mundo moderno apenas na segunda fase do certame, em especial diante da interdisciplinaridade exigida dos magistrados no exercício diário de suas funções.

As maiores merecedoras de atenção são:

a) O advento do Código de Processo Civil de 2015, que trouxe ao sistema jurídico brasileiro, de origem romano-germânica (*civil law*), maior proximidade com o sistema anglo-saxão da *common law*, por meio da assertividade da premissa dos precedentes judiciais e o fomento à resolução de conflitos;

b) As alterações consagradas pela Lei nº 13.655 de 2018 na Lei de Introdução às Normas do Direito Brasileiro, consagrando o pragmatismo na aplicação do direito público e a necessidade de maior vislumbre do contextualismo e consequencialismo nas esferas administrativa, controladora e judicial; e

c) A alteração das diretrizes curriculares da graduação em Direito implementadas pela Resolução nº 2/2021 do Conselho Nacional de Educação, que incluiu as disciplinas de Direito Digital, Direito Financeiro e Formas Consensuais de Solução de Conflitos como disciplinas obrigatórias.

Caro concurseiro, de agora em diante, portanto, a sua caminhada não poderá deixar de lado o estudo de temas relacionados a noções gerais do direito e formação humanística. Não se assuste. Por óbvio, as provas não pretendem captar filósofos ou sociológicos. Em verdade, noções sobre temas centrais da filosofia, da sociologia e da política já serão suficientes para que tenha um excelente desempenho.

O nosso propósito é apenas facilitar a sua caminhada, deixá-lo mais seguro com as opções que irá fazer.

Costumo dizer que passa em concurso aquele que, além de esforçado e persistente, é organizado. Não precisamos de gênios. Apenas de pessoas bem-intencionadas que sabem a importância que a palavra "estratégia" tem para o atingimento de metas e consequente sucesso.

Passemos a examinar o anexo VI.

ANEXO VI

NOÇÕES GERAIS DE DIREITO E FORMAÇÃO HUMANÍSTICA

A) SOCIOLOGIA DO DIREITO

1. Introdução à sociologia da administração judiciária. Aspectos gerenciais da atividade judiciária (administração e economia). Gestão. Gestão de pessoas.
2. Relações sociais e relações jurídicas. Controle social e o Direito. Transformações sociais e Direito.
3. Direito, Comunicação Social e opinião pública.
4. Conflitos sociais e mecanismos de resolução. Sistemas não-judiciais de composição de litígios.

B) PSICOLOGIA JUDICIÁRIA

1. Psicologia e Comunicação: relacionamento interpessoal, relacionamento do magistrado com a sociedade e a mídia.
2. Problemas atuais da psicologia com reflexos no direito: assédio moral e assédio sexual.
3. Teoria do conflito e os mecanismos autocompositivos. Técnicas de negociação e mediação. Procedimentos, posturas, condutas e mecanismos aptos a obter a solução conciliada dos conflitos.
4. O processo psicológico e a obtenção da verdade judicial. O comportamento de partes e testemunhas.

C) ÉTICA E ESTATUTO JURÍDICO DA MAGISTRATURA NACIONAL

1. Regime jurídico da magistratura nacional: carreiras, ingresso, promoções, remoções.
2. Direitos e deveres funcionais da magistratura.
3. Código de Ética da Magistratura Nacional.
4. Sistemas de controle interno do Poder Judiciário: Corregedorias, Ouvidorias, Conselhos Superiores e Conselho Nacional de Justiça.
5. Responsabilidade administrativa, civil e criminal dos magistrados.
6. Administração judicial. Planejamento estratégico. Modernização da gestão.

D) FILOSOFIA DO DIREITO

1. O conceito de Justiça. Sentido lato de Justiça, como valor universal. Sentido estrito de Justiça, como valor jurídico-político. Divergências sobre o conteúdo do conceito.
2. O conceito de Direito. Equidade. Direito e Moral.
3. A interpretação do Direito. A superação dos métodos de interpretação mediante puro raciocínio lógico-dedutivo. O método de interpretação pela lógica do razoável.

E) TEORIA GERAL DO DIREITO E DA POLÍTICA

1. Direito objetivo e direito subjetivo.
2. Fontes do Direito objetivo. Princípios gerais de Direito. Jurisprudência. Súmula vinculante.

3. Eficácia da Lei no tempo. Conflito de normas jurídicas no tempo e o Direito brasileiro: Direito Penal, Direito Civil, Direito Constitucional e Direito do Trabalho.
4. O conceito de Política. Política e Direito.
5. Ideologias.
6. A Declaração Universal dos Direitos do Homem (ONU).
7. Agenda 2030 e os 17 Objetivos de Desenvolvimento Sustentável.

F) DIREITO DIGITAL

1. 4ª Revolução industrial. Transformação Digital no Poder Judiciário. Tecnologia no contexto jurídico. Automação do processo. Inteligência Artificial e Direito. Audiências virtuais. Cortes remotas. Ciência de dados e Jurimetria. Resoluções do CNJ sobre inovações tecnológicas no Judiciário.
2. Persecução Penal e novas tecnologias. Crimes virtuais e cibersegurança. Deepweb e Darkweb. Provas digitais. Criptomoedas e Lavagem de dinheiro.
3. Noções gerais de contratos Inteligentes, Blockchain e Algoritmos.
4. LGPD e proteção de dados pessoais.

G) PRAGMATISMO, ANÁLISE ECONÔMICA DO DIREITO E ECONOMIA COMPORTAMENTAL

1. Função judicial e pragmatismo. Antifundacionalismo. Contextualismo. Consequencialismo. Racionalismo e Empirismo. Dialética. Utilitarismo.
2. Análise econômica do direito. Conceitos fundamentais. Racionalidade econômica. Eficiência processual. Métodos adequados de resolução de conflitos e acesso à Justiça. Demandas frívolas e de valor esperado negativo. Precedentes, estabilidade da jurisprudência e segurança jurídica. Coisa Julgada.
3. Economia comportamental. Heurística e vieses cognitivos. A percepção de Justiça. Processo cognitivo de tomada de decisão.
4. Governança corporativa e Compliance no Brasil. Mecanismos de Combate às organizações criminosas e Lavagem de Dinheiro. *Whistleblower.*

⊖ **H)** DIREITO DA ANTIDISCRIMINAÇÃO

1. Conceitos Fundamentais do Direito da Antidiscriminação.
2. Modalidades de Discriminação.
3. Legislação antidiscriminação nacional e internacional
4. Conceitos Fundamentais do Racismo, Sexismo, Intolerância Religiosa, LGBTQIA+fobia.
5. Ações Afirmativas.
6. Direitos dos Povos indígenas e das comunidades tradicionais.

3 ANÁLISE GERAL DAS ÚLTIMAS PROVAS

Como já averbado, é recente a cobrança de questões objetivas envolvendo especificamente o conteúdo de formação humanística acima alinhado.

Ainda que possa ser cedo para fixação de parâmetros de cobrança, é importante pontuar que, até o momento da elaboração desta edição, os temas de Formação Humanística mais cobrados em provas objetivas são, respectivamente: a) Estatuto Jurídica da Magistratura Nacional, com quatro questões cobradas; b) Filosofia do Direito, com três questões cobradas; c) Pragmatismo, Análise Econômica do Direito e Economia Comportamental, com duas questões cobradas; e d) Declaração Universal dos Direitos do Homem, também com duas questões cobradas.

É importante que o candidato se mantenha vigilante acerca das novas tendências de cobrança, em especial diante da novidade do tema na primeira etapa do concurso.

Sem embargo, também existem pontos de contatos com outras disciplinas que merecem especial atenção, a exemplo do direito constitucional e do processo civil. Como já visto, invariavelmente, ao estudar a teoria do conflito e os mecanismos autocompositivos, por exemplo, o candidato estará apto a ter bom êxito em questões de processo civil relacionadas. Isso também se pode dizer em relação ao estudo da interpretação do direito, superação dos métodos de interpretação mediante puro raciocínio lógico-dedutivo. Hermenêutica tem sido muito cobrada também na segunda fase dos concursos da magistratura estadual na parte de direito constitucional. Ao estudar esse específico ponto que faz parte do conteúdo de filosofia, certamente, o candidato terá maior êxito nas provas de direito constitucional.

Os exemplos acima estão a demonstrar uma verdadeira simbiose entre as várias disciplinas exigidas nos concursos da magistratura estadual em todo o território nacional. E isso bem conforta o raciocínio de que a formação humanística acaba por lapidar o entendimento e o conhecimento de todas as demais disciplinas exigidas nos concursos públicos.

4 ALGUNS PONTOS ESPECÍFICOS MAIS RELEVANTES NAS PROVAS DISCURSIVAS

Há uma relativa homogeneidade nas questões sobre Noções de Direito e Formação humanística. De uma maneira geral, praticamente todos os tópicos foram objeto de arguição nos últimos concursos da Magistratura Estadual. Porém, após as alterações recentes na Res. nº 75/2009, aumenta a amplitude dos temas que podem ser cobrados pela banca examinadora.

Ocorre que uma verificação qualitativa aprofundada de inúmeras provas de segunda fase da magistratura estadual permite constatar que há, efetivamente, temas mais recorrentes nos últimos concursos.

Nesse item, examinaremos item por item do anexo VI da Res. 75/2009 e apresentaremos as questões relacionadas. A ideia é explicitar ao leitor como tem caído nos concursos noções de direito e formação humanística.

Em razão do propósito deste trabalho, apresentaremos espelhos de respostas apenas em relação a algumas questões. A fim de munir o leitor de maiores informações, traçaremos algumas informações sobre alguns temas tidos por muito importantes em razão da incidência alta em provas.

ANEXO VI

NOÇÕES GERAIS DE DIREITO E FORMAÇÃO HUMANÍSTICA

A) SOCIOLOGIA DO DIREITO

1 – Introdução à sociologia da administração judiciária. Aspectos gerenciais da atividade judiciária (administração e economia). Gestão. Gestão de pessoas.

QUESTÃO

Magistratura Estadual – Concurso: TJAM – Ano: 2015 – Banca: CEBRASPE. Discorra sobre o sistema de controle interno do Poder Judiciário, correlacionando-o com o princípio da eficiência.

ESPELHO:

2.1 Controle interno na CF: conteúdo do art. 74

De acordo com o art. 74 da Constituição Federal de 1988 (CF), os Poderes Legislativo, Executivo e Judiciário deverão manter, de forma integrada, sistema de controle interno, o qual, por sua vez, deverá relacionar-se ao controle da gestão administrativa, financeira e patrimonial da administração pública.

2.2 Atribuições do controle interno no Poder Judiciário: resoluções do CNJ

Considerando-se as crescentes inovações e aprimoramentos na área de controle interno, além da necessidade de padronização nos métodos e sistemas utilizados nessa atividade, foram editadas as Resoluções nº 70/2009 e nº 86/2009, que fixaram os primeiros parâmetros de busca da eficiência gerencial no Poder Judiciário.

Resolução nº 70/2009 – Metas de Nivelamento (Meta 9) – Criação das Unidades de Controle Interno e a importância do Controle Interno no Poder Judiciário. A resolução foi revogada. Na atualidade, as disposições sobre as metas nacionais do Poder Judiciário estão dispostas na Resolução nº 325/2020.

Resolução nº 86/2009 – Organização e funcionamento das unidades ou núcleos de controle interno nos Tribunais, disciplinando as diretrizes, os princípios, conceitos e normas técnicas necessárias à sua integração. Atualmente, a organização e funcionamento da atividade de controle interno do Poder Judiciário é disposta pela Resolução nº 308/2020.

2.3 Sistema de controle interno do Poder Judiciário: órgãos integrantes

No caso do Poder Judiciário, o controle interno é exercido, atualmente, pelo CNJ, instituído pela Emenda Constitucional nº 45/2004, pelas corregedorias, pelas ouvidorias, pelos conselhos superiores e pelos núcleos de controle interno presentes nos tribunais integrantes do Poder Judiciário. Esse sistema visa a efetividade do disposto no art. 74 da CF, com padrões que permitam a sua integração.

De acordo com o disposto na referida norma constitucional, esses órgãos de controle desenvolverão suas atividades com os propósitos de avaliar o cumprimento das metas previstas no PPA, de acompanhar e avaliar a execução orçamentária e os programas de gestão, de verificar a observância e comprovação da legalidade dos atos de gestão e de avaliar os resultados, especialmente quanto à eficiência e à eficácia das ações administrativas, relativas à gestão orçamentária, financeira, patrimonial e de pessoal, nos seus vários órgãos. Às unidades de controle interno competem, ainda, examinar as aplicações de recursos públicos alocados por entidades de direito privado e subsidiar meios e informações, bem como apoiar o controle externo e o CNJ no exercício de sua missão institucional.

Anteriormente, as corregedorias – órgãos de orientação, fiscalização e controle disciplinar e administrativo de juízes e servidores – eram as principais responsáveis pelo controle interno do Poder Judiciário e pelo funcionamento adequado dos serviços notariais e registrais, exercidos em caráter privado.

Cabe ressaltar, por fim, que o CNJ não controla a atuação jurisdicional do Poder Judiciário, pois, como se sabe, não exerce jurisdição. Nesse sentido, já decidiu o STF: "O CNJ, embora integrando a estrutura constitucional do Poder Judiciário como órgão interno de controle administrativo, financeiro e disciplinar da magistratura – excluídos, no entanto, do alcance de referida competência, o próprio STF e seus ministros (ADI 3.367/DF) –, qualifica-se como instituição de caráter eminentemente administrativo, não dispondo de atribuições funcionais que lhe permitam, quer colegialmente, quer mediante atuação monocrática de seus conselheiros ou, ainda, do corregedor nacional de justiça, fiscalizar, reexaminar e suspender os efeitos decorrentes de atos de conteúdo jurisdicional emanados de magistrados e tribunais em geral". (STF, Pleno, MS n.º 28.211/DF-MC-AgR, Relator Ministro Celso de Mello.)

2.4 Correlação do controle interno com o princípio da eficiência (art. 37 da CF)

A busca por maior eficiência do controle interno foi um dos aspectos motivadores para a criação do CNJ. Problemas recorrentes envolvendo casos de leniência e nepotismo, por exemplo, tangenciavam a legalidade e comprometiam a ética institucional no contexto do Poder Judiciário. Havia, ainda, o fato de que as estruturas correcionais, então responsáveis pelo controle, em regra, demoravam a se ajustar à mutação acarretada pelas tecnologias de informação e comunicação.

Antes mesmo da promulgação da Emenda Constitucional n.º 19/1998, já se preconizava a eficiência como dever da administração pública. Apesar de o princípio não estar expresso como os princípios da legalidade, da impessoalidade, da moralidade e da publicidade (art. 37, caput, da CF), o art. 74, inciso II, da CF mencionava a eficiência como critério de controle interno dos poderes do Estado. Esse dever de eficiência reflete-se, segundo o prof. Hely Lopes Meirelles, na obrigação dos "agentes públicos de realizar suas atribuições com presteza, perfeição e rendimento profissional. É o mais moderno princípio da função administrativa, que já não se contenta em ser desempenhada apenas com legalidade, exigindo resultados positivos para o serviço público e satisfatório atendimento das necessidades da comunidade e de seus membros". O professor acrescenta, ainda, que "o dever da eficiência corresponde ao dever da boa administração." (Hely Lopes Meirelles. Direito administrativo brasileiro. 27.ª ed. São Paulo: Malheiros, 2002.) Para a professora Maria Sylvia Zanella Di Pietro, esse "princípio apresenta-se sob dois aspectos, podendo tanto ser considerado em relação à forma de atuação do agente público, do qual se espera o melhor desempenho possível de suas atuações e atribuições, para lograr os melhores resultados, como também em relação ao modo racional de se organizar, estruturar, disciplinar a administração pública, e também com o intuito de alcance de resultados na prestação do serviço público". (Maria Sylvia Zanella di Pietro. Direito administrativo. 13.ª ed. São Paulo: Atlas, 2001.)

2 - Relações sociais e relações jurídicas. Controle social e o Direito. Transformações sociais e Direito.

QUESTÃO

Magistratura Estadual - Concurso: TJSC - Ano: 2011 - Banca: TJ. A questão abaixo está inserida no contexto do Anexo III, item 1(Sociologia do Direito), subitem 1.2 (Relações sociais e relações jurídicas. Controle social e o Direito. Transformações sociais e o Direito); item 4. (Filosofia do Direito) subitem 4.1 (Sentido estrito de Justiça como valor jurídico-político). PODER, JUSTIÇA, DIREITO E PROCESSO. Discorra, entre 10 a 20 linhas, sobre o imbricamento, ruptura e tendências dos postulados abaixo: 1. PODER como capacidade, para qualquer instância que seja (pessoal ou impessoal) de levar alguém (ou vários) a fazer (ou não fazer) o que, entregue a si mesmo, ele não faria necessariamente (ou faria talvez). Cornelius Castoriadis - O mundo fragmentado - Encruzilhada do labirinto, p. 21. In Passos, José Joaquim Calmon de - Direito, poder, justiça e processo: julgando os que nos julgam - RJ: Forense, 2003. 2. JUSTIÇA, socialmente possível é sempre resultado do confronto dessas duas forças - o poder dos que comandam e o não-poder dos que obedecem, o que gera sempre um equilíbrio instável, só capaz de manter-se mediante um agir permanente e eficaz tanto de dominadores quanto de dominados. Passos, José Joaquim Calmon de - Direito, poder, justiça e processo: julgando os que nos julgam - RJ: Forense, 2003. 3. DIREITO é, quase que exclusivamente, um instrumento assegurador de determinado

modelo de convivência social. Ou seja, Todo Direito é socialmente construído, historicamente formulado, atende ao contingente e ,conjuntural do tempo e do espaço em que o poder político atua e à correlação de forças efetivamente contrapostas na sociedade em que ele, poder, se institucionalizou. Passos, José Joaquim Calmon de – Direito, poder, justiça e processo: julgando os que nos julgam – RJ: Forense, 2003. 4. PROCESSO, no âmbito jurídico, não é, portanto, algo que opera como simples meio, instrumento, sim um elemento que integra o próprio ser do Direito. Ou seja: O direito procedimental/processual não é apenas um meio adequado de realização de um direito subjetivo material preexistente, a relação entre direito processual/ procedimental não se reduz a uma relação de meio/fim.... Passos, José Joaquim Calmon de – Direito, poder, justiça e processo: julgando os que nos julgam – RJ: Forense, 2003.

Magistratura Estadual – Concurso: TJRN – Ano: 2014 – Banca: CESPE. Discorra sobre a desjudicialização das relações sociais, abordando o seu conceito e os motivos que justificam sua adoção. Indique, ainda, três diplomas jurídicos (leis ou atos constitucionais) já elaborados com esse propósito.

ESPELHO:

1- **Uso** das normas do registro formal culto da língua portuguesa e capacidade de exposição – 0,00 a 0,25 – 2- Conhecimento do tema – 2.1 Conceito de desjudicialização das relações sociais 0,00 a 0,75 – 2.2 Motivos que justificam a adoção da desjudicialização das relações sociais 0,00 a 0,7- 2.3 Três diplomas jurídicos (leis ou disposições constitucionais) elaborados com o propósito de desjudicialização das relações sociais – 0,00 a 0,75).

QUESTÃO

Magistratura Estadual – Concurso: TJPE – Ano: 2015 – Banca: FCC. O pluralismo jurídico é tema relevante para sociologia do direito. Boa Boaventura de Souza Santos, por exemplo, diferencia o pluralismo jurídico clássico do novo pluralismo jurídico, típico de sociedades urbanas industrializadas (Para uma revolução democrática da Justiça. São Paulo, Cortez, 3a edição, 2011). José Eduardo Faria aponta para a importância do pluralismo jurídico numa economia globalizada (O direito na economia globalizada. São Paulo, Malheiros,1999). Antônio Carlos Wolkmer identifica o pluralismo jurídico como fonte de produção de uma nova cultura jurídica participativa (Pluralismo Jurídico. Fundamentos de uma nova cultura no Direito. São Paulo, Alfa Omega, 3ª edição, 2001). Responda fundamentadamente: (i) o que é "pluralismo jurídico"? (ii) por que organização, industrialização, globalização e participação são temas identificados com o "pluralismo jurídico"? (iii)

Quais as vantagens e desvantagens do "pluralismo jurídico" para o enfrentamento dos desafios do "Acesso à Justiça" e da resolução dos conflitos sociais na atualidade? (Elabore sua resposta definitiva em até 30 linhas).

ESPELHO:

Abordagem Esperada: na correção e julgamento da Prova Discursiva, a comissão examinadora considerará, em cada questão, o conhecimento sobre o tema, a utilização correta do idioma oficial é a capacidade de exposição. I - apresentação do conceito de pluralismo jurídico: sobreposição espacial intemporal de "normas jurídicas" estatais e não estatais. Diferenciação entre monismo (estatalismo) e pluralismo jurídicos. Discussão sobre a pluralidade das fontes do direito. II – segundo os Defensores do pluralismo jurídico, a conflituosidade social moderna exige formas jurídicas dotadas de flexibilidade suficiente para responder as questões específicas que, muitas vezes, escapam a generalidade e abstração típicas das leis estatais. III – debate crítico sobre as virtudes e os problemas do pluralismo jurídico. Dentre as qualidades de, por exemplo, o destaque a maior aderência a padrões de comportamento social particulares e os cuidados com as necessidades econômicas de setores específicos. Dentre os problemas, identificação das incompatibilidades das normas de origem não estatal com os mecanismos de produção legislativa das democracias representativas e a multiplicação de conflitos entre normas provenientes de diferentes fontes, com a criação de dificuldades para manutenção da unidade e a consistência do ordenamento jurídico.

QUESTÃO

Magistratura Estadual – Concurso: TJAL – Ano: 2015 – Banca: FCC. Dentre os temas clássicos da Sociologia Jurídica estão "Controle Social e o Direito" e "Direito e Transformação Social". Com vários trabalhos de sua autoria publicado no Brasil e significativa e qualitativa produção doutrinária nacional sobre sua obra, Niklas Luhmann é reconhecido como um dos mais destacados sociólogos do direito das últimas décadas. Luhmann parte do pressuposto de que a sociedade moderna é complexa e diferenciada funcionalmente. Com base nessas noções, define o sistema jurídico como "operativamente fechado" e "cognitivamente aberto". A teoria de Luhmann reconstitui, em bases originais, os debates sobre a função social do direito e suas relações com o controle e à mudança social. A partir dessas colocações, responda: a – O que se entende por "complexidade"? b – O que significa "diferenciação funcional"? c- O que quer dizer com a afirmação segundo a qual o direito é sistema "operativamente fechado"? d – O que significa "abertura cognitiva do sistema jurídico"? (Elabore sua resposta definitiva em até 30 linhas).

ESPELHO:

Abordagem Esperada: Na correção e julgamento das Provas Discursivas e de Sentença, a comissão Examinadora indicada pela Fundação Carlos Chagas considerará, em cada questão, o conhecimento sobre o tema, a utilização correta do idioma oficial e a capacidade de exposição. a - Complexidade significativa excesso de possibilidades de comunicação, o que conduz à necessidade de "mecanismos seletivos" expõe o processo social a "elevada contingência". b - Na sociedade contemporânea, a comunicação desempenha diferentes e específicas funções. A "diferenciação funcional" é a forma de diferenciação social moderna. Em outras épocas, a diferenciação social foi "segmentária, "geográfica" ou por "estratificação". No contexto moderno, o sistema jurídico desempenha a função de "estabilização e generalização congruente e de expectativas normativas", essa função diferencia o direito de outros sistemas de comunicação. c - Que as operações comunicativas do sistema jurídico mobilizam função, código comunicativo, elementos e centro de tomada de decisões específicos e internas ao sistema jurídico. d - Que o sistema jurídico observa e é sensíveis "irritações" provenientes do ambiente externo ao sistema jurídico.

QUESTÃO

Magistratura Estadual - TJDFT - Ano: 2016 - Banca: TJDFT. Considere o texto a seguir e responda aos questionamentos que a ele seguem:"As principais teorias da sociologia moderna são de tipo macrossociológico (...). Duas são as principais correntes de teorias macrossociológicas: as teorias funcionalistas e as do conflito social. (...) Os funcionalistas consideram a sociedade como uma 'máquina'. Esta distribui papéis e recursos aos seus membros, que são identificados como 'peças da máquina'. A finalidade da sociedade é sua reprodução por meio do funcionamento perfeito de seus vários componentes (...) As teorias do conflito social entendem que na sociedade agem grupos com interesses estruturalmente opostos, que se encontram em situação de desigualdade e em luta perpétua de poder. (...) De uma forma geral, os teóricos do conflito explicam o funcionamento social usando a hipóteses de estratificação social" Ana Lúcia Sabadell, In Manual de Sociologia Jurídica, 6ª Edição, Ed. RT, SP, 2014). a) Faça breve definição de controle social, indicando as suas finalidades, tendo em conta a perspectiva liberal-funcionalista e a perspectiva da teoria do conflito social. b) Cite pelo menos quatro características do controle social realizado pelo Direito, sob a ótica funcionalista, explicando-as. Organize sua resposta em itens ("a" e "b"), em correspondência aos questionamentos acima.

QUESTÃO

Magistratura Estadual – Concurso: TJSC – Ano: 2013 – Banca: TJSC. Considerando os resultados do "Experimento de Milgran" (Ver: MILGRAN, Stanley. Obediência à Autoridade: uma visão experimental. Trad. Luiz O. Coutinho Lemos. Rio de Janeiro: Francisco Alvez, 1983), citados por Zygmunt Bauman (In: BAUMAN, Zygmunt. Modernidade e Holocausto. Trad. Marcus Penchel. Rio de Janeiro: Zahar, 1998. p. 178-196), discorra, em até 30 (trinta) linhas, a respeito do comportamento judicial diante da "autoridade da lei ou tribunal" e da "dignidade humana", considerando os seguintes trechos: "É bem fácil ser cruel com uma pessoa que nem vemos nem ouvimos. [...] Quanto maior a distância física e psíquica da vítima, mais fácil era ser cruel" [...] no curso de uma ação sequencial, o ator se torna escrava de suas próprias ações passadas. Essa imposição parece bem mais forte que outros fatores constringentes [...] Dentro do sistema burocrático de autoridade, a linguagem da moralidade adquire um novo vocabulário. Está repleta de conceitos como lealdade, dever, disciplina – todos apontando para os superiores como supremo objeto de preocupação moral e, simultaneamente, a máxima autoridade moral. [...] O ponto mais pungente, parece, é a facilidade com que a maioria das pessoas se encaixa no papel que requer crueldade ou pelo menos cegueira moral – bastando que esse papel tenha sido devidamente fortalecido e legitimado por uma autoridade superior". Questão vinculada ao Anexo II (Noções gerais de Direito e Formação Humanística), Item I (Sociologia do Direito), subitem "Relações Sociais e Relações Jurídicas. Controle social e o Direito. Transformações sociais e Direito".

3 – Direito, Comunicação Social e opinião pública.

QUESTÃO

Magistratura Estadual – Concurso: TJPR – Ano: 2013. 1. Em que situações jurídicas o clamor público atua de forma a orientar e autorizar uma decisão judicial? 2. Discorra sobre o clamor público como forma de pressão sobre o atuar do Magistrado: sua validade ou invalidade; legitimidade ou abuso; os direitos do réu em face da pressão; o papel da mídia na formação de opinião e sua influência sobre as decisões judiciais.

4 – Conflitos sociais e mecanismos de resolução. Sistemas não--judiciais de composição de litígios.

QUESTÃO

Magistratura Estadual – Concurso: TJPR – Ano: 2013 – Banca: PUC-PR. Qual o principal objetivo da Política Judiciária Nacional de tratamento adequado dos conflitos de interesses instituída pelo Conselho Nacional de Justiça e quais os mecanismos propostos pelo referido Conselho para implementação de tal política? Qual a relação dessa política com o denominado princípio do acesso à justiça qualificada?

QUESTÃO

Magistratura Estadual – TJBA – Ano: 2019 – Banca: CESPE. Mediante a revelação do atual modo de funcionamento de nossos sistemas jurídicos, os críticos oriundos das outras ciências sociais podem, na realidade, ser nossos aliados na atual fase de uma longa batalha histórica: a luta pelo "acesso à justiça". Sem dúvida, uma premissa básica será a de que a justiça social, tal como desejada por nossas sociedades modernas, pressupõe o acesso efetivo. Mauro Cappelletti e Bryant Garth. Acesso à justiça. Porto Alegre: Fabris, 1988, p. 8 (com adaptações). Um dos objetos de estudo da sociologia da aplicação do direito consiste nos obstáculos de acesso à justiça que grande parte da população enfrenta. Autores como Rehbinder e Raiser dividem as barreiras de acesso efetivo à justiça em quatro categorias: barreiras econômicas; barreiras sociais; barreiras pessoais; e barreiras jurídicas. Uma ulterior barreira jurídica constitui a falta de meios processuais adequados para determinados tipos de conflito. Para solucionar o problema do acesso desigual aos serviços jurídicos, muitos países realizaram reformas. Ana Lucia Sabadell. Manual de sociologia jurídica: introdução a uma leitura externa do direito. 6.ª ed. São Paulo: RT, 2013, p. 197-8 (com adaptações). Considerando que os fragmentos de texto apresentados têm caráter unicamente motivador, redija um texto acerca do acesso à justiça. Ao elaborar seu texto, discorra sobre 1 o conceito de ondas renovatórias de acesso à justiça, com enfoque nas inovações do sistema jurisdicional derivadas dessa ideia, e a relação desse conceito com os diferentes mecanismos de resolução de conflitos sociais; [valor: 0,80 ponto] 2 o modelo multi-door justice, ou multidoor courthouse, abordando sua origem, seu conceito e a proposta de funcionamento relacionada aos diferentes mecanismos de resolução de conflitos sociais; [valor: 0,80 ponto] 3 os órgãos recentemente implantados com a atribuição de realizar atividades de resolução de conflitos dentro da estrutura do Poder Judiciário brasileiro. [valor: 0,80 ponto].

B) PSICOLOGIA JUDICIÁRIA

1 – Psicologia e Comunicação: relacionamento interpessoal, relacionamento do magistrado com a sociedade e a mídia.

QUESTÃO

Magistratura Estadual – Concurso: TJSC – Ano: 2011 – Banca: TJSC. Essa questão está inserida no conteúdo do Anexo III, item 2

(Psicologia Judiciária), subitem 2.1 (Relacionamento interpessoal. Relacionamento do magistrado com a sociedade e a mídia); item 3 (Ética e Estatuto Jurídico da Magistratura Nacional), subitem 3.2. (Direitos e deveres funcionais da Magistratura): ÉTICA, MORAL, DEONTOLOGIA E DIREITO Carlin, Volnei Ivo. Deontologia Jurídica – Ética e justiça. Florianópolis: OAB/SC Editora, 2005. Especificando os significados de cada instituto, refere: 1. ÉTICA; é uma ciência prática de caráter filosófico, porque expõe e fundamenta princípios universais sobre a moralidade dos atos humanos. ... dois são os significados conferidos ao vocábulo ética: a) Em sentido amplo, relaciona-se com a ciência do direito e a doutrina moral. b) Em sentido restrito, refere-se aos atos humanos e às normas que constituem determinado sistema de conduta moral, integrando-se, pois, única e especificamente com a doutrina moral. Numa definição singela, consiste na conduta profissional, feita a partir da afirmação de valores e da prática de técnicas consoante estes valores. 2. MORAL tem por objeto o comportamento em sociedade, as relações entre pessoas e, ao final das contas, a maneira como um indivíduo trata o outro, cuja ideia de dever vem, na sua essência, em seu objeto imbuído. Há, atualmente, forte movimento em favor da ética, que se distingue da moral, compreendida esta como uma concepção mais ampla, referente a todos os campos de ação do indivíduo. 3. DEONTOLOGIA designa o conjunto de regras e princípios que ordenam a conduta de um profissional. É uma ciência que trata dos deveres a que são submetidos os componentes de uma profissão. Constitui-se no conjunto de preceitos que rege a conduta de pessoas pertencentes a profissões organizadas em corporações (ordens, comitês, etc.). 4. DIREITO, se consubstancia num conjunto de regras obrigatórias para todos viverem em sociedade e sancionadas em caso de descumprimento. Historicamente reservado e discreto, na pós-modernidade, o Juiz passou a ser tema recorrente, discutido, cobrado e criticado pela Sociedade. Ou seja, nos últimos anos, a crise do Juiz é atualidade constante e problema de certa acuidade, que suscita aos protagonistas vivas reações, comentários apaixonados e verdadeiras polêmicas, embora o debate não seja recente, nem menor ou secundária a sua importância. De tal maneira, tais respingos parecem atingir a própria imagem tradicional da instituição judiciária (op. cit. p.15 e 43). Nos parâmetros postos discorra entre 10 a 20 linhas SOBRE A CRISE DE IDENTIDADE DO JUIZ.

2 – Problemas atuais da psicologia com reflexos no direito: assédio moral e assédio sexual.

QUESTÃO

Magistratura Estadual – Concurso: TJDFT – Ano: 2015 – Banca: CESPE. A respeito do tema ASSÉDIO SEXUAL, responda de forma clara e objetiva: Explicite e faça um cotejo entre os conceitos de assédio sexual para a psicologia jurídica e para o direito penal, esclarecendo em que diferem entre si; do ponto de vista da psicologia judiciária, informe quais os quatro elementos que constituem o assédio sexual e discorra brevemente cada um. Observe que a utilização correta do idioma oficial, a capacidade de exposição e o conhecimento do vernáculo (artigo 48, parágrafo único, Res. 75/CNJ) serão contemplados na avaliação (0,00 a 0,10).

3 – Teoria do conflito e os mecanismos autocompositivos. Técnicas de negociação e mediação. Procedimentos, posturas, condutas e mecanismos aptos a obter a solução conciliada dos conflitos.

QUESTÃO

Magistratura Estadual – Concurso: TJDFT – Ano: 2014 – Banca: CESPE. Discorra sobre os mecanismos autocompositivos, com foco nos fundamentos jurídicos da conciliação (0,15), nos princípios e estratégias da mediação (0,15) e na análise de técnicas, posturas (0,30), condutas e procedimentos (0,30) aptos a facilitar a mediação e a obter a solução conciliada dos conflitos.

ESPELHO:

Os mecanismos autocompositivos são espécies de métodos alternativos de solução de conflitos, que têm como característica essencial a iniciativa das partes em construir uma solução para o embate. Os métodos que nos interessam, no caso, são: conciliação e mediação (em razão da delimitação estabelecida na questão): Conciliação: procedimento em que um terceiro (o conciliador) procura obter um consenso das partes em conflito e, com base nele, propõe um acordo que ponha fim ao embate. O conciliador não analisa as razões psicológicas que levaram ao conflito, mas busca delimitar, objetivamente, a questão em litígio, para tentar propor uma solução. (não foi exigido o conceito, mas será valorado em favor do candidato que o apresentar, de forma válida, em complemento à resposta específica sobre o que foi objeto de questionamento) Fundamentos jurídicos da conciliação – A conciliação, como valor prevalente na resolução de controvérsias, foi alçada a um status de princípio informativo do sistema processual brasileiro, não sendo novidade em nosso ordenamento jurídico, existindo desde a época das Ordenações Filipinas, em seu Livro III, Título XX, § 1º. Atualmente, há previsão expressa tanto no Código de Processo Civil (arts. 125, IV, 269, III, 277, 331, 448, 449 e 475-N, III e V), quanto no Código Civil (art. 840), na Lei de arbitragem – 9.307/1995 (arts. 21, § 4º e 28), no Código do Consumidor (arts. 5º, IV, 6º, VII e 107) ou, ainda, na Lei 9099/1995 dos Juizados Especiais, na qual se consagra como princípio jurídico (art. 2º). A Constituição Federal prevê a pacificação social como um dos objetivos fundamentais da República (art. 3º, I), atribuindo ao juiz, como agente político, a implementação de alternativas jurisdicionais, adequadas e céleres, para consecução deste objetivo (art. 5º LXXVIII). O Conselho Nacional de Justiça promove desde 2006 grande Movimento pela Conciliação, incentivando os Tribunais de Justiça, Tribunais Regionais Federais e Tribunais do Trabalho a promoverem conciliação em suas ações, inclusive com implantação de centros judiciais de solução de conflitos e núcleos permanentes de conciliação e mediação (Resolução 125 do CNJ). Mediação: nesse caso, um mediador neutro e imparcial facilita o diálogo entre as partes envolvidas, fazendo com que os próprios interessados solucionem o conflito. O mediador não tem a função de decidir o conflito, mas sim de propiciar condições para que as partes envolvidas possam dialogar a fim de que, juntas, possam realizar escolhas voluntárias e construir um acordo baseado no entendimento mútuo. A mediação não possui formas rígidas, mas sua realização profissional é caracterizada por métodos de abordagem elaborados e comprovados com rigor científico. (não foi exigido o conceito, mas será valorado em favor do candidato que o apresentar, de forma válida, em complemento à resposta específica sobre o que foi objeto de questionamento) O mediador deve seguir algumas estratégias para que o diálogo seja possível: a) controle do processo (interrompendo as partes quando necessário); b) deslocamento das emoções negativas para positivas; c) facilidade para migrar das posições enunciadas para fazer emergir os reais interesses dos participantes; d) concentração nas emoções positivas; e)reconhecimento e validação de sentimentos; d) desenho do futuro com base no sucesso das ações relacionadas com essas emoções. Focaliza-se o bom e trabalha-se para construí-lo. Podem ainda ser indicados como técnicas ou estratégias de mediação: a compreensão do caso (identificação de questões, interesses e sentimentos; fragmentação das questões; recontextualização); o tom da mediação (comunicação acessível, linguagem neutra e o ritmo da mediação); o empoderamento das partes (reforçar o que já foi realizado e enfocar no futuro – visão prospectiva da disputa) Obs.: relação apenas exemplificativa. Não esgota a matéria. Não há necessidade de indicação de todos os métodos. Poderão ser indicados alguns fundamentos da negociação (separar as pessoas do problema; ouvir ativamente; despolarizar o conflito. Afinal, mediação é negociação assistida por terceiros) Princípios da mediação: Para as partes: a) voluntariedade – a mediação somente será eficaz se os participantes estiverem exercendo seu direito de escolha. Qualquer das partes tem o direito de retirar-se da mediação a qualquer momento; b) livre decisão ou autodeterminação – As partes em disputa têm a faculdade, o direito e o poder de definir suas questões, necessidades e soluções e de determinar o resultado das tratativas, sendo de sua exclusiva responsabilidade as decisões que vierem a ser acordadas durante o processo de mediação. Para o mediador: a) imparcialidade – o mediador não defende nem representa qualquer das partes, mas cria espaços para recíproco respeito e escuta, não impedindo que se corrijam eventuais desequilíbrios entre os mediandos (evitar preconceitos, não julgar aparências, filtrar percepções tendenciosas, não influenciar opiniões); b) neutralidade – é a capacidade de respeitar as diferenças das pessoas, sem interferir nos conteúdos acordados, somente os adequando ao contexto legal; c) confidencialidade – o mediador tem dever de guardar sigilo sobre as informações obtidas no processo mediatório, exceto em casos que o próprio direito o autorize a denúncia, como maus-tratos, risco de morte ou delitos graves; d) profissionalização – formação profissional adequada ao manejo dos conflitos, na administração de disputas e na busca de soluções que equalizem os direitos e responsabilidades das partes. Obs: Não há necessidade de definição, sendo suficiente a indicação dos princípios relacionados às partes e ao mediador para que a resposta seja considerada correta Técnicas e posturas que devem ser usadas para facilitar a mediação: a) condução ativa da entrevista: as interações verbais devem ser guiadas pelo mediador, com perguntas realizadas a fim de captar o estado emocional dos envolvidos, bem como para extrair as questões que constituem o cerne do conflito; b) estabelecimento de *rapport*: palavra francesa que designa uma relação de empatia com o interlocutor –estabelecimento de uma relação de confiança. O mediador deve inspirar uma empatia, um respeito pelas partes, o que não se confunde com amizade ou intimidade, até porque impera o dever de imparcialidade no procedimento; c) adequação comunicacional: ciente da singularidade de cada parte, o mediador deve adequar sua comunicação verbal e não verbal a fim de fazer com que as partes dialoguem. Para isso, é função do mediador observar detalhes importantes, como o nível sociocultural, econômico, grau de escolaridade, aspectos culturais, regionais, enfim, tudo o que possa ser útil para propiciar as interações que possam levar a um acordo; d) gerenciamento de emoções: é natural que os envolvidos em uma mediação não estejam em estado emocional confortável. É comum o aparecimento de frustrações, angústias, raiva, principalmente se o conflito for de natureza familiar. Por isso, cabe ao mediador gerenciar eventual agressividade e conduzir a mediação para canalizar emoções de forma positiva. A solução para o conflito pode ser ainda construída a partir de algumas condutas ou procedimentos: a) gerenciamento da comunicação verbal e não verbal: a comunicação é elemento essencial na formação do acordo. A escolha dos atos e das palavras guiará o êxito da solução; b) escuta dinâmica (ouvir ativamente as partes): escutar e entender o que está sendo dito, sem se deixar influenciar pelos pensamentos judicantes ou que contenham juízo de valor. Seleção cuidadosa das informações fornecidas pelas partes, pois em condições emocionais podem sofrer significativa alteração de sentido c) técnica de interrogação: a maneira como se pergunta é uma forma de determinar o fluxo de informações e as interações entre os envolvidos no conflito; d) sumário: sintetizar o que foi exposto pela parte oportuniza confirmação das declarações prestadas, bem como eventual retificação ou complementação de algum dado; e) isolamento dos envolvidos: dado o grau de animosidade inicial, nem sempre é possível estabelecer o imediato diálogo entre as partes. Por isso, recomenda-se a utilização de sessões individualizadas para conseguir obter os dados que as partes possam fornecer, além de prepará-las para um acordo; f) divisão do problema (fracionamento das questões): o conflito pode se apresentar de maneira bastante complexa. Se assim ocorrer, convém que o problema seja seccionado em questões menores, a fim de facilitar a resolução do litígio. Obs.: a resposta será considerada parcialmente correta se forem indicados técnicas, posturas, condutas e procedimentos sem definição mínima, diante do comando da questão de "análise" desses elementos. Bibliografia: Vade Mecum Humanística/coordenação Alvaro de Azevedo Gonzaga, Nathaly Campitelli Roque – 3ª ed. Ver., atual. e ampl. – São Paulo: Editora Revista dos Tribunais, 2012, Azevedo, André Gomma (org.).2009. Manual de Mediação Judicial (Brasília/DF: Ministério da Justiça e Programa das Nações Unidas para Desenvolvimento – PNUD). Fisher, Roger; Ury, William. Como chegar ao Sim: a negociação e acordos sem concessões. Ed. Imago, 2005.1. Utilização do idioma oficial e capacidade de exposição – 2 Desenvolvimento do tema – 2.1 Mecanismos autocompositivos – 2.1.1 Fundamentos da conciliação – 2.1.2 Princípios e estratégias da mediação – 2.2 Análise de técnicas, posturas, aptas a facilitar a mediação – 2.3 Análise condutas e procedimentos aptos facilitar a obtenção da solução conciliada dos conflitos. **Roque** –3ª ed. rev., atual. e ampl. – São Paulo: Editora Revista dos Tribunais, 2012. Azevedo, André Gomma (org.). 2009. Manual de Mediação Judicial (Brasília/DF: Ministério da Justiça e Programa das Nações Unidas para o Desenvolvimento – PNUD). Fisher, Roger; Ury, William. Como Chegar ao Sim: a negociação de acordos sem concessões. Ed. Imago, 2005. 1- Utilização correta do idioma oficial e capacidade de exposição – 2 Desenvolvimento do tema – 2.1 Mecanismos autocompositivos – 2.1.1 Fundamentos da conciliação – 2.1.2 Princípios e estratégias da mediação – 2.2 Análise de técnicas, posturas, aptas a facilitar a mediação – 2.3 Análise condutas e procedimentos aptos facilitar a obtenção da solução conciliada dos conflitos.

QUESTÃO

Magistratura Estadual – TJRS – Ano: 2016 – Banca: FAURGS. A evolução do direito implicou uma mudança de paradigma na maneira de lidar com os conflitos, especialmente no sentido do reconhecimento da autocomposição em relação à tradicional forma heterocompositiva para a resolução de litígios. A) Com base na afirmação acima, explique tecnicamente o que constitui: i) heterocomposição; ii) autocomposição. B) Estabeleça, a partir da concepção trazida pelo Novo Código de Processo Civil, em vigor a partir de março de 2016, duas (2) diferenças entre os mecanismos de mediação e conciliação. C) A mediação e a conciliação são instrumentos efetivos de pacificação social, solução e prevenção de litígios, e a sua apropriada disciplina em programas já implementados no país tem reduzido a excessiva judicialização dos conflitos de interesses, a quantidade de recursos e de execução de sentenças (Res. 125/2010, CNJ). A partir da referida Resolução (125/2010), explique, sob a ótica da Psicologia Judiciária, como o mecanismo não adversarial, confidencial e voluntário, no qual um terceiro (imparcial) facilita e auxilia a construção de soluções mutuamente satisfatórias, pode aproximar o tempo da resolução do conflito jurídico (fático, externo, cronológico) e o tempo da elaboração do conflito psicológico (emocional, interior e lógico).

QUESTÃO

Magistratura Estadual – TJCE – Ano: 2018 – Banca: CESPE. O processualista mexicano Zamorra y Castillo sustentava que o processo rende, com frequência, muito menos do que deveria: em função dos defeitos procedimentais, resulta muitas vezes lento e custoso, fazendo que as partes, quando possível, o abandonem. Cabe acrescentar a esses "defeitos procedimentais" o fato de que, em muitos casos, o processo judicial aborda o conflito como se fosse um fenômeno jurídico e, ao tratar exclusivamente daqueles interesses juridicamente tutelados, exclui aspectos do conflito que são possivelmente tão importantes quanto os juridicamente tutelados, ou até mais relevantes do que estes. (André Gomma de Azevedo (Org.) Manual de mediação judicial. 2ª ed. Ministério da Justiça-PNUD (com adaptações).). Considerando o fragmento do texto apresentado tem caráter unicamente motivador, discorra sobre a teoria do conflito e os sistemas não judiciais de resolução de litígios. Ao elaborar seu texto, atenda ao que se pede a seguir: 1- Conceitue e explique a teoria do conflito. 2- Explique os sistemas não judiciais de resolução de litígios e os caracterize. 3- Apresente três princípios que devem ser observados na postura e na conduta do mediador e explique cada um deles.

4 – O processo psicológico e a obtenção da verdade judicial. O comportamento de partes e testemunhas.

Não foram selecionadas questões sobre esse ponto.

C) ÉTICA E ESTATUTO JURÍDICO DA MAGISTRATURA NACIONAL

1 – Regime jurídico da magistratura nacional: carreiras, ingresso, promoções, remoções.

Não foram selecionadas questões sobre esse ponto.

2 – Direitos e deveres funcionais da magistratura.

QUESTÃO

Magistratura Estadual – Concurso: TJRJ – Ano: 2014 – Banca: VUNESP. "A sociedade brasileira é muito desigual. Logo, o juiz tem de ser parcial para poder ser imparcial. Deve ser um agente de transformação social". Comente a afirmação acima, salientando sua posição.

QUESTÃO

Magistratura Estadual – Concurso: TJRJ – Ano: 2016 – Banca: VUNESP. Um Juiz de Direito tornou público em sua rede social comentários participativos e não conclusivos sobre a inconstitucionalidade de determinada lei estadual. Um mês depois, chego u ao seu gabinete uma Ação Ordinária ajuizada por Maria em face do Estado do Rio de Janeiro, que tinha como fundamento em favor da autora aquela lei estadual. Josefa, que passa o dia navegando nas redes sociais, leu os comentários do Juiz e alertou Maria que iria perder o processo, pois o "Juiz não era neutro". Decepcionada, Maria disse que "esperava que o Juiz fosse imparcial e independente ao tomar suas decisões". O referido Magistrado pode atuar neste processo? Como deve agir o Juiz de Direito perante as redes sociais". Aborde a questão diferenciando os aspectos da neutralidade, imparcialidade e independência.

3 – Código de Ética da Magistratura Nacional.

QUESTÃO

Magistratura Estadual – Concurso: TJAM – Ano: 2013 – Banca: FGV. "Ninguém duvida que se espera dos juízes que se comportem de acordo com certos padrões de conduta dentro e fora da corte. São eles meras expectativas de decoro voluntário a ser exercido sob um nível pessoal ou são eles as expectativas que necessitam ser observadas por um grupo profissional particular no próprio interesse e da comunidade? Como essa é uma observação fundamental, é necessário fazer algumas observações elementares. Formamos um grupo especial na comunidade. Compreendemos uma seleta parte de uma honrada profissão. É-nos confiado, a cada dia, o exercício considerável de poder. Seu exercício tem efeitos dramáticos sobre as vidas e fortunas daqueles que vêm até nós. Os cidadãos não podem ter certeza de que eles ou suas fortunas algum dia estarão sob nosso julgamento. Eles não desejarão que tal poder repouse em alguém cuja honestidade, habilidade ou comportamento pessoal seja questionável. É necessário para a continuidade do sistema da lei, como o conhecemos, que existam padrões de conduta dentro e fora da corte que se destinam a manter confiança naquelas expectativas". (THOMAS, J.B. Judicial Ethics in Australia. Sydney: Law Book Co, 1988. p.7.apud NAÇÕES UNIDAS [ONU]. Comentários aos Princípios de Bangalore de Conduta Judicial. Brasília: Conselho da Justiça Federal. 2008) Considerando o trecho da obra acima como mera reflexão inicial, à luz do Código de Ética da Magistratura Nacional, responda aos itens a seguir. A) Explicite os princípios norteadores do exercício profissional. B) Apresente as considerações oficiais que justificaram.

QUESTÃO

Magistratura Estadual – Concurso: TJMT – Ano: 2014 – Banca: TJMT. O exercício da magistratura deve ser norteado, entre outros, pelos princípios da imparcialidade, cortesia, segredo profissional, diligência e integridade pessoal e profissional". Diga em que consistem os princípios aqui mencionados, e justifique se todos eles realmente constituem exigências deontológicas impostas à observância indeclinável dos magistrados brasileiros.

ESPELHO:

Sim, todos os princípios mencionados constituem exigências deontológicas obrigatoriamente à observância do juiz. O art. 1º do Código de Ética da Magistratura Nacional (CEM) estabelece expressamente que o exercício da magistratura deve ser norteado, entre outros, 'pelos princípios (...) da cortesia, (...) do segredo profissional (...) (e) da diligência'. O princípio da cortesia diz que o magistrado 'tem o dever de cortesia para com os colegas, os membros do MP, os advogados, os servidores, as partes, as testemunhas e todos quantos se relacionem com a administração da Justiça' (CEM, art. 22), e que se deve utilizar 'linguagem escorreita, polida, respeitosa e compreensível' (CEM, art. 22, § único), e mesmo quando no desempenho de atividade disciplinar, de correição e de fiscalização serão exercidas sem infringência ao devido respeito e consideração pelos correicionados (CEM, art. 23). O princípio do sigilo profissional determina que 'o magistrado tem o dever de guardar absoluta reserva, na vida pública e privada, sobre dados ou fatos pessoais de que haja tomado conhecimento no exercício da sua atividade' (CEM, art. 27), e, quando integrantes de órgãos colegiados, devem preservar o sigilo de votos que ainda não hajam sido proferidos e daqueles de cujo teor tomem conhecimento, eventualmente, antes do julgamento' (CEM, art. 28). O princípio da diligência ou dedicação impõe ao magistrado velar 'para que os atos processuais se celebrem com a máxima pontualidade e para que os processos a seu cargo sejam solucionados em um prazo razoável, reprimindo toda e qualquer iniciativa dilatória ou atentatória à boa-fé processual' (CEM, art. 20), e para tanto 'não deve assumir encargos ou contrair obrigações que perturbem ou impeçam o cumprimento apropriado de suas funções específicas, ressalvadas as acumulações permitidas constitucionalmente' (CEM, art. 21), e quando for o caso de 'acumular, de conformidade com a CF, o exercício da judicatura com o magistério deve sempre priorizar a atividade judicial, dispensando-lhe efetiva disponibilidade e dedicação (CEM, art.21, §1º). O princípio da integridade prescreve que o magistrado deve comportar-se na vida privada de modo a dignificar a função, cônscio de que o exercício da atividade jurisdicional impõe restrições e exigências pessoais distintas das acometidas aos cidadãos em geral (CEM, art.15). Por isso, deve o magistrado recusar benefícios ou vantagens de ente público, de empresa privada ou de pessoa física que possam comprometer sua independência funcional (CEM, art. 18), e deve adotar as medidas necessárias para evitar que possa surgir qualquer dúvida razoável sobre a legitimidade de suas receitas e de sua situação econômico-patrimonial (CEM, art. 19)." (Gabarito do Desembargador José Ferreira Filho).

4 – Sistemas de controle interno do Poder Judiciário: Corregedorias, Ouvidorias, Conselhos Superiores e Conselho Nacional de Justiça.

Não foram selecionadas questões sobre esse ponto.

5 – Responsabilidade administrativa, civil e criminal dos magistrados.

QUESTÃO

Magistratura Estadual – Concurso TJPE – Ano: 2022. Carlos e Teresa são membros da magistratura estadual. O primeiro é vitaliciado e a segunda é vitalicianda. No seu perfil de uma rede social, Carlos postou uma mensagem na qual dizia que mulheres eram emocionalmente desequilibradas e, por isso, apenas confiava em homens para exercer a chefia da serventia das varas em que atuava. Na mesma semana, Teresa fez uma postagem divulgando um artigo acadêmico que havia escrito tratando da questão do "marco temporal das terras indígenas" (pendente de julgamento no STF). Considerando a Resolução do CNJ que estabelece os parâmetros para o uso das redes sociais pelos membros do Poder Judiciário, as postagens feitas por Carlos e Teresa são aceitáveis ou não? Justifique. Valor: 1 ponto Máximo de 20 linhas.

QUESTÃO

Magistratura Estadual – Concurso TJRS – Ano: 2012. Para que o Poder Judiciário garanta os direitos e realize a justiça é necessário que ele seja materialmente bem aparelhado, mas isso apenas não é suficiente, sendo extremamente relevante que os juízes tenham preparo e sejam conscientes de suas responsabilidades. Mas além disso tudo e como requisito prévio essencial é indispensável que a magistratura seja independente. (DALLARI, Dalmo de Abreu. O Poder dos Juízes. São Paulo: Editora Saraiva, 1996, p. 44). Considerando esta importante questão, discorra sobre o seguinte tema: A Magistratura: independência, deveres funcionais e o regime de responsabilidades civil e penal.

QUESTÃO

Magistratura Estadual – Concurso: TJSC – Ano: 2015 – Banca: FCC Aponte quais são as modalidades, de que forma ocorrem e como são fundamentadas as hipóteses de responsabilização de magistrado, por seus atos, dentro do sistema jurídico brasileiro, descrevendo as diferenças entre erro judiciário e mau funcionamento da justiça.

ESPELHO:

As responsabilizações do magistrado, por seus atos, dentro do sistema jurídico são três: a) responsabilização administrativa; b) responsabilização penal; e c) responsabilização cível. As três formas de apuração de responsabilidade são independentes, mas o resultado de uma pode repercutir nas demais. A responsabilização administrativa: Lei Complementar 35, de 14/3/79 e Resolução 30 do CNJ. Juízes de Direito e substitutos, a apuração é feita perante as respectivas corregedorias do Tribunal a que estiverem subordinados, devendo o relatório final ser votado no tribunal pleno, mediante voto proferido pelo Corregedor-Geral de Justiça. Desembargadores pelo tribunal pleno do respectivo Tribunal após parecer e voto de relator designado (desembargador do TJ).

Optou o legislador por seis sanções: advertência, censura, remoção compulsória, disponibilidade com vencimentos proporcionais, aposentadoria com vencimentos proporcionais e demissão (art. 42 da LOMAN). O Juiz de direito, aceita a denúncia em processo administrativo, não pode pedir aposentadoria nem ser aposentado antes do fim do processo. O juiz substituto tem seu processo de vitaliciamento suspenso.

Responsabilidade Penal: Art. 33, parágrafo único, da LOMAN – a competência para o julgamento do juiz de primeiro grau será de seu respectivo tribunal, e o STJ para desembargador. A questão do flagrante (art. 33, II, LOMAN).

O magistrado não poderá ser preso em flagrante salvo para o crime inafiançável e, quando isso, deverá ser imediatamente apresentado ao presidente do TJ que deverá, conforme o RI, indicar um relator para verificar a necessidade de manutenção ou não da prisão em flagrante.

A responsabilização civil: Art. 133 do CPC. Responsabilidade objetiva do estado (art. 37, parágrafo 6º da CF), devendo o Estado arcar, lhe sendo reservado o direito de regresso contra o magistrado quando comprovada a fraude ou o dolo.

Diferença entre erro judiciário e mau funcionamento da justiça.

6 – Administração judicial. Planejamento estratégico. Modernização da gestão.

Não foram selecionadas questões sobre esse ponto.

D) FILOSOFIA DO DIREITO

1 – Conceito de Justiça. Sentido lato de Justiça, como valor universal. Sentido estrito de Justiça, como valor jurídico-político. Divergências sobre o conteúdo do conceito.

QUESTÃO

Magistratura Estadual – Concurso: TJPR – Ano: 2021 – Banca: FGV. Historicamente, as sociedades sempre buscaram o alcance do conceito de justiça, em especial para a sua utilização dentro dos sistemas de direito. Desde Platão até os doutrinadores mais contemporâneos, estes pensadores tiveram a missão de apresentar não apenas o conceito formal, mas, acima de tudo, sua aplicação no mundo das coisas. Dentre os mais renomados doutrinadores, há que se destacar o pensamento de John Rawls, que se notabilizou na sua obra clássica "Uma teoria da justiça". Em linhas gerais, o que seria "justiça" para este autor? O que devemos entender por "posição original" para identificar o acordo elaborado e quais são os dois princípios essenciais na construção normativa?

ESPELHO:

a) Para o autor, justiça deve ser vista como conceito político e não apenas com base moral ou encampação pelo Estado. Deve servir para a interpretação dos princípios constitucionais que serão escolhidos por uma sociedade padrão e ambientada historicamente. Deve ser um valor político que vem à tona da vontade social, visando igualdade e liberdade entre as pessoas. É, também, uma distribuição de bens primários oriundos de critérios jurídicos e políticos. b) Para se chegar a esse acordo, é preciso que as pessoas sejam oriundas da posição original ("véu da ignorância") mediante liberdade e igualdade e o discurso racional seja a base da construção normativa. E essa posição original não deve se ater a intuição ou sentimentos próprios, mas sim em deliberações coletivas para a construção inicial do contrato social. c) Dois princípios são essenciais para a formação do acordo: (c1) princípio da liberdade igual ou básica (buscando uma igualdade substancial pela maior extensão de direitos que possam ser alcançados pelo cidadão) e o (c2) princípio da diferença (exigência de igualdade material, com benefício e acesso a todos). Portanto, equidade e procedimento são essenciais para o alcance de justiça.

2 - Conceito de Direito. Equidade. Direito e Moral.

QUESTÃO

Magistratura Estadual - Concurso: TJRJ - Ano: 2011 - Banca: TJRJ. Comentar acerca da interpenetração dos sistemas anglo-saxônico e romano, na construção do ordenamento jurídico, e na aplicação do direito, na sociedade contemporânea, sobretudo no Brasil.

QUESTÃO

Magistratura Estadual - Concurso: TJMS - Ano: 2012 - Banca: PUC-PR. O positivismo jurídico, formado especialmente a partir da primeira metade do século XX, defende a tese da neutralidade, rompendo com a perspectiva do direito natural, até então preponderante na explicação do Conceito de Direito. Um dos críticos da tese da neutralidade é o filósofo alemão Jürgen Habermas, para quem a burocracia procedimental somente estará legitimada se satisfizer a critérios democráticos constantes em sua Teoria da Ação Comunicativa. Com base nas considerações acima, pergunta-se: a) Em que consiste a tese da neutralidade defendida pelo positivismo jurídico? b) Quais os três requisitos formais que, metodologicamente, de acordo com a escola do positivismo jurídico, devem ser satisfeitos para o reconhecimento do Direito? c) De que forma a teoria proposta por Habermas asseguraria legitimidade ao procedimento burocrático de reconhecimento do Direito?

ESPELHO:

a) Pela tese da neutralidade o Direito tem que ser definido independentemente de seu conteúdo, do que decorre a separação entre Direito e Moral. b) A norma jurídica deve ser posta pela autoridade competente, sendo está definida pela ordem jurídica, a autoridade competente deve observar ao procedimento pré-estabelecido pela ordem jurídica para pôr a norma jurídica e a norma posta pela autoridade competente e em conformidade com o procedimento, deve retirar seu fundamento de validade de outra norma que lhe seja superior e assim sucessivamente até que se chegue a uma última norma que se pressupõe como fundante da ordem jurídica. c) Habermas sustenta, em sua Teoria da Ação Comunicativa, uma moral procedimental em que o reconhecimento do Direito pelos três critérios formais listados no item "b", acima, somente estará legitimado se houver a participação democrática, relativamente à produção e aplicação das normas jurídicas, de todos os destinatários que por elas serão atingidos, de maneira que somente com a participação de todos no discurso poderá ser garantida a imparcialidade que a razão prática exige, fato que reintroduz o problema da autonomia do Direito, em que ele não poderia mais se caracterizar como um sistema fechado, dada a sua conexão com a política e a moral, sendo que essa relação entre os três campos é que conferiria ao Direito a possibilidade de ser autônomo. É o entrelaçamento entre Direito, Moral e Política que impediria que o fenômeno jurídico se dissolva ou em puras considerações morais, ou em pura imposição política. Por isso, diz Habermas "...autônomo é um sistema jurídico só à medida que os procedimentos institucionalizados para a legislação e a administração da justiça garantam uma formação imparcial da vontade e do juízo e por essa via permitam que se introduza, tanto no direito quanto na moral, uma racionalidade instrumental de tipo ético. Não pode haver direito autônomo sem democracia realizada" – QUESITO AVALIADO NOTA – 1) APRESENTAÇÃO E ESTRUTURA TEXTUAL (legibilidade, respeito às margens, paragrafação, coerência, concisão, clareza, propriedade vocabular); ASPECTOS GRAMATICAIS (morfologia, sintaxe de emprego e colocação, sintaxe de regência e pontuação); ASPECTOS FORMAIS (erros de forma em geral e erros de ortografia); CAPACIDADE DE INTERPRETAÇÃO E EXPOSIÇÃO – 2) DESENVOLVIMENTO DO TEMA.

QUESTÃO

Magistratura Estadual – Concurso: TJRJ – Ano: 2013 – Banca: TJRJ. Cotejar a figura aristotélica da régua de *lesbos* com a aplicação judicial das normas positivas.

QUESTÃO

Magistratura Estadual – Concurso: TJAM – Ano: 2013 – Banca: FGV. "...porque o equitativo, embora superior a uma espécie de justiça, é justo, e não é como coisa de classe diferente que é melhor do que o justo. A mesma coisa, pois, é justa e equitativa, e, embora ambos sejam bons, o equitativo é superior". (Aristóteles. Ética a Nicômaco. 1137b 5-10. In Os Pensadores. São Paulo: Abril Cultural, 1973, p. 336). Explique a relação entre justiça, legalidade e equidade, segundo Aristóteles.

ESPELHO:

Conforme exposto por Aristóteles na obra Ética a Nicômaco, a Justiça se realiza como uma relação de legalidade e de igualdade. Como, em certos casos, a generalidade da lei impede ou dificulta a realização da justiça, aquele que decide no caso concreto deve considerar a singularidade do caso e de seus agentes para tomar a decisão mais justa no contexto daquele caso. Para isso deve tratar igualmente os iguais e desigualmente os desiguais, visando manter a igualdade que produz a justiça. A resposta, para ser considerada correta, deveria essencialmente apresentar que para Aristóteles, conforme exposto na obra Ética a Nicômaco, a Justiça se realiza como uma relação de legalidade e de igualdade. Como, em certos casos, a generalidade da lei impede ou dificulta a realização da justiça, aquele que decide no caso concreto deve considerar a singularidade do caso e de seus agentes para tomar a decisão mais justa no contexto daquele caso concreto. Para isso deve tratar igualmente os iguais e desigualmente os desiguais, visando manter a igualdade que produz a justiça.

QUESTÃO

Magistratura Estadual – Concurso: TJAM – Ano: 2013 – Banca: FGV. "O instrumento de aplicação das leis é o juiz, que está sujeito à dialética entre o Direito e a Moral [...] essa dialética pode ser estudada a partir dos três princípios da Ética moderna. O primeiro é o da universalidade – a ética não pode ser uma hoje e outra amanhã. Há também o princípio da dignidade, que diz que o 'ser racional' não pode ser tratado apenas como 'meio', mas também como o 'fim', para quem as leis se direcionam. E por último a autonomia – a moral é um produto da racionalidade humana". (Manuel Atienza. Trecho de palestra proferida no evento "Ética no Judiciário: Tendências internacional e nacional", no auditório do

STJ. [Informativo Bimestral da CJF n. 5 – 2007]). A relação entre Direito e Moral é tema recorrente no estudo jurídico, não obstante terem existido (e ainda persistam) divergências sobre esta questão. Relacione legalidade e moralidade tendo como base os principais elementos da teoria de Ronald Dworkin, conforme sua proposta original, mantida, pelo menos, até 2006.

QUESTÃO

Magistratura Estadual – Concurso: TJSP – Ano: 2014 – Banca: VUNESP. Disserte: a) sobre o conceito analógico de direito e os tipos de saber jurídico.

QUESTÃO

Magistratura Federal – Concurso: TJDFT – Ano: 2015 – Banca: CESPE. Explique o que se entende por "Teoria do Mínimo Ético", abordando especialmente os seguintes aspectos: a) Qual sua importância para a filosofia do direito; b) Quais as principais críticas que se fazem a essa teoria; c) Qual ou quais teorias representam alternativas viáveis à Teoria do Mínimo Ético e as razões pelas quais dela se diferenciam. d) Fazer opção crítica pela teoria que entende mais adequada, explicitando os motivos que o levam a assim decidir.

3 – A interpretação do Direito. A superação dos métodos de interpretação mediante puro raciocínio lógico-dedutivo. O método de interpretação pela lógica do razoável.

QUESTÃO

Magistratura Estadual – Concurso: TJPI – Ano: 2012 – Banca: CESPE. Disserte acerca do desenvolvimento do método de interpretação dos textos legais, abordando, necessariamente, os seguintes aspectos: 1- concepção mecânica da função jurisdicional; 2- interpretação pela lógica do razoável.

ESPELHO:

PARTE 1 – "Lógica do Razoável" é um método interpretativo das normas jurídicas, leva em conta critérios estimativos, de valor e finalísticos. PARTE 2 – Distinção com a Lógica Formal – Apreciação puramente racional x apreciação fundada em valores sociais e pessoais. Utilização de critérios de razoabilidade e proporcionalidade. PARTE 3 – importância para o trabalho do julgador – é de relevância importância para o trabalho do julgador, pois propicia decisões mais aperfeiçoadas ou mais justas.

QUESTÃO

Magistratura Estadual – Concurso: TJSC – Ano: 2013 – Banca: TJSC. "A Filosofia do Direito, na discussão sobre o sentido das normas jurídicas (Interpretação do Direito), concluiu que: "A interpretação é, portanto, fator de construção do sistema jurídico. É impossível pensar as tramas jurídicas sem a atividade exegética". "Deve-se repisar que interpretar é fazer da literal letra da lei um dado real da vida de existentes e palpáveis cidadãos e cidadãs. O estudioso do Direito eu só aplica a lei em sua frieza (*summus ius, summa iuria*) desconhece a verdadeira razão de ser do Direito, vale dizer, seu potencial transformador e equanimizador das relações sociais" (Bittar, Eduardo Carlos Bianca. Curso de filosofia do direito. 8ª ed., São Paulo: Atlas, 2010, p. 591). O Superior Tribunal de Justiça já observou que "nenhum direito, por mais importante que seja, pode ser visto como absoluto, ficando sempre condicionado ao exame do contexto fático" (RMS 13.496-PR, Rel. Min. José Delgado). Argumente sobre a interpretação lógica (raciocínio lógico) e aplicação do Direito, observando e esclarecendo, quanto à última, suas fontes (em até 30 linhas).

QUESTÃO

Magistratura Estadual – Concurso: TJPR – Ano: 2014 – Banca: TJPR. Disserte sobre a superação dos métodos de interpretação mediante puro raciocínio lógico-dedutivo e o método de interpretação pela lógica do razoável. Para tanto, desenvolva (i) o papel da norma, (ii) o papel do magistrado, (iii) cláusulas gerais e normatividade dos princípios, (iv) colisões entre normas e ponderação e (v) argumentação

QUESTÃO

Magistratura Estadual – Concurso: TJSP – Ano: 2015 – Banca: VUNESP. O profissional do Direito, ao construir soluções para os casos, tem um dever analítico. Não bastam boas intenções, não basta intuição, não basta invocara invocar ou elogiar princípios; é preciso respeitar o espaço de cada instituição, comparar normas e opções, estudar causas e consequências, ponderar as vantagens e desvantagens. Do contrário viveremos no mundo da arbitrariedade, e não do Direito. " A partir do trecho citado, disserte sobre a proposição nele contida, abordando os seguintes pontos: a) o enquadramento da propositura nas escolas jusnaturalistas ou do positivismo jurídico; b) a relação que o texto estabelece entre princípios e normas; c) a relação que a solução baseada exclusivamente em princípios com os tipos de racionalidade jurídica expostos por Max Weber; d) o modo pelo qual o respeito "ao espaço de cada instituição" referido no texto acarreta novos desafios para a legitimidade da jurisdição estatal.

E) TEORIA GERAL DO DIREITO E DA POLÍTICA

1 – Direito objetivo e direito subjetivo.

QUESTÃO

Magistratura Estadual – Concurso: TJSE – Ano: 2016 – Banca: FCC – Hans Kelsen é considerado um dos mais destacados teóricos do direito do século XX. Sua obra mais importante – ´´Teoria Pura do Direito´´ – é clássica por examinar temas como o ´´conceito de Direito´´, as ´´fontes do Direito´´ (´´modos de produção do Direito´´) e a ´´Interpretação do Direito´´. Interessa, para os efeitos dessa questão, saber que entendimento o autor oferece, em seu trabalho mais conhecido, aos conceitos e temas abaixo especificados: 1- O que é ´´norma jurídica´´? 2-Qual a diferença entre sistemas jurídicos estáticos e sistemas jurídicos dinâmicos? 3-(Não se trata da diferença entre ´´estática jurídica´´ – teoria jurídica estática – e ´´dinâmica jurídica´´ – teoria jurídica dinâmica –, que são as duas grandes partes da sua principal obra, mas, sim, da diferença entre ´´sistema normativos´´ orientados pelo ´´princípio estático´´ ou pelo ´´princípio dinâmico´´.) 4-O que é ´´norma fundamental´´? 5-Existe espaço na ´´Teoria Pura do Direito´´ de Kelsen para a ´´criatividade judicial´´ na interpretação da norma jurídica?

QUESTÃO

Magistratura Estadual – TJPR – Ano: 2017 – Banca: CESPE. O direito objetivo contempla o direito subjetivo? Fundamente.

QUESTÃO

Magistratura Estadual – TJSP – Ano: 2018 – Banca: VUNESP. Teoria Geral do Direito e da Política e Direito Empresarial

"(...) constitui um obstáculo a contradição inevitável entre o formalismo abstrato da lógica jurídica e a necessidade de cumprir postulados materiais por meio do direito, pois o formalismo jurídico específico, ao fazer funcionar o aparato jurídico como uma máquina tecnicamente racional, concede ao interessado individual no direito o máximo relativo de margem para sua liberdade de ação e, particularmente, para o cálculo racional da consequências e possibilidades jurídicas de suas ações referentes a fins."

(WEBER, Max. Economia e sociedade. Editora Universidade de Brasília, Imprensa oficial do Estado de São Paulo, São Paulo, 1999, p. 101)

Considerando o texto acima:

a) explique a distinção, proposta pelo autor da fonte, entre direito racional formal e direito racional material;

b) aplique esses conceitos para justificar a decisão proferida pelo Superior Tribunal de Justiça (recurso especial 1.337.989-SP) que, invocando a necessidade de preservação da empresa, mitigou os requisitos do art. 58, § 1o da Lei no 11.101/2005, relativamente ao quórum para aprovação do plano de recuperação, sob o pressuposto de que "deve agir o magistrado com sensibilidade na verificação dos requisitos do cram down, preferindo um exame pautado pelo princípio da preservação da empresa, optando, muitas vezes, pela sua flexibilização".

2 – Fontes do Direito objetivo. Princípios gerais de Direito. Jurisprudência. Súmula vinculante.

QUESTÃO

Magistratura Estadual – Concurso: TJRS – Ano: 2012. Discorra sobre as fontes do direito, em suas acepções formal e material, explicitando a importância da jurisprudência na construção do Direito e o papel das súmulas vinculantes.

QUESTÃO

Magistratura Estadual – Concurso: TJSC – Ano: 2013 – Banca: TJSC – "A linguagem é o que está dado e, portanto, não pode ser produto de um sujeito solipsista (Selbstsüchtiger), que constrói o seu próprio objeto de conhecimento. [...] Não há mais 'sujeito solitário'; agora há uma comunidade que antecipa qualquer constituição de sujeito" (In: STRECK, Lenio Luiz. O que é isto – decidido conforme minha consciência? 3.ed. Porto Alegre: Livraria do Advogado, 2012.p.17). A partir desse referente teórico, discorra, em até 30 (trinta) linhas, a respeito de: a) "panprincipiologia"; b) princípio da "razoabilidade"; c) "decisionismo".

QUESTÃO

Magistratura Estadual – Concurso: TJMS – Ano: 2015 – Banca: VUNESP. Formação Humanística Segundo construção doutrinária do direito, devido, especialmente, ao trabalho teórico de juristas como Ronald Dworkin e Robert Alexy, pode-se afirmar que a juridicidade ou normatividade dos princípios jurídicos passou por três fases distintas até chegar à posição atualmente consolidada. Explique quais são e o que caracterizam essas fases

ESPELHO:

A primeira fase é a jusnaturalista que posiciona os princípios jurídicos em esfera abstrata e metafísica, inspiradores de um ideal de justiça, com dimensão ético-valorativa do Direito, dotado de quase ou nenhuma normatividade. Nessa fase, os princípios gerais do direito são concebidos como axiomas jurídicos ou normas da reta razão, normas universais de bem obrar. São os princípios de justiça, um Direito ideal, conjunto de verdades objetivas derivadas da lei divina e humana. (0,30 ponto). Na segunda fase, a juspositivista, os princípios são incorporados aos Códigos como fonte normativa subsidiária da inteireza dos códigos legais, válvulas de segurança que garantem o reinado absoluto das leis. Não são encarados como superiores às leis, mas delas deduzidos, supridores dos vazios normativos, como fontes integradoras do Direito e possuem precária normatividade. (0,40 ponto) A terceira fase, o pós-positivismo, deita suas origens nas últimas décadas do século XX, com a hegemonia axiológico-normativa dos princípios, agora positivados nos novos textos constitucionais, os quais assentam os principais padrões pelos quais se investiga a compatibilidade da ordem jurídica aos princípios fundamentais de estalão constitucional; aos princípios que dão fundamento axiológico e normativo ao ordenamento jurídico. Nesta fase, os princípios jurídicos conquistam a dignidade de normas jurídicas vinculantes, vigentes e eficazes para muito além da atividade integratória do direito.

QUESTÃO

Magistratura Estadual – Concurso: TJRR – Ano: 2015 – Banca: FCC. "Em suma, pode-se dizer que, na verdade, a questão da lacuna e dos limites à integração é uma espécie de invenção do pensamento dogmático que permite, de um modo controlado, a decidibilidade de conflitos não regulados de forma positiva. O direito positivado pressupõe uma tendência em estreitar, em nome de valores da certeza e da segurança, o campo de atuação do intérprete. Ora, o conceito dogmático da lacuna, dos meios de integração e dos seus limites confere ao intérprete a possibilidade de se valer de fatores extra-positivos como se fossem positivos ou, ao menos, positiváveis. Ou seja, o conceito de lacuna alarga o campo da positividade a partir dele próprio. Ele funciona como uma regra permissiva, doutrinária, que autoriza o intérprete a se valer dos meios de integração nos limites que a própria doutrina parece reconhecer, mas na verdade estabelece: em caso de lacuna pode o intérprete... Assim, embora a lacuna seja definida como omissão ou falta de norma no ordenamento os fatores extra-positivos, como os ideais de justiça, as exigências de equidade, os raciocínios quase-formais. Ou seja, embora o conceito designe falta, ele oculta a superabundância de normas, assegurando-se, destarte, um dos princípios caracterizadores do legislador racional: a omnicompreensividade "(Tércio Sampaio Ferraz Júnior, introdução ao Estudo do Direito. São Paulo, Atlas, 1996, 2ª edição, p. 307). Em sua abordagem do tema da interpretação do Direito, Tércio Sampaio Ferraz Júnior, no trecho acima citado, faz referência à questão da integração do Direito. Relativamente ao entendimento deste autor sobre o assunto, responda: a. A que se refere a integração do Direito? Explique. b. Considerando os diferentes modos de integração do Direito, identifique e explique e explique os chamados instrumentos "quase-lógicos de integração. c. Considerando os diferentes modos de integração do Direito, indique e explique os chamados instrumentos "institucionais de integração (Elabore sua resposta definitiva em até em até 30 linhas)

ESPELHO:

a. A integração do Direito refere-se à possibilidade de, por via hermenêutica, suprirem-se as lacunas do ordenamento. Segundo a dogmática hermenêutica, admita a incompletude do sistema normativo, ou seja, admita a existência de lacuna no ordenamento, caberá perguntar pelos modos de integração do direito e pelos limites impostos ao intérprete na tarefa de realizar esta integração. b. Indicação e explicação, segundo a caracterização realizada por Tércio Sampaio Ferraz Júnior, dos três instrumentos exigem alguma forma de procedimento analítico e têm uma aparência de raciocínio formal. C. analogia, a indução amplificadora e a interpretação extensiva. A analogia se dá quando uma norma, estabelecida para uma determinada situação fática, é aplicável a uma conduta para qual não há norma, havendo entre ambos os supostos fáticos uma semelhança. A indução amplificadora, conjugando os métodos da indução e da dedução, parte de casos particulares para obter uma generalização, da qual resultam princípios que serão aplicados, dedutivamente, a outros casos. A interpretação extensiva parte dc uma norma existente na sua própria letra ou explicitamente no seu espírito. Estes três instrumentos exigem alguma forma de procedimento analítico e têm uma aparência de raciocínio formal. c. Indicação e explicação, segundo a caracterização realizada por Tércio Sampaio Ferraz júnior, dos três instrumentos "institucionais" de integração do Direito: os costumes, os princípios gerais do direito e a equidade. O costume, que envolve tradições, crenças e opiniões, consiste na força conferida ao tempo e ao uso reiterado como reveladores de normas. Os princípios gerais do direito, diferentemente das normas, não são elementos do repertório do sistema normativo, mas fazem parte de suas regras estruturais, ou seja, dizem respeito à relação entre as normas no sistema, ao qual conferem coesão. A equidade pode ser caracterizada como o sentimento do justo concreto, em harmonia com as circunstâncias e adequado ao caso a que se refere. Estes três instrumentos apoiam-se na concepção de instituição e expressão argumentos materiais.

QUESTÃO

Magistratura Estadual – Concurso: TJSC – Ano: 2017 – Banca: FCC. A despeito de serem compreendidas, invocadas e aplicadas em conjunto e como sinônimas por considerável parte da doutrina e da jurisprudência brasileiras no que se refere à interpretação do direito, as máximas de razoabilidade e proporcionalidade apresentam contornos peculiares em suas características elementares. Nesse sentido: a. Estabeleça as principais diferenças quanto à origem histórico-cultural, à estruturação teórico-conceitual e à abrangência de aplicação de referidas máximas. b. As máximas de razoabilidade e de proporcionalidade podem ser conceituadas como princípios jurídicos? Justifique sua resposta.

3 – Eficácia da lei no tempo. Conflito de normas jurídicas no tempo e o Direito brasileiro: Direito Penal, Direito Civil, Direito Constitucional e Direito do Trabalho.

QUESTÃO

Magistratura Estadual – Concurso: TJPI – Ano: 2016 – Banca: FCC. Tercio Sampaio Ferraz Jr. afirma: A questão da validade jurídica das normas e do ordenamento é uma questão zetética, portanto aberta. Do ângulo dogmático a questão é fechada. Por isso, sua formulação é diferente. Continua o autor: (...) Os critérios dogmáticos de reconhecimento da validade não são os mesmos da vigência. (...) Vigência e eficácia são qualidades distintas. (Tercio Sampaio Ferraz Jr., Introdução ao Estudo do Direito, 8a edição, São Paulo, Atlas, 2015, pp. 158 e 159). Várias questões relacionadas ao ´´conceito de Direito´´, à ´´dogmática das fontes do Direito´´ e à ´´eficácia das leis´´ decorrem desses conceitos. Responda: fundamentadamente: 1- O que é ´´dogmática jurídica´´? 2- Do ponto de vista dogmático, o que é validade de uma norma? 3-O que é vigência de uma norma? 4-O que é ´´eficácia´´ de uma norma?

4 – O conceito de Política. Política e Direito.

QUESTÃO

Magistratura Estadual – TJRJ – Ano: 2016 – Banca: VUNESP. Conhecido jurista alemão considera que "A qualificação jurídica da revolução é determinada pelo êxito. Se fracassarem a sua relevância é jurídico-penal, se triunfarem têm uma relevância jurídico-política (...)". (ZIPPELIUS, Reinhold, Teoria Geral do Estado. Lisboa: Calouste Gulbenkian, 1997, trad. COUTINHO, Karinn Preefke-Aires Coutinho, coord. CANOTILHO, J. J. Gomes). Partindo do pressuposto de que a tese está correta, justifique-a sinteticamente.

QUESTÃO

Magistratura Estadual – TJCE – Ano: 2018 – Banca: CESPE. Entende-se por judicialização da política o crescente fenômeno de utilização dos meios judiciais para o debate e a decisão de questões concernentes a políticas públicas e controvérsias políticas acerca de assuntos como liberdades individuais ou religiosas, processo eleitoral, direitos imigratórios, privado, trabalhistas, previdenciários e da saúde. Isso ocorre em razão das muitas etapas do processo decisório a que estão sujeitos os Poderes legislativo e Executivo ou mesmo em consequências das constrições orçamentarias que servem de obstáculos a provisão das questões de interesse público e privado, mas que, em tese, não impedem ou limitam a atuação do Poder Judiciário. Então, confia-se no Poder Judiciário quando a questão está posta e necessita de uma resposta imediata. Considerando que o texto apresentado tem caráter unicamente motivador, redija um texto que atenda às seguintes determinações: 1- caracterize política e direito e aborde a relação entre esses conceitos. 2- discorra sobre a tipologia moderna das formas de poder estruturada por Noberto Bobbio, abordando os três tipos de poder segundo esse autor. 3 – apresente três escolas de pensamento jurídico essenciais ao debate contemporâneo sobre direito e relações de poder, explicando cada uma delas.

QUESTÃO

Magistratura Estadual – TJAP – Ano: 2022 – Banca: FGV. No mundo contemporâneo, a democracia apresenta-se pintada com cores diversas. O velho brocardo "one man one vote" (um homem um voto) não mais se justifica. É necessário um equilíbrio constante entre direito e política para a preservação das regras jurídicas, que, ao fim e ao cabo, têm como norte o princípio da dignidade da pessoa humana. Neste cenário, novos atores se apresentam e trazem suas razões, que, por sua vez, devem ser levadas em consideração para o efetivo cumprimento das promessas da modernidade. Daí que soberania, limites e dignidade humana são os vocábulos que dão sentido a essa travessia para o que se denomina Estado Constitucional de Direito. O conceito de democracia, portanto, afigura-se de fundamental importância para o sucesso dessa empreitada. Quais as dimensões e os respectivos protagonistas da democracia que sustentam a moderna concepção de Jurisdição Constitucional?

5 – Ideologias.

Não foram selecionadas questões sobre esse ponto.

F) DIREITO DIGITAL

Não foram selecionadas questões sobre esse ponto.

G) PRAGMATISMO, ANÁLISE ECONÔMICA DO DIREITO E ECONOMIA COMPORTAMENTAL

1 – Função judicial e pragmatismo. Antifundacionalismo. Contextualismo. Consequencialismo. Racionalismo e Empirismo. Dialética. Utilitarismo.

QUESTÃO

Magistratura Estadual – TJSC – Ano: 2022 – Banca: FGV. O pragmatismo é uma corrente filosófica desenvolvida nos Estados Unidos no final do século XIX, que influenciou diversas áreas do conhecimento, inclusive o Direito. O pragmatismo aplicado ao Direito é identificado, por exemplo, na obra do jurista americano Richard Posner. Nesse contexto, disserte sobre as ideias centrais do pragmatismo jurídico e a sua influência sobre as alterações propostas pela Lei Federal nº 13.655/2018 na Lei de Introdução às Normas do Direito Brasileiro (LINDB). Valor da questão: 1 ponto.

H) DIREITO DA ANTIDISCRIMINAÇÃO

5 – Ações Afirmativas.

QUESTÃO

Magistratura Estadual – TJMA – Ano: 2022 – Banca: CEBRASPE. Disserte a respeito do entendimento do Supremo Tribunal Federal, em processos de controle concentrado de constitucionalidade, quanto às ações afirmativas, especialmente no tocante ao direito eleitoral [valor: 0,30 ponto], ao direito penal [valor: 0,40 ponto] e ao ingresso de minorias em universidades e cargos públicos [valor: 0,80 ponto]. Em seu texto, exponha os fundamentos jurídicos de posicionamentos proferidos pela suprema corte a respeito desse tema.

ESPELHO:

As ações afirmativas são políticas públicas que visam reduzir algum tipo de desigualdade histórica a que um grupo minoritário tenha sido submetido ao longo do tempo.

No julgamento da ADPF nº 186, o STF confirmou que tal instituto prestigia o princípio da igualdade material, previsto no artigo 5.º da Constituição Federal de 1988, especialmente, no caso, ao sistema de cotas baseado em critério étnico-racial ou em critério socioeconômico, sob a justificativa de um maior pluralismo de ideias para ingresso em instituição pública de ensino superior, sendo tais ações afirmativas plenamente legítimas.

Ao tratar da ADC nº 41, o STF entendeu que não há violação ao princípio do concurso público nem ao da eficiência quando se trata de reserva de vagas para negros em concursos públicos, utilizando-se a autodeclaração como critério válido, assim como critérios subsidiários de heteroidentificação, respeitando-se os princípios da dignidade da pessoa humana e o contraditório e a ampla defesa.

No julgamento da medida cautelar na ADPF nº 738, o STF decidiu que o incentivo a candidaturas de pessoas negras para cargos eletivos é válido e, por ser mero procedimento que não altera o processo eleitoral, tem aplicação imediata, não havendo a necessidade da incidência do princípio da anterioridade. Na mesma esteira, a ADI 5617 traz a constitucionalidade da reserva mínima de financiamento eleitoral específico para candidaturas femininas em cada um dos partidos políticos.

No julgamento da ADO n.º 26, o STF entendeu que os incisos XLI e XLII do artigo 5.º da Constituição Federal de 1988 permitem que homossexuais, transgêneros e demais integrantes da comunidade LGBTQIA+ tenham a proteção dada ao crime de racismo, compreendido em sua dimensão social, ajustando-se, por identidade de razão e mediante adequação típica, aos preceitos primários de incriminação definidos na Lei n.º 7.716/1989, que define os crimes resultantes de preconceitos de raça ou de cor. Do mesmo modo, a ADC 19 entendeu constitucional a Lei nº 11.340/06, que versa sobre violência doméstica, entendendo que a proteção especial à mulher é justificável como ação afirmativa, tendo a ADI 4424 julgado constitucional a incondicionalidade da ação penal pública no crime de lesão corporal praticado contra a mulher no âmbito de violência doméstica.

5 DICAS FINAIS PARA OS CANDIDATOS

A apresentação deste singelo texto permitiu compreender que as noções gerais de direito e formação de humanística envolvem a compreensão de temas abstratos cuja finalidade é dar maior suporte ao operador do direito, em especial ao magistrado, para a reflexão e aplicação prática do direito.

A filosofia é antidogmática. Filósofo é aquele que sempre está a questionar as respostas prontas que o sistema naturalmente oferta. O perfil filosófico do intérprete permite maior visão a respeito da interação do direito com outros ramos do conhecimento. A sociologia deflagra campos de conhecimento da realidade social que é objeto do direito. Compreendendo melhor o fenômeno social, de certo, o julgador realizará de forma mais adequada a jurisdição. A psicologia jurídica, de igual modo, fornece ferramentas para o Estado-Juiz melhor enxergar o fenômeno humano, o ser humano. A psicologia do testemunho, por exemplo, permite tomar ciência da sistemática adequada de inquirição de pessoas. Sem contar a grande contribuição para entender melhor a importância da mediação, conciliação e transação no sistema de justiça.

Os exemplos são ilustrativos. A formação humanística é infindável. Comporta várias reflexões. O magistrado está sempre em formação humanística.

Após acompanhar inúmeros candidatos em provas de segunda fase, percebo o aumento significativo de questões de noções gerais de direito e de formação humanística envolvendo os limites da atuação judicial. Judicialização da política, relação entre Juiz, Mídia e Sociedade, por exemplo, são temas abordados com muita frequência.

Diante da vastidão do conteúdo acima anunciado, sugiro ao candidato ter muito bem fixadas ideias ou conceitos relacionados aos seguintes temas:

a) Judicialização da vida/saúde/política;

b) Neoconstitucionalismo;

c) Direito e Moral;

d) Consequencialismo;

e) Justiça e suas classificações;

f) Ética;

g) Hermenêutica/métodos de interpretação;

h) Lógica do razoável;

i) Estado, Poder e Jurisdição;

j) Conciliação, mediação e transação;

k) Res. 135/2011 do CNJ;

l) Relação entre Poder Judiciário, Mídia e Sociedade;

m) Relação entre Direito e Política;

n) Equidade;

o) Discriminação direta e indireta;

p) Direitos individuais e sociais da Declaração Universal de Direitos Humanos; e

q) Direito e Dados pessoais.

A lista é meramente exemplificativa. A intenção é apenas realçar que, nas questões sobre noções gerais de direito e formação humanística, tem se saído melhor o candidato que possui certa fluência nos temas acima, ainda que genérica. Não é aceitável que o candidato que se encontra em condições de disputar segundas fases Brasil afora vá a uma prova sem dominar, por exemplo, as distinções entre o direito e a moral, a conceituação de justiça e a sua classificação, neoconstitucionalismo, técnicas de mediação etc. Tampouco se pode permitir que vá a prova sem domínio sobre o termo ética.

Vou dizer aqui algo que deu muito certo nas minhas aprovações.

Peguei vários dos temas acima e fiz uma dissertação. Próximo das provas de segunda fase, relia todas as dissertações. A de ética, a de justiça, a de direito e moral, a de mídia, sociedade e poder judiciário, a de lógica do razoável etc. Enfim, isso acabou me ajudando, inclusive, nas outras matérias. Era muito comum, numa questão de segunda fase de direito constitucional, por exemplo, eu agregar valor à resposta a partir da apresentação de algumas ponderações a respeito de lógica do razoável.

Temos um Código de Ética da Magistratura há razoável tempo (Aprovado na 68ª Sessão Ordinária do Conselho Nacional de Justiça, do dia 06 de agosto de 2008, nos autos do Processo nº 200820000007337). O interessante é que tem sido muito comum a apresentação de questões, em provas de segunda fase e oral, envolvendo vários de seus artigos. Sempre quando me preparava para as provas, caro leitor, lia e relia, várias vezes, o Código seco. Aproveitava para, em questões de outras disciplinas, inclusive, incluir alguma disposição do Código. Ou seja, ainda que fora do campo de formação humanística, conseguia expor conhecimento e, com isso, angariar mais alguns pontinhos.

Os artigos mais importantes do Código de Ética da Magistratura são:

> PRUDÊNCIA
>
> Art. 16. O magistrado deve comportar-se na vida privada de modo a dignificar a função, cônscio de que o exercício da atividade jurisdicional impõe restrições e exigências pessoais distintas das acometidas aos cidadãos em geral.
>
> Art. 17.É dever do magistrado recusar benefícios ou vantagens de ente público, de empresa privada ou de pessoa física que possam comprometer sua independência funcional.
>
> Art. 18. Ao magistrado é vedado usar para fins privados, sem autorização, os bens públicos ou os meios disponibilizados para o exercício de suas funções.

> Art. 19. Cumpre ao magistrado adotar as medidas necessárias para evitar que possa surgir qualquer dúvida razoável sobre a legitimidade de suas receitas e de sua situação econômico-patrimonial.
>
> Art. 24. O magistrado prudente é o que busca adotar comportamentos e decisões que sejam o resultado de juízo justificado racionalmente, após haver meditado e valorado os argumentos e contra-argumentos disponíveis, à luz do Direito aplicável.
>
> Art. 25. Especialmente ao proferir decisões, incumbe ao magistrado atuar de forma cautelosa, atento às consequências que pode provocar.
>
> Art. 26. O magistrado deve manter atitude aberta e paciente para receber argumentos ou críticas lançados de forma cortês e respeitosa, podendo confirmar ou retificar posições anteriormente assumidas nos processos em que atua.
>
> Art. 37. Ao magistrado é vedado procedimento incompatível com a dignidade, a honra e o decoro de suas funções.
>
> Art. 38. O magistrado não deve exercer atividade empresarial, exceto na condição de acionista ou cotista e desde que não exerça o controle ou gerência.
>
> Art. 39. É atentatório à dignidade do cargo qualquer ato ou comportamento do magistrado, no exercício profissional, que implique discriminação injusta ou arbitrária de qualquer pessoa ou instituição.

É chegada a hora de nos despedirmos.

Espero que o caro leitor possa, com base nas singelas observações precedentes, melhor se organizar para o enfrentamento dos temas de formação humanística que compõem obrigatoriamente as provas discursivas de segunda fase da magistratura estadual.

A linha apresentada pretendeu realçar a melhor bibliografia, sem prejuízo do estabelecimento de estratégias de estudo para a melhor compreensão de temas tão abstratos.

Os editais, em razão de exigência de uniformização do CNJ, no ponto, como visto, são todos semelhantes. Não há, assim, qualquer particularidade a ser levantada em relação a determinado estado da federação.

O caminho percorrido nas linhas anteriores explicitou uma a uma as questões que têm sido objeto de cobranças nos concursos públicos. Além da apresentação de dezenas de questão, disponibilizamos os respectivos espelhos. Tudo de modo a fazer com que este material possa servir, além de guia de estudo, de base de exploração para fins de provas.

Não se pode olvidar, a propósito, que as questões de formação humanísticas se repetem nos estados. Lógica do razoável, por exemplo, já caiu mais de cinco vezes nas provas discursivas de concursos da magistratura estadual. A reiteração de questionamentos se aplica também à mediação/conciliação etc.

Fiquem, portanto, atentos. Bons estudos. Boa prova. Avante!

Um fraterno abraço.

EDITORA JusPODIVM
www.editorajuspodivm.com.br

COLOR system
gráfica digital e offset

JUS2875